भारतीयता की पहचान

भारतीयता की पहचान

विद्यानिवास मिश्र

वाणी प्रकाशन

प्रकाशन के उत्कृष्टतम 62 वर्ष

vaniprakashan.com

सजिल्द पहला संस्करण : 1994
सजिल्द दूसरा संस्करण : 2008
सजिल्द तीसरा संस्करण : 2017
सजिल्द चौथा संस्करण : 2025

वाणी प्रकाशन

4695, 21-ए, दरियागंज, नयी दिल्ली-110 002

फ़ोन : + 91 11 23273167, 23275710

शाखाएँ

अशोक राजपथ, पटना-800 004, बिहार

कॉफ़ी हाउस कैम्पस, महात्मा गांधी मार्ग, प्रयागराज-211 001, उत्तर प्रदेश

महात्मा गांधी अन्तरराष्ट्रीय हिन्दी विश्वविद्यालय, वर्धा-442 001, महाराष्ट्र

sales@vaniprakashan.in
vaniprakashan@gmail.com

Bhartiyata Ki Pahchan
by Vidyaniwas Mishra

ISBN : 978-81-8143-170-7
Essays

मूल्य : ₹ 295

जी.एस. ऑफ़सेट, दिल्ली-110 095 में मुद्रित

वाणी प्रकाशन का लोगो मक़बूल फ़िदा हुसैन की कूची से

आमुख

'भारतीयता की पहचान' मेरे इधर 2-3 वर्षों के व्याख्यानों और वैचारिक निबन्धों के संकलन हैं और इन सभी में भारत की उदारता और व्यापक विश्व-दृष्टि को पहचानने की कोशिश की गई है। कुछ बिन्दु अगर कहीं दुहराए गए मिलेंगे तो वह इसलिए कि वहाँ पर बल देना आवश्यक लगा।

भारतीयता की पहचान एक सतत् व्यापार है और वह वस्तुत: अपनी ही पहचान है, इसलिए मैं इसकी सार्थकता निरन्तर अनुभव करता हूँ। इस प्रयत्न में अपनी ही संस्कृति के ऊपर केवल आस्था नहीं होती, वरन् विश्व संस्कृति को भी समझने के लिए एक खुला मन मिलता है, जो किसी भी जातीय या देशीय पूर्वग्रह से मुक्त है।

मुझे विश्वास है कि मेरे जो विचार इस संग्रह में संकलित हुए हैं, वे और अधिक गहरे चिन्तन के लिए उत्तेजना पैदा करेंगे और यही संग्रह की सार्थकता होगी।

विद्यानिवास मिश्र

क्रम

कुमारस्वामी का भारत-चिन्तन—तत्त्वदृष्टि 9
कुमारस्वामी का भारत-चिन्तन—कलादृष्टि 23
भारत के लोक और शास्त्र 30
भारत में मनुष्य और उसका परिवेश 53
भारत में विज्ञान का विशालतर प्रयोजन 58
विज्ञान और साहित्य : भारतीय परिदृश्य 70
भारतीय संस्कृति की प्रासंगिकता 75
भारतीय सनातन मूल्य : वसुधैव कुटुम्बकम् 80
भारतीय आराध्य शिव का स्वरूप 86
भारतीय आराध्य शिव के नाम 92
भारत में मातृदेवी की प्रतिष्ठा 95
भारतीय पर्व : रामनवमी 102
भारतीय पर्व : श्रीकृष्ण-जन्म 105
भारतीय पर्व : होली 108
भारतीय पर्व : वासन्ती नवरात्र 115
भारतीय एकता के सूत्रधार 119
हिन्दू होने का मतलब 124
भारतीय वाचिक परम्परा 131

1
कुमारस्वामी का भारत-चिन्तन

तत्त्वदृष्टि

दो-एक महीने पहले का समय देकर कुमारस्वामी जैसे गहन चिन्तन करने वाले व्यक्ति के ऊपर कुछ कहना एक ऐसी स्थिति है जिसे यातना की स्थिति ही कहना उचित होगा। कई रातों से कुमारस्वामी को पढ़ रहा हूँ और बहुत भरा हुआ हूँ कुमारस्वामी से, लेकिन उतना भरा होकर भी कुछ कह पाना बड़ा कठिन लग रहा है। उनके विषय में कुछ कहने के पूर्व एक रेखाचित्र प्रस्तुत करना चाहूँगा कि यह आनन्द कुमारस्वामी थे कौन, क्या थे उनके संकल्प?

कुमारस्वामी का जन्म श्रीलंका में हुआ। पिता तमिल मूल के हिन्दू थे, बड़े प्रबुद्ध, शायद उस जमाने में बैरिस्टरी करने वाले कुछ थोड़े से भारतीयों में से; स्वयं पाली के बड़े अच्छे विद्वान् थे। दो वर्ष के कुमारस्वामी थे तभी उनकी मृत्यु हो गई। माँ ब्रिटिश थीं, वे इन्हें ले गईं। सारी शिक्षा-दीक्षा प्रारम्भ से लेकर विश्वविद्यालय तक इंग्लैंड में हुई और भूगर्भशास्त्र में इन्होंने एम०एस-सी की। उसके बाद श्रीलंका आए; वहाँ भूगर्भ-सर्वेक्षण के निदेशक हुए। खोज मिट्टी के भीतर से शुरू की और उस क्रम में इन्होंने भारत का भ्रमण किया। और जिस चीज़ ने सबसे पहले पश्चिम में दीक्षित अत्यन्त विकसित अन्तश्चेतना वाले व्यक्ति को आकृष्ट किया वह वस्तु थी भारतीय शिल्पी की साधना। जिस किसी हस्तशिल्प को उन्होंने देखा और उसके कौशल को देखा, वहीं उन्होंने पाया कि औद्योगिक संस्कृति में कितनी दरिद्रता है और इस संस्कृति में कितनी सम्पन्नता है। इस सम्पन्नता से यह पहला परिचय एक गहरी खोज का बीज बना। भारत घूमते हुए एक-दूसरे जागरण से परिचित हुए। वह जागरण था स्वदेशी का। यह समय बीसवीं शताब्दी के प्रारम्भ का था। उसी अवधि में कुमारस्वामी गांधी जी के आन्दोलन से भी (उत्तर काल में) परिचित हुए, गुरुदेव रवीन्द्रनाथ ठाकुर से परिचित हुए, अवनीन्द्रनाथ ठाकुर से परिचित हुए;

अनेक कलाकारों से, अनेक विद्वानों से परिचित हुए और लगभग पूरे भारत की उन्होंने तीर्थयात्रा की। उन्होंने भारत की स्वदेशी पहचान पाई। इस पहचान ने उन्हें जौहरी बना दिया। उन्होंने जो कुछ कमाया था, जो कुछ उनकी संपत्ति थी, उससे केवल कला-कृतियों का संचय किया, अमूल्य कलाकृतियों का संग्रह किया। और यही एक समानान्तर गति है जो मिलती है पुण्यश्लोक राय साहब की साधना से जिन्होंने सारा जीवन भारत कला भवन को रचने में लगाया। राय साहब ने संकलन नहीं किया, एक रचना की; और भारत कला भवन की रचना ही उनके सामने जिन्दगी भर रही। एक बार उन्होंने कहा था कि 'काशी विश्वविद्यालय में बैठा हूँ, मालवीय जी की छाया के नीचे, झूठ नहीं बोलूंगा; मैंने जीवन में कोई भी अगर पाप किया है तो केवल भारत कला भवन के लिए किया है, अगर कहीं झूठ बोलना भी पड़ा है तो केवल भारत कला भवन के लिए।' उन्होंने अपने जीवन का सब कुछ भारत कला भवन को अर्पित किया था। जिस प्रकार उन्होंने भारतीय कला भवन की मानसिक सृष्टि अपने दिमाग में पहले कर ली थी (कला भवन बाद में बना), उसी प्रकार एक संग्रहालय की ही नहीं, उसी प्रकार के वैचारिक निर्माण की कल्पना और धारणा आनन्द कुमारस्वामी ने कर ली थी और 1917 से 1945 तक अपनी मृत्युपर्यन्त वह बॉस्टन के कला संग्रहालय के सब कुछ थे। वहीं रहे; वहीं रहकर उन्होंने अनेक शास्त्रों में, अनेक विधाओं में और अनेक परम्पराओं में गहरा प्रवेश प्राप्त किया और जो कुछ लिखा वह अद्‌भुत लगता है। उनके एक समीक्षक ने कहा है कि इतनी गणितात्मक, सूत्रात्मक शैली में, इतनी परिच्छिन्न शैली में, इतनी प्रिसाइज शैली में आदमी लिखे और ऐसा लगे कि अपनी ओर से कुछ नहीं कह रहा है, जो कुछ कह रहा है कहीं-न-कहीं तो उसके प्रमाण मौजूद हैं, एक विस्मय है। और प्रमाण कहाँ-कहाँ से लिये हैं? 'शतपथ ब्राह्मण' से, जलालुद्दीन रूमी से, मइस्टर एकार्ट से, एक्वीनास से, प्लेटो से, प्लाटीनुस से और उसके साथ ही ऐसी जातियों की लोक-वार्ता से जिनको लोग उस समय भी केवल नृतत्त्व के विश्लेषण के विषय मानते थे—'इनसे क्या प्राप्त हो सकता है, सभी पिछले अविकसित चरण के हिस्से हैं, पिछड़े हुए लोग हैं'। वहीं कुमारस्वामी ने प्रमाण खोजा और पाया कि उनमें ऐसी अन्तर्दृष्टि है जो आज के सभ्य संसार के लिए एषणीय है, स्पृहणीय है। उनकी मौलिकता इन सबको जोड़ने में थी। वह स्वयं विश्वास करते थे कि नया कुछ नहीं दिया जा सकता है और नया देने का जो अहंकार होता है, वह अहंकार मनुष्य को खाने वाला अहंकार होता है। जो बड़ा कलाकार होता है, बड़ा रचनाकार होता है, वह यह संकल्प लेकर न लिखता है, न रचता है, न देता है कि वह नया कुछ दे रहा है। वह अपने को इसी रूप में अर्पित करता है कि मैं वह सूत्र हूँ जो अनेक पूर्वविद्ध मणियों के

बीच से गुजर कर के नई-नई मालाएँ रचता रहता है, उससे अधिक मेरी भूमिका कुछ नहीं है।

कुमारस्वामी ने शुरू में तो भारत और सिंहल—अब श्रीलंका—के हस्त-शिल्पों पर लिखा। बाद में, कला और धर्म की मीमांसा में पड़े। बीच में उन्होंने दक्षिण-पूर्व एशिया की यात्रा की थी; उस यात्रा के बाद उन्होंने 'हिस्टरी ऑफ़ इंडियन एंड इंडोनेशियन आर्ट' लिखा। बीच-बीच में वह और भी ग्रन्थ लिखते रहे, जिनमें कला की दृष्टि से बौद्ध मूर्ति-कला पर, बौद्ध मूर्ति-चिन्तन पर तथा बुद्ध के जीवन पर उनकी पुस्तकें उल्लेखनीय हैं। 'यक्ष' पर पुस्तक सबसे पहली थी जो प्रतीक-विद्या की दृष्टि से, मिथक अध्ययन की दृष्टि से आगे के अध्येताओं के लिए स्रोत-सामग्री बनी। आगे के अध्येताओं ने उनसे प्रेरणा ली, जैसे जब बॉश ने 'गोल्डेन जर्म' लिखा या पॉल मूस ने 'बोरोबुदूर' लिखा तो इन लोगों को आनन्द कुमारस्वामी के 'यक्ष' से प्रेरणा मिली कि यक्ष को समझने के लिए यह जानना जरूरी है कि यक्ष के बारे में लोक-विश्वास में क्या है, बौद्ध वाङ्मय में क्या है, 'ऋग्वेद' में क्या है, 'अथर्ववेद' में क्या है, ब्राह्मणों में क्या है, उपनिषदों में क्या है; इस सबमें कौन-सी एक चीज समान है, और यक्ष ने क्यों एक जीवन के सूत्र रूप में, जीवन की आत्मा के रूप में हमारे पूरे चिन्तन में, कला-सृष्टि में इतना महत्त्वपूर्ण स्थान प्राप्त किया है। इसी तरह किसी भी अभिप्राय या मिथक को सम्पूर्णता में देखने की जरूरत है। प्रतीक कैसे रचे जाते हैं, कैसे मिथक का विस्तार होता है उस विस्तार में कैसे नई सृष्टि हो जाती है, संसार ही नया बदल जाता है, इस प्रक्रिया पर उन्होंने बरसों विचार किया और दूसरों को विचार करने की प्रेरणा दी। लेकिन अपने जीवन के अन्तिम भाग में वह विशेष रूप से वेदों के अध्ययन की ओर मुड़े। अपने कई अन्तिम पत्रों में, जो अपने कुछ एक-दो प्रिय शिष्यों को लिखे गए हैं, उन्होंने यही लिखा है कि कोई पढ़ने की चीज है तो वेद है, मैं अपना समय इसी में लगाना चाहता हूँ। एक पत्र उनका 1947 का है जिसमें उन्होंने इंगित किया कि मैं यहाँ का सब काम समेट कर घर वापस आना चाहता हूँ, हिमालय की तलहटी में बसना चाहता हूँ, और अब जब सब काम कर चुका, जब काम शेष हो चुका, मैं उस आश्रम में प्रवेश करना चाहता हूँ जहाँ शान्ति है। लोग आयें, मिलें; लेकिन मैं अपने को किसी भी सार्वजनिक कार्य से सम्पृक्त नहीं करूँगा।

पर दुर्भाग्यवश 1947 में ही उनकी मृत्यु हो गई। 1948 में स्वाधीन भारत में, (जिस भारत से उनकी बड़ी आकांक्षाएँ थीं, जैसा 'यंग इंडिया' शीर्षक बड़े निबन्ध में उन्होंने लिखा) वह होते तो उन्हें बड़ी पीड़ा होती कि जिस घर में लौट रहा हूँ वह कितना बेघर है। वह स्वतन्त्र भारत में नहीं आ

सके। पर उनकी स्मृति उनकी जिन रचनाओं में सुरक्षित है आज शायद बहुत कम लोगों के द्वारा पहचानी जाएँ—क्योंकि उनका समस्त चिन्तन, विशेषकर के उत्तरकालीन चिन्तन, जिस चीज पर चोट करता है, वह है आधुनिकता। वह चिन्तन प्रतिपादित करता है कि यह जो पश्चिमी संस्कृति का सूर्यास्त काल है, ये जो उसके ह्रास के चरम बिन्दु हैं, उनको एक महिमा से मंडित करके हम आधुनिक काल कह रहे हैं और उस देश-काल की उपेक्षा कर रहे हैं जहाँ जीवन बचा हुआ है, जहाँ रोशनी बची हुई है। हम विनाश के कगार पर बैठे हुए हैं, उस रोशनी को अनदेखा कर रहे हैं। अब भी समय है कि सहज, नैसर्गिक और अनायास जो एक जीवन-पद्धति परम्परा से प्राप्त है उस पद्धति को, और उस पद्धति ने जिनसे मूल्य प्राप्त किए हैं उन प्रथम सिद्धान्तों को, उन 'फर्स्ट प्रिंसिपिल्स' को हम पहचानें, पश्चिम के लोग पहचानें, इस रूप से न पहचानें कि पूर्व हमारी ओर झुकेगा, अपनी पहचान कराएगा—इस दृष्टि से पहचानें कि आवश्यकता हमारी है। और यह संकल्प उन्होंने अमेरिका में उन लोगों के बीच रहते हुए लिया जो सारे संसार को सभ्य बनाने का अहंकार पाल रहे थे। (द्वितीय विश्व युद्ध की विजय के अनन्तर विशेष रूप से उनके भीतर यह अहंकार समा गया था कि सारे विश्व का कल्याण केवल हम कर सकते हैं।) आनन्द कुमारस्वामी ने उसी अहंकार पर चोट की थी कि 'यह तुम्हारा अहंकार है कि तुम कल्याण कर सकते हो; अगर इसे छोड़कर अच्छे रह सको तो यह बहुत बड़ी बात होगी। अच्छा कुछ कर सकने की तुम्हारी सम्भावना चुक गई है; और अब तुमसे अपेक्षा यह नहीं की जाती कि तुम अच्छे बने रहो, यह की जाती है कि तुम क्षति न पहुँचाओ और कृपा करके अच्छा करने का कोई संकल्प न लो, क्योंकि अच्छा करने का संकल्प तुम्हारा एक झूठे दम्भ से प्रेरित होता है, व्यक्तित्व के एक स्फीत अहंकार से प्रेरित होता है। जो तुमसे अच्छा सीखेंगे/वे बहुत पहले से अच्छे हैं और तुम्हारे बावजूद अभी तक अच्छे हैं'।

ऐसे व्यक्ति के चिन्तन के बारे में 1982 में उनकी 115वीं जयन्ती के आस-पास (क्योंकि 22 अगस्त, 1870 को उनका जन्म हुआ था) हम लोग सोचने बैठे हैं तो मैं सबसे पहले यही निवेदन करना चाहता हूँ कि मस्तिष्क में बहुत सारी अज्ञान की लुगड़ियाँ होंगी-- हमारे मस्तिष्क में तो स्वाधीनता की प्राप्ति के बाद के वर्षों ने इतनी लुगड़ियाँ भर दी हैं कि यह पहचान मुश्किल हो गई है कि हमारी स्वतन्त्रता की चेतना के पीछे मूल्य कौन-से रहे हैं।—उन लुगड़ियों को झाड़ने का काम मैं कर पाऊँगा मुझे बहुत संदेह है। उलटे मैं ऐसे प्रश्नों की बौछार का शिकार जरूर हो जाऊँगा कि 'इस जमाने में आप कुमारस्वामी को याद कर रहे हैं, कुमारस्वामी जैसे 'फ़ॉसिल' (जीवाश्म) को याद कर रहे हैं!' पर मेरी मजबूरी यह है कि मेरे लिए कुमारस्वामी को याद करना नहीं

हैं, एक ऐसी धधकाई हुई अग्नि को याद करना है जो हमारी है—हमने धधकाई नहीं है, हम उसकी उपेक्षा कर चुके थे, पर वह आग हमारी है। धधकाने का काम किसी ऐसे व्यक्ति ने किया जो एक विदेशी माता से जन्मा, इस देश में जिसने शिक्षा नहीं ग्रहण की, लेकिन इस देश से ही जिसने सारा जीवन-रस ग्रहण किया और इसी रस के आधार पर एक अजनबी परिस्थिति में निरन्तर हमारी अस्मिता के लिए जूझता रहा, केवल अपनी निजी अस्मिता के लिए नहीं।

कुमारस्वामी लैटिन और ग्रीक के बड़े पंडित थे। पश्चिम के विद्वान् उस पांडित्य के आगे अपने को प्रतिहत महसूस करते थे। वह मध्ययुगीन यूरोप की संस्कृति-सम्पन्नता के बहुत अच्छे व्याख्याता थे, मध्ययुगीन ईसाई सन्तों की साधना के मर्मवेत्ता थे और उस साधना में प्राचीन भारतीय चिन्तन की प्रतिच्छवि पाते थे। ('प्राचीन भारतीय' कहना गलत होगा क्योंकि भारतीय चिन्तन में प्राचीन और आधुनिकता का भेद वह करते ही नहीं थे;) वह 'भारतीय' को एक सनातन प्रवाह के रूप में देखते थे और यह महसूस करते थे कि भारत में कोई चीज पुरानी नहीं होती, कोई चीज नई नहीं होती; भारत में वस्तु बार-बार पैदा होती रहती है। पुनः-पुनः जायमान होती रहती है, संस्कृति पुनः-पुनः जायमान होती रहती है। यह जो उषा की तरह पुनः-पुनः जायमान होना है वही असली मानवीय संस्कार है। वह यह देखते थे कि तथाकथित पुनर्जागरण काल से पश्चिम ने एक ऐसा मोड़ लिया, जो उसके विनाश का कारण बना, जिसकी परिणति दो विश्व युद्धों में हुई, विमानवीकरण वाले औद्योगीकरण में हुई और उनकी मृत्यु के अनन्तर, मनुष्य के एक विशेष प्रकार के यन्त्रीकरण में हुई जिसकी उन्होंने कल्पना नहीं की थी। और यहीं अचरज होता है कि मनुष्य की सम्भावनाओं के विकास के, मनुष्य की स्वायत्तता के बारे में इतने सारे खतरे जो आज मनुष्य के सामने दिख रहे हैं, उनको आज से लगभग पैंतीस वर्ष पूर्व उस व्यक्ति ने देखा था। वह व्यक्ति अपने समय से, अपने देश से काफी आगे था।

इस अत्यन्त संक्षिप्त भूमिका के बाद अपनी बात दो खंडों में विभक्त करना चाहता हूँ। पहले खंड में बहुत ही संक्षेप में चर्चा करना चाहूँगा कि तात्त्विक दर्शन की दृष्टि से उनके चिन्तन में भारत की क्या छवि उतरती है ; भारत के तत्त्व-चिन्तन में कौन-सी ऐसी बात उन्होंने पाई जो उन्हें लगता है सनातन धर्म 'फिलोसाफिया पेरेनिस' बन सकती है और समग्र मानव जति के लिए, समग्र जीवन के लिए एक वास्तविक प्रेरणा-स्रोत बन सकती है। दूसरे खंड में उनकी सौन्दर्य-दृष्टि के सम्बन्ध में कुछ बात करना चाहूँगा, क्योंकि बिना पहले तात्त्विक दृष्टि को समझे सौन्दर्य-दृष्टि समझी नहीं जा सकती। वह निरपेक्ष सौन्दर्य-

दृष्टि मानते नहीं थे। वह मानते थे कि कला जिस प्रकार की कृति है, वह कृति जीवन से अलग नहीं है और जीवन-दर्शन जैसा है वैसा ही कला-दर्शन होता है। कला और जीवन जब अलग-अलग हो जाते हैं तभी इस प्रकार की विडम्बनापूर्ण स्थिति पैदा होती है कि एक पक्ष कहता है कला कला के लिए, दूसरा पक्ष कहता है कला समाज के लिए, कला जीवन के लिए। लेकिन जब तक कला और जीवन एक रहते हैं तब तक यह द्वैतवाद, द्वैतभाव होता नहीं। यह पश्चिम में हुआ क्योंकि कला वहाँ जीवन से अलग हो गई, जीवन के साथ उसका तादात्म्य कम हो गया।

अब मैं कुमारस्वामी के तत्त्वदर्शन पर आपसे कुछ निवेदन करूँगा।

पहली बात यह है कि आप यह जान लें कि यह बात नहीं हैं कि कुमारस्वामी भारत की केवल क्षमता देखते थे, भारत के अनन्य अन्ध उपासक थे। उन्होंने अपने प्रसिद्ध निबन्ध 'पूर्व और पश्चिम' ('ईस्ट एंड वेस्ट') में स्पष्ट रूप से कहा—और मैं उस उद्धरण को जरूर देना चाहता हूँ—

> "But India affords the most tragic spectacle of the world, since we see a living and magnificent organisation, akin to but infinitely more complete than Medieval Europe, still in the process of destruction. Inheriting incalculable treasure she is still incalculably poor."[1]

और इसी बात पर टिप्पणी करते हुए उन्होंने आगे लिखा कि हिन्दुस्तान की दरिद्रता इसमें नहीं है कि वह आर्थिक दृष्टि से विपन्न है, इसमें है कि वह जिस को विपन्नता मानता है वह उसकी बड़ी विपन्नता नहीं है; जिसको सम्पन्नता मानना चाहता है, जिसको अपनी सम्पन्नता का पैमाना मानता है, जिसके कारण वह दिखावटी प्रगति की लालसा का शिकार हो चुका है वही उसकी वास्तविक दरिद्रता है। और जो सम्पन्नता उसके पास है, जो आत्मविश्वास है, जो आत्म-प्रत्यभिज्ञान उसके पास है, उसकी वह उपेक्षा कर रहा है। इतनी बड़ी वैचारिक अस्तित्व-समृद्धि के बावजूद, यह उपेक्षा ही उसकी वास्तविक दरिद्रता है और यही हिन्दुस्तान की सबसे बड़ी ट्रैजेडी है, यही उसकी करुणान्त गाथा है। इसी से मैंने कहा कि उन्होंने हिन्दुस्तान की क्षमता ही देखी हो, ऐसी बात नहीं; हिन्दुस्तान की अक्षमता भी वह एक सत्य-स्रष्टा की तरह देखते रहे। यह मैं जरूर निवेदन करूँगा कि इतना अनुमान उन्हें भी नहीं रहा होगा कि

1. भारत ही विश्व में सबसे करुण दृश्य दिखा सकता है। इतना जीवन्त और भव्य संगठन जो मध्य यूरोप के समान है, बल्कि उससे कुछ अधिक पूर्ण है और इतने अपरिमेय कोष के उत्तराधिकार के बावजूद इतना दरिद्र और ऐसा विनाशोन्मुख—इससे अधिक करुण और क्या होगा।

जो घटित हो रहा है, जो आज की स्थिति है उस सीमा तक हम विपन्न हो चुके हैं। आज सारे मूल्य गंगा में विसर्जित किए जा चुके हैं और मूल्यहीनता के कगार के ऊपर हम सब खड़े हैं। मूल्य अगर हैं तो केवल खोखले नारों के रूप में हैं, नारे से अधिक उनका कोई भी मूल्य हमारे जीवन में नहीं रह गया है। पैंतीस वर्षों के भीतर जो पैदा हुए होंगे, उनको स्वाधीनता का संघर्ष एक असम्भव, असत्य, अवास्तविक घटना लगता होगा और लगता है। और अब इतिहास लिखने वाले उसको तोड़-मरोड़ कर लिख भी रहे हैं—कहीं ऐसा कुछ हुआ नहीं, ऐसा कोई संघर्ष हुआ ही नहीं था, यह सब जो हुआ इतिहास के क्रम में हुआ होगा; किसी ने प्रयत्न किया, किसी ने आहुति दी, यह सब रोमांटिक ख़ामख़याली है।

लेकिन हिन्दुस्तान जिन वस्तुओं से बना है वे वस्तुएँ अक्षय हैं, अनन्त हैं, वे मूर्त्त हैं, वास्तविक हैं, ख़ामख़याली नहीं। उनकी पहचान कराने के लिए दो-तीन बातें जो उन्होंने कहीं, उन्हीं के बारे में मैं निवेदन करना चाहता हूँ। पहली बात उन्होंने कही कि पश्चिम के सामने दो विकल्प हैं: एक विकल्प है कि एक आत्म-चालित गति से आगे बढ़ें, एक निश्चित गन्तव्य की ओर आगे बढ़ें; एक दूसरा विकल्प है कि अपने को धारा में डाल दें, जहाँ नियति ले जाय, वहाँ चले जायें। दूसरा विकल्प यन्त्रजाल की प्रगति की ओर जा रहा है, जहाँ वह पहुँचाए वहीं हम बहते चले जाएँ। इसे रोकना आवश्यक है और रोकने के लिए ही हिन्दुस्तान की प्रासंगिकता है—हिन्दुस्तान की ही नहीं, हिन्दुस्तान की तरह सोचने वाले, हिन्दुस्तान के साथ वैचारिक-सांस्कृतिक साझेदारी रखने वाले पूर्व एशिया के सभी देश इस मामले में कुछ दे सकते हैं। लेकिन लेने वाला मन होना चाहिए। बिना उसके काम नहीं चल सकता है। और उसे लेने के लिए सबसे पहला काम पश्चिम को यह करना पड़ेगा कि 'जो दूसरे को सुधारने का, दूसरे के मत-परिवर्तन का, दूसरों को अपने मत में खींचने का संकल्प है, संकल्प नहीं उन्माद है, उसे रोकना होगा, उस पर नियन्त्रण करना होगा। उन्होंने कहा कि धर्म-परिवर्तन करने वालों से वे अधिक दयनीय हैं, धर्मान्तरकारियों से अधिक विनाशकारी काम उनका है जो आधुनिकता की दीक्षा देते हैं और दीक्षा देकर आधुनिकता के नशे पर अवलम्बित बना देते हैं; इस तरह का मन बना देते हैं कि तुम आधुनिक तभी बनोगे जब हमारे कहे मुताबिक चलोगे और तुम आधुनिक तभी बने रह सकोगे जब हमसे निर्यातित माल के ऊपर तुम नित्य अपना पोषण करोगे। नहीं तो तुम्हारी आधुनिकता सुरक्षित नहीं रहेगी। तुम्हारी आधुनिकता सुरक्षित रखने के लिए हमारे यहाँ से विचारों का, सामग्री का, प्रत्येक वस्तु का आयात करना तुम्हारे लिए आवश्यक है। अर्थात् हमें तुम्हें आधुनिक इसलिए नहीं बनाना है कि तुम आधुनिक बनो,

इसलिए बनाना है कि तुम आधुनिक बनकर हमारे ऊपर अवलम्बित रहो। जब तक पश्चिम के भीतर इस प्रकार की प्रवृत्ति बनी रहेगी, तब तक वह ऐसे देशों से कुछ नहीं ले सकेगा जो पूर्ण दृष्टि दे सकते हैं; खासकर वहाँ के उन लोगों से नहीं ले सकेगा जो पश्चिम से कुछ भी अपेक्षा नहीं रखते। अभी तक उन देशों में कुछ ऐसे बने हैं (और ऐसे लोग ज्यादा नहीं बचे हैं), वे नहीं रहेंगे तो लेने की सम्भावना भी चुक जाएगी। समय बीता जा रहा है, पैठ उठती जा रही है। वस्तु का नहीं, वस्तु की आत्मा का सौदा कर लो, वस्तु के सत्व का (एसेंस का) सौदा कर लो अपना अहंकार देकर'।···परन्तु कुमारस्वामी को पश्चिम के लोगों ने पागल समझा। भारत के लोगों ने भी उन्हें एक अजूबा ही समझा। पूर्व और पश्चिम को मिलाने के जिस बिन्दु की तलाश कुमारस्वामी ने की, उसकी सार्थकता की पहचान अब अधिक प्रासंगिक हो गई है, जब अस्ताचल पर जीवन की लाली अधिक गहरा रही है।

पुनर्जागरण की तथाकथित वैज्ञानिकता की जो एक प्रवृत्ति है वह निश्चित रूप से वस्तु को ही महत्त्व देती है। ठीक इसके विपरीत एक प्रज्ञात्मक अनुभव की प्रवृत्ति है कि तुम अपने को वायु में विलीन करते जाओ और जितना तुम अनुभव अर्जित करते हो वही तुम हो—जो तुम अधिगत करते हो, वह तुम नहीं हो, जो दूसरों से प्राप्त करके ज्यों का ज्यों रखते हो वह तुम नहीं हो। लेकिन जो तुम स्वयं खट कर, स्वयं उसमें पच कर, गल कर, खप करके प्राप्त करते हो वही तुम हो। और इस ज्ञान में और वस्तु-निरीक्षणात्मक ज्ञान में अन्तर होता है। इसीलिए उन्होंने कहा कि 'नालेज ऑफ़ द वेस्ट एंड विज़डम ऑफ़ द ईस्ट'—पश्चिम के विज्ञान और पूर्व की प्रज्ञा इन दोनों को कहीं एक बिन्दु पर, एक सेतु पर मिलना है, जब तक ये नहीं मिलेंगे तब तक एक सम्पूर्ण मानव और एक सम्पूर्ण जीवन की अवधारणा नहीं हो सकेगी। यहीं से उन्होंने एक आवश्यकता का अनुभव किया और इस आवश्यकता का अनुभव करने के बाद उनको जो सबसे अधिक सम्भावना भारतीय चिन्तन में दिखी वह तीन प्रकार की थी।

पहली सम्भावना है कि इस चिन्तन में एक जाति-निरपेक्ष, काल-निरपेक्ष, व्यक्ति-निरपेक्ष, देश-निरपेक्ष भाव मिल सकता है। यहाँ इतिहास हावी नहीं है, यहाँ इतिहास की दृष्टि मलिन नहीं करती, यह परम्परा से एक स्पष्ट दृष्टि प्राप्त है कि तुम स्वयं जाँचो, तुम्हारे भीतर जितना संक्रान्त होता है, तुमको जितना अपने जीवन के तप से प्राप्त होता है वही तुम्हें परम्परा से दिया गया है। और जब यह तुम्हें अनुभव होता है कि तुम्हें परम्परा से दिया गया है और वह अनुभव तुम्हें अपने तप से होता है तो निश्चित रूप से तुम परम्परा बनते हो, परम्परा तुम्हीं में आकर प्रविष्ट हो जाती है और तुम्हीं से परम्परा आगे बढ़ती

है। परम्परा और इतिहास के बीच में रेखा उन्होंने खींची और कहा कि जो पारस्परिक दृष्टि है वह प्रामाणिक दृष्टि है, ऐतिहासिक दृष्टि प्रामाणिक नहीं है, क्योंकि उसको जाँचने वाला खोट से जीतता है। प्रामाणिक दृष्टि देखने में लगती है बहुत अमौलिक दृष्टि, क्योंकि जब वह शास्त्रों का उदाहरण देती है कि अमुक ने ऐसा कहा, मैं ही नहीं कह रहा हूँ—लगता है कि वह अपनी बात कह नहीं रही है। लेकिन जो व्यक्ति इतने लोगों के अनुभव को पचा कर कहता है वह अपना अनुभव होते हुए भी निरन्तर यही कहता रहता है कि गुरु ने कहा है, यह गुरु का वचन है, गुरु ने यह दिखलाया, मैंने कुछ नहीं देखा—क्योंकि देखनेवाला सचमुच वह व्यक्ति है ही नहीं, देखनेवाला समष्टि के साथ एकात्म हो चुका है। तभी वह देखता है और तभी समष्टि-चिन्तन में वह प्रामाण्य ढूँढ़ता है, उस प्रामाण्य के साथ अपने को जोड़ता है। ऐतिहासिक चिन्तन एक विच्छिन्न चिन्तन है, एक असंकलित चिन्तन होता है, 'डिस-इंटेग्रेटेड' चिन्तन होता है, लेकिन पारस्परिक चिन्तन एक संकलित चिन्तन होता है, 'इंटेग्रेटेड' चिन्तन होता है; इस चिन्तन की मनुष्य के लिए कितनी आवश्यकता है इस पर सबसे अधिक बल भारत के चिन्तन में दिया गया है। सारी परम्परा साकल्य की प्रक्रिया है, ससिद्ध वस्तु नहीं। कुमारस्वामी ने पहली विशेषता भारत के चिन्तन में यह देखी।

दूसरी विशेषता उन्होंने यह देखी कि पश्चिम का संसार जो आज एक कबन्ध के रूप में हो गया है—सिर नहीं रह गया है, धड़ रह गया है—उसका कारण है। उसने सिर की निरन्तर उपेक्षा की; उसने धड़ को, पेट को अधिक महत्त्व दिया। वह यह भूल गया कि जिसको भूख लगती है वह अनुभव करने वाला सिर है। उसकी उपेक्षा उसने की। परिणाम यह है कि भोग की प्रतिस्पर्द्धा शुरू हो गई है और बजाय दूसरों के पेट के लिए हम कुछ करें, अपने पेट के लिए कुछ करने की प्रवृत्ति अधिक बढ़ गई है। कुमारस्वामी ने कहा कि अगर पश्चिम में कहीं परार्थ चिन्तन है भी तो उसके पीछे भी एक स्वार्थ है। वह स्वार्थ होता है अपनी शासन-शक्ति के विस्तार का स्वार्थ, अपने प्रभाव के विस्तार का स्वार्थ, अपनी शासन-पद्धति की साझेदारी का स्वार्थ, अपनी शिक्षा-पद्धति की साझेदारी का स्वार्थ, अपनी व्यापार-पद्धति, अर्थ-पद्धति की साझेदारी का स्वार्थ—कि यही पद्धति दूसरे अपनाएँ। उनकी परार्थ भावना के पीछे एक छोटी, अत्यन्त क्षुद्र भावना है। इसके विपरीत पूर्व के चिन्तन में, विशेष कर भारत के चिन्तन में, उन्होंने देखा कि वस्तुतः परार्थ और स्वार्थ—ये दोनों जो अलग-अलग खंड दिखते हैं ऐसे हैं ही नहीं, वहाँ अपने लिए अपनी, आत्मा के लिए आत्मा की आहुति दी जाती है; अपने भीतर रहने वाले पुरुष के लिए अपने बाहर के पुरुष की आहुति दी जाती है। अर्थात् यह जो द्वन्द्व है वह कहीं

बाहर नहीं है, भीतर है, कहीं बाहर प्रतिस्पर्द्धा नहीं है भीतर है। इसीलिए स्वाधीनता की अवधारणा इसमें नहीं है कि हम स्व की घोषणा करें; हम स्व की अपनी अधीनता की घोषणा करें इसमें स्वाधीनता नहीं है। स्वाधीनता है आत्म-नियन्त्रण में, आत्म-वशीकरण में। 'स्वातन्त्र्य' शब्द का यही अर्थ है, स्वाधीन शब्द का यही अर्थ है कि अपने अधीन होना, अपने तन्त्र को स्वीकार करना, अपने स्वभाव के अनुकूल जो हो सकता है, जो विस्तार की, विकास की सम्भावना हो सकती है उसको पुनः प्राप्त करना—यही स्वाधीनता है। यह नहीं कि अपनी बात जोर से रख दें, यह अधिकार हमें प्राप्त हो जाय, मात्र यह स्वाधीनता है। भारत इसको स्वाधीनता नहीं मानता। स्वाधीनता की यह भारतीय परिभाषा मनुष्य की स्वाधीन चेतना के लिए, विशेष रूप से दो-दो विश्व युद्धों से जर्जर मनुष्य की स्वाधीनता की चेतना के उदय के लिए अत्यन्त आवश्यक है।

एक तीसरी सम्भावना जो उन्होंने देखी वह यह कि पश्चिम का ज्ञान ऐन्द्रिय संवेदन पर बहुत कुछ आधृत है। भारत का ज्ञान ऐन्द्रिय संवेदन से प्राप्त ज्ञान को तृतीय कोटि में रखता है; प्रत्यक्ष के दो स्तर करता है, एक स्तर है ऐन्द्रिय प्रत्यक्ष, उससे गहरा स्तर है मन का, बुद्धि के द्वारा प्रत्यक्ष का। सबसे गहरा स्तर है ध्यान के द्वारा आत्मप्रत्यक्ष का; भारत उसको सबसे अधिक वास्तविक मानता है। आज की दृष्टि में ध्यान के द्वारा श्रीकृष्ण का, दुर्गा का या किसी का जो प्रत्यक्ष होता है वह 'अन्‌रीएल' है, अवास्तविक है। भारत की दृष्टि में वही वास्तविक है, वास्तविकतर है; वास्तविकतम नहीं, है, लेकिन इन्द्रिय के द्वारा प्राप्त प्रत्यक्ष से अधिक विश्वसनीय है क्योंकि उसमें जो एकाग्रता है, दूसरे विषयों के संस्पर्श से जो साहित्य है वह उसको अधिक शुद्धतर बनाता है। लेकिन उससे भी गहरे स्तर का जो प्रत्यक्ष होता है वह मन में भी नहीं रहता, जो शुद्ध रूप से आत्मा का आत्मा के द्वारा प्रत्यक्ष होता है। वह प्रत्यक्ष सबसे अधिक विश्वसनीय है और उस प्रत्यक्ष से आलोकित होकर, पुष्ट होकर दूसरे प्रत्यक्ष सार्थक होते हैं, वास्तविक होते हैं। उन्हें वास्तविकता की पहचान इसी प्रत्यक्ष से होती है। हमारी प्रज्ञा का स्वरूप ध्यान के द्वारा, विमर्श के द्वारा प्राप्त रूप है, आत्म रूप है। स्वरूप का विमर्श—यही ज्ञान की चरम अवस्था है। यह ज्ञान किसी भी ऐन्द्रिय प्रत्यक्ष पर अवलम्बित नहीं है; ऐन्द्रिय प्रत्यक्ष में दोष हो सकता है, लेकिन परिशुद्ध चरित्र और परिशुद्ध चरित्र की परिशुद्ध आत्मा का प्रत्यक्ष कभी भी अप्रामाणिक नहीं हो सकता। इसीलिए उन्होंने कहा है कि इसी प्रत्यक्ष से यह सिद्ध होता है कि जीवन एक है, अखंड है और इसकी एकता तीन बातों में है; समस्त जीवन का स्रोत एक है, समस्त जीवन का 'एसेंस' उसका अस्ति भाव एक है, और समस्त जीवन का लक्ष्य एक है। और गीता

के इस वचन का उन्होंने उद्धरण दिया है :

> सर्वभूतेषु येनैकं भावमव्ययमीक्षते ।
> अविभक्तं विभक्तेषु ज्ञानं तद्विद्धि सात्त्विकं ।।

दिखता है अलग-अलग, लेकिन सबमें अविभक्त है और जितने अस्तित्व हैं उन में अस्तित्व के स्तर पर यह लग सकता है कि अलग-अलग प्रतीति है, लेकिन भाव के स्तर पर, 'बिकमिंग' के होने के, लक्ष्य की ओर गतिशील होने के स्तर पर सबमें एकता है। और यही अनेकता में एकता है, नानात्व में अनानात्व है। नानात्व में एकत्व का अर्थ यह नहीं है कि अनेक प्रकार के भूत हैं, अनेक प्रकार वे अतीत रूप में हैं, लेकिन उनकी जो सम्भावनाएँ हैं, उनकी जो गति है आगे की ओर, उनमें जो जीवन की लालसा है, उसमें एकत्व है और उसी एकत्व का अनुसन्धान जीवन का परम लक्ष्य है, यही परम पुरुषार्थ है। इसीलिए वह ऐसा मानते हैं कि हिन्दू जीवन विशेष रूप से सकलीकृत एकीकृत जीवन है। हालाँकि इस स्तर पर उन्होंने बौद्धों की, जैनों की, सिखों की साधना में कोई अन्तर नहीं किया और उन्होंने एक ही प्रकार का प्रतीक-दर्शन हिन्दू, बौद्ध, जैन तीनों के उपदेष्टाओं में, तीनों की ध्यान-मूर्तियों में देखा। एक ही सौर प्रतिमान तीनों जगह हैं, सूर्य के रूप में, चक्रवर्ती के रूप में, जीवन चक्र के 'प्रवर्तयिता', धर्म चक्र के 'प्रवर्तयिता' के रूप में, सुदर्शन चक्रधारी के रूप में उस सृष्टि चक्र को, जीवन चक्र को निरन्तर चलाते रहने वाले के रूप में और अन्धकार के भेदन करने वाले के रूप में, जीवन को आविद्ध करने वाले के रूप में, एक ही प्रकार का प्रतिबिम्ब-दर्शन उन्होंने समस्त साधनाओं में किया, समस्त साधनाओं की प्रक्रिया में एक ही बात उन्होंने देखी। यह उनकी सबसे बड़ी विशेषता है कि इस एकत्व का अनुसन्धान वे कर पाए। इस स्तर पर सूफी साधकों, मध्ययुगीन ईसाई साधकों और वैदिक ऋषियों, बौद्ध साधकों, जैन साधकों, सबकी साधना को एक बिन्दु पर उन्होंने पाया। इस एकत्व का अनुसन्धान करने के ही कारण वे सबसे अधिक वरेण्य हैं। पश्चिम में जो लोग उनसे असहमत हैं, जो सोचते हैं कि यह असम्भव व्यक्ति है, वे भी कहते हैं कि यह व्यक्ति अत्यन्त गहराई में जाकर वस्तुओं को देखता है, उतनी गहराई में जा पाना साधारण व्यक्ति के लिए असम्भव है। जो व्यक्ति 'कॉमन मैन', आम आदमी की बात करने वाले जमाने में कहता है—'किसको 'कॉमन मैन' कहते हो। 'कॉमन मैन' कौन है? 'कॉमन मैन' है ब्लेक के शब्दों में 'द मैन इन एवरी मैन', हरएक आदमी में वह मनुष्य, हरएक आदमी में 'द मैन', हरएक मनुष्य में वह सर्वान्तर-व्यापी, सब मनुष्यों में मनुष्य, वह दिव्य मनुष्य, वह दिव्य चेतना—वही है 'कॉमन मैन'। 'कॉमन मैन' का अर्थ यह नहीं है जो आपने

आम आदमी के रूप में मान रखा है—आकारहीन; गुणहीन व्यक्ति। ऐसा नहीं वह विशेष व्यक्ति है 'कॉमन मैन' जो सबमें है, सबमें अनुस्यूत है। वही विशेष व्यक्ति ही 'कॉमन मैन' है, वही सबमें कॉमन है, समान रूप से प्रवाहित है और उसको देखना 'कॉमन मैन' को देखना है। आकारहीन, गुणहीन, चेहराहीन व्यक्ति को देखना 'कॉमन मैन' को देखना नहीं है'। इतनी चुनौती की बात जो कह सके, उससे पश्चिम का भी विचारक घबड़ाएगा ही। उस विचारक को लगता है कि यह आदमी अकेले छोड़ने लायक नहीं है और कम से कम उन के जमाने में दो-तीन ऐसे विचारक हुए हैं। रेने, ह्यूगो, मार्को पोलेस, एरिख फ्रॉम जैसे विचारक हैं जो कुमारस्वामी के पथ के सहयात्री हैं, जो पश्चिम की नियति का साक्षात्कार कर रहे हैं कि आज से पचास वर्ष बाद क्या घटित होने वाला है, जो श्पेंग्लर के साथ और अपने पूर्ववर्ती इतालवी विचारकों के साथ गहरी चिन्ता में निमग्न हैं कि इतनी बड़ी मानव जाति कितने बड़े खतरे की ओर चली जा रही है, किस प्रकार एक उपभोग-प्रधान संस्कृति की छाया का गहरा विस्तार होता चला जा रहा है, एक गहरा अन्धकार घिरता चला जा रहा है।

अब मैं इस बात पर आता हूँ कि कुमारस्वामी ने धर्म को किस रूप में ग्रहण किया, विशेष रूप से हिन्दू धर्म को। क्योंकि हम धर्म को समझेंगे तो कला को भी समझेंगे। कला, साहित्य उनके लिए धर्म से कोई अलग चीज नहीं है, वह भी धर्म है, एक विशेष प्रकार की अवस्था का धर्म है, एक विशेष प्रकार की शक्ति की ऊर्जा दिलाने वाला धर्म। हिन्दू धर्म के बारे में कुमारस्वामी की अवधारणा के तीन स्नर हैं। एक तो वह मानते हैं कि हिन्दू धर्म में एक क्षमता है निरन्तर 'मिथ' रचते रहने की। और यह 'मिथ', यह इतिहास, यह पुराण, कवि-कल्पना नहीं है, यह जीवन के प्रथम सत्य की साक्षात्कृति है। उस प्रथम सत्य के समीपस्थ जो भाषा हो सकती है उसके द्वारा उसे व्यक्त करने का प्रयत्न ही 'मिथ' है। और सबसे पहला प्रथम सत्य है कि वृत्रासुर और उस वृत्रासुर को मारने वाला इन्द्र एक है, वही ड्रेगन है और वही 'ड्रेगन किलर' है; वही आवरण है, वही आवरण-भेदक है। उन्होंने कहा कि 'दोनों एक ही हैं; देखने में लगता है वृत्रासुर अलग है; इन्द्र अलग है; लेकिन इन्द्र ी वृत्रासुर है, वृत्रासुर ही इन्द्र है। और यह जो कोई चीज घेर लेती है और घेर करके एक व्यक्ति का आवरण बन जाती है, उसी आवरण को भीतर से घिरनें वाला चीरना चाहता है, उस सारे कोश को दूर करना चाहता है क्योंकि भीतर वाला पुरुष महसूस करता है कि हम इसके कैदी हो गए हैं, वह मुक्त होना चाहता है। लेकिन उसकी मुक्ति सम्भव नहीं है जब तक कि आवरण की भी मुक्ति नहीं होती क्योंकि

आवरण भी कैदी है उसके साथ। दोनों की कैद से मुक्ति के लिए वह आवरण हटाया जाता है। यहाँ वृत्र की मृत्यु नहीं है, वृत्र की मुक्ति है और मृत्यु है तो दोनों की—वृत्र की भी, इन्द्र की भी'।

और इस 'मिथ' का विस्तार अनेक रूपों में हुआ है। इस मिथ का विस्तार यज्ञ की प्रक्रिया के रूप में हुआ है, इस 'मिथ' का विस्तार सोम के रूप में हुआ है, सोम को अग्नि में डाला जाता है, सोम की आहुति दी जाती है, अर्थात् जीवन-रस अग्नि में डाला जाता है। इसलिए डाला जाता है कि जीवन-रस अग्नि में डाल करके हम पुन: जीवन की सृष्टि करें, अग्नि में पड़कर वह जो द्वैत भाव है वह नष्ट हो जाए, जो आवरण और आवृत के बीच, ढँकने वाले और ढँके हुए के बीच एक द्वैतभाव स्थापित हो गया है, वह द्वैत नष्ट हो जाए। और निरन्तर जब द्वैत नष्ट होता रहता है तो सृष्टि नई होती रहती है। तो सृष्टि का नवीकरण, अखंडता की बार-बार प्राप्ति, यही यज्ञ का लक्ष्य है, यही 'मिथों' का लक्ष्य है। हम जो बार-बार टूटते हैं तो बार-बार जुड़ने का संकल्प, बार-बार जुड़ने की प्रक्रिया ही जीवन है, यही यज्ञ है। यज्ञ केवल आहुति नहीं है, वह साकल्य भी है। समूचे जीवन में जो कर्म की कुशलता है, वह भी इसी अखंडता की, इसी पूर्णता की प्राप्ति के लिए है। कर्म अपने आप में महत्त्वपूर्ण नहीं है, कर्म में जो एकाग्र भाव से कुशलता है, वही साध्य है, वह कुशलता ही योग है और उस कुशलता के द्वारा ही इस पूर्णता की 'पर्फेक्शन' की प्राप्ति होती है; एक भूमा की, उत्कृष्टता की प्राप्ति होती है, परत्व की प्राप्ति होती है।

तो यह जो 'मिथ' के रचने की प्रक्रिया है वही जीवन की प्रक्रिया है। वह जीवन की आकांक्षा से अलग नहीं है। जीवन की आकांक्षा ही इस प्रकार के 'मिथ' में संगृहीत है और उस 'मिथ' के अनेक विस्तार होते चले गए हैं। जैसे-जैसे हिन्दू जीवन ने अनेक प्रभावों को आत्मसात् किया है और सम्पूर्ण जीवन की सम्पूर्ण सम्भावनाथों को देखा है, वैसे-वैसे उसमें नई चीज जुड़ती गई है, नया अर्थ जुड़ता गया है। और वही भक्ति में परिणत हो गई है क्योंकि भक्ति का अर्थ ही यह है कि भाग प्राप्त करना। भाग प्राप्त करने का अर्थ लेना ही नहीं, देना भी है क्योंकि जो देता नहीं है वह पाता नहीं है, जितना देता है उतना पाता है। भक्ति दोनों प्रकार की स्थिति है—देना और पाना। भक्ति सौदा नहीं है। मीरा कहती हैं 'मैंने गोविन्द लीनो मोल', वहाँ भाषा तो सौदे की होती है क्योंकि वही भाषा आसानी से समझ में आती है, लेकिन सौदा है नहीं। वह एक प्रकार से पारिवारिक 'पार्टनरशिप' है, सपिंड की साझेदारी है और इस साझेदारी से ही सारा हिन्दू धर्म व्यवस्थित है। श्रोता को यह जानकर कुछ धक्का लग सकता है—और धक्का लगना चाहिए—कि कुमारस्वामी

वर्णाश्रम-व्यवस्था के समर्थक हैं, इस टिप्पणी के साथ समर्थक हैं कि 'आधुनिक जीवन का दबाव इसमें कुछ परिवर्तन अनिवार्यतः लाएगा और वह परिवर्तन कर्म के कौशल से प्रेरित होगा', क्योंकि वह मानते हैं कि कलाकार की कला-सृष्टि—जब इस दृष्टि से होती है कि अद्वितीय है, अपूर्व है तो वह अपूर्व नहीं है। अपूर्व वह तब हो सकती है जब इस दृष्टि से होती है कुछ भी अपूर्व नहीं है, यह तो हमें साँचा दिया गया है, प्रविधि दी गयी है, एक ध्यान दिया गया है, एक मान दिया गया है—सब कुछ तो हमें दिया हुआ है, पूरा शास्त्र हमें दिया हुआ है, हम रच नहीं रहे हैं, जो दिया हुआ है उसके साथ अपने को जोड़ने की हम कोशिश कर रहे हैं, जो रच जाता है वह हम नहीं हैं, वह कुछ हमसे अलग है क्योंकि हमारे बावजूद, हमको काट करके, हमको ध्वस्त करके हमको निरस्त करके, हमको नष्ट करके, हमको उसी में लीन करके रचा जा रहा है। इसलिए वह कला-सृष्टि हमारे बावजूद है, हमारी इच्छा से, हमारी चाहना से, हमारे संकल्प से नहीं है। हमारा संकल्प कला-सृष्टि है ही नहीं। हमारा संकल्प है जो हमें दिया गया है उसके प्रति सम्पूर्ण भाव से समर्पण; और जो कर्म, जिस प्रकार का कर्म, जिस प्रकार का व्यवसाय हमको प्राप्त है, जो हमको अपने स्वभाव के रूप में प्राप्त है, उसका विकास ही हमारा लक्ष्य है। हम विकास करते हैं, उस दी हुई सरणि पर करते हैं तो जो हो जाय वह उस पद्धति का है, उस सरणि का है, उस परम्परा का है; हमारा कुछ नहीं है, हमारा उसमें कोई स्थान नहीं है। कुमारस्वामी की कलादृष्टि यहीं से उद्भूत है, वह यज्ञ के इस रूप में, अर्पित कर्म के रूप में रूपान्तरित होने का ही परिणाम है।

अन्त में मैं अपनी बात इस बिन्दु पर समाप्त करूँगा कि कुमारस्वामी के मत से सहज की साधना ही चरम पुरुषार्थ है। आपको आश्चर्य होगा कि उन्होंने चंडीदास और विद्यापति दोनों पर भूमिकाएँ लिखी हैं। और 'इराटिक सिम्बोलिज्म' (रति की प्रतीकता) को दूसरी दृष्टि से समझने की कोशिश की है, क्षमायाची होकर नहीं, अध्यात्म की बड़ी जबरदस्त खोल चढ़ाकर भी नहीं। उन्होंने कहा, सहज होने का अर्थ यह है कि तुम न चलो यह कोई बड़ी बात नहीं है; चलने से अपने को रोक सकते हो; लेकिन चलो और लगे नहीं कि चल रहे हो, यह बड़ी बात है। यही सहज होना है। तुम इस संसार में अपने को बिलकुल सम्पृक्त करो, लेकिन लगे नहीं कि तुम सम्पृक्त हो, लगे जैसे कि कुछ हो ही नहीं रहा है, यह तो बहुत सहज भाव है। इस सहज की सिद्धि जब होती है तभी धर्म की वास्तविक सिद्धि होती है। कुमारस्वामी का भारत-दर्शन सहज को साधने में चरितार्थ होता है, वह न कोरा वाग्विलास है, न जीवन से पलायन, न जीवन में फँसाव।

2
कुमारस्वामी का भारत-चिन्तन

कलादृष्टि

कुमारस्वामी की तत्त्वदृष्टि की बात सहज की साधना की बात पर समाप्त की गई थी। उन्होंने स्पष्ट किया कि भारतीय जीवन-दर्शन का अन्तिम छोर सहज है और वही सहज मध्य-युगीन भक्ति साहित्य में बहुत ही विशिष्ट रूप में अंकित हुआ है। वही सहज मध्य-युगीन संगीत और चित्रकला में अंकित हुआ है। उस सहज के बारे में प्रायः आज से दस वर्ष पूर्व तक गलत धारणाएँ पलती रहीं। सोचा जाता रहा कि यह एक 'इराटिसिज़्म' है, रतिवाद है, एक अत्यधिक श्रृंगारिकता है। लेकिन आप चंडीदास को पढ़ें, आप काँगड़ा कलम के चित्रों को देखें, आप ध्रुपद-धम्मार की रचना को सुनें और उस प्रकार के भाव से सम्बद्ध नृत्य को देखें तो पता चलेगा कि ये रचनाएँ कुछ दूसरे प्रकार की हैं। चंडीदास ने कहा कि यह वैसे ही है जैसे आप साँप के मुँह में मेंढ़क को नचायें; यह जो अतिशय रागाकुलता है उसमें रहें और आकुल न हों—आकुलता में रहते हुए आकुल न हों, आकुलता आपके लिए इतनी सहज हो जाय कि आप स्वयं आकुल न हों। यह साधना मामूली साधना नहीं है, यह रति तो है, पर वैयक्तिक रति नहीं है। भक्ति-दर्शन के आचार्यों ने कहा कि यह अतिशय प्रेमासक्ति की साधना है। यह न रूपासक्ति है, न कामासक्ति है, यह प्रेमासक्ति है, केवल प्रेम में आसक्ति है, प्रिय में आसक्ति नहीं। यहाँ प्रिय की प्राप्ति पर कोई बल नहीं है। प्रेम न छूटे, इस पर बल है। प्रेम में बने रहना मुख्य है, प्रेमी मुख्य नहीं है। अभीष्ट यह है कि प्रेम ही स्वभाव बन जाय। भारतीय कलासृष्टि यहीं जन्म लेती है। चिन्तन प्रायः यहाँ नहीं पहुँच पाता, दर्शन यहाँ नहीं पहुँच पाता। साहित्य और कला ही यहाँ पहुँचते हैं।

वस्तुतः जिस रूप में आनन्द कुमारस्वामी ने कला को देखा, वह कला आज के 'आर्ट' शब्द के अनुवाद के रूप में प्रयुक्त कला से भिन्न है, दोनों में अन्तर भी

है। कला के अर्थ में ही दो वस्तुएँ निहित हैं, कटना, खंडित होना और जोड़ना। दोनों अर्थ हैं उसके—खण्ड भी है, खण्डित होना भी है और जोड़ना भी है, जोड़ भी है। 'कम्यूनियन' भी है और मृत्यु भी है, प्यार भी है और मृत्यु भी है। यह बात उस प्रकार की कला में, उस प्रकार की कला की अवधारणा में सम्भव ही नहीं, जहाँ व्यक्तित्व, (पर्सेनेलिटी) बना रहता है। जहाँ 'पर्सेनेलिटी' बनी रहती है वहाँ एक बहुत ही सचेत प्रयत्न होता है, एक सचेत संकल्प होता है नयी सृष्टि का, नयी उद्भावना का। लेकिन भारतीत कला-दर्शन में, जैसा कि आचार्य आनन्द कुमारस्वामी ने प्रतिष्ठापित किया है, वस्तुतः नयी उद्-भावना का कोई संकल्प नहीं होता। यह बात विशेष रूप से बल देकर कहने की है कि नवीनता नवीन बनाने में नहीं, नवीन होने में है। वह नवीनता कहाँ से उद्भूत होती है, यह प्रश्न उठता है। वस्तुत: जो विधि दी गई है, जो प्रतिमान और ध्यान दिए गए हैं, उन पर चलते हुए एक ऐसा निवेदन जो सबके लिए हो, जो सबकी आवश्यकता की पूर्ति के लिए हो, वही नवीनता लाता है। दूसरे शब्दों में कला के दो विभाजन नहीं होते, एक लोगों के लिए और एक अपने सुख के लिए। कला केवल 'फंक्शनल' होती है, केवल प्रकार्यात्मक होती है। अपने सुख के लिए और दूसरे के लिए यह द्विधा विभाजन हमारे कला दर्शन से बिलकुल अलग की चीज है, इसके लिए अपरिचित वस्तु है। 'फाइन आर्ट' और 'एप्लाइड आर्ट', यह विभाजन सम्भव ही नहीं है क्योंकि कला शुद्ध रूप से जीवन है और जीवन के लिए है और जीवन की आवश्यकता की पूर्ति के लिए है; कला मात्र मनुष्य के जीवन के मनोमय कोष का भोजन है, अंग है और इसीलिए वह मूलतः धार्मिक है। धार्मिक का अर्थ किसी विशेष विश्वास से जुड़ा होना नहीं है, बल्कि जीवन के ऊँचे उठने के कार्य से जुड़ा होना है। जीवन का एक विशेष प्रकार निरन्तर ऊँचे उठना है। और ऊँचे उठने का और कोई अर्थ ही नहीं होता है, सिवाय इसके कि सर्व जीवन के साथ एकाकार होना है, जो इसका मूल स्वर है, मूल भाव है, प्रकृति है, उसके साथ एकाकार होना है, उसे पुनः प्राप्त करना है, उसकी पुन:स्मृति, पुनः चेतना, उसका 'रिकलेक्शन', पुनराकलन प्राप्त करना है। कला यह पुनः प्राप्ति कराने में सहायक होती है। यह मनुष्य के लिए, मनुष्य की यात्रा के लिए आवश्यक है, अपरिहार्य हैं, इसके बिना यात्रा नहीं होगी। यह कला क्योंकि अपने समाज, अपने सहृदय के लिए है और उस सहृदय की अपेक्षा को सामने रखकर प्रस्तुत होती है, उसमें अपने आप इसलिए बिना आयास अथवा प्रयत्न के, बिना किसी भीतर की सचेतता के एक नवीनता आ जाती है। वह नवीनता उस समाज की होती है, उस समाज के धार्मिक स्तर की होती है, समाज के भाव स्तर की होती है। वह नवीनता समाज की दी हुई होती है और समाज ही पूरी निष्ठा के साथ उसमें आ जाता है। कवि की निष्ठा,

कलाकार की निष्ठा, मूलतः अपने समाज के साथ होती है। समाज में वह विश्वात्मा को देखता है। तो जो नवीनता आती है वह नवीनता जमाने के स्वभाव के कारण आती है, उसके बदलते हुए स्वभाव के कारण आती है। इसलिए जब आप भारतीय कला की समीक्षा करते हैं, जैसा कि आनन्द कुमारस्वामी ने की है, तो आपको लगता है कि कला के नाम व्यक्ति पर नहीं है। यह गुप्त है, यह कुषाण कला है, यह शुंग कला है—कलाकार का नाम आवश्यक नहीं रहता क्योंकि पूरे युग की कला में एक प्रकार की विशिष्टता, एक प्रकार की छाप होती है जो उस युग के तमाम विश्वासों से, तमाम उत्सवों, उल्लासों, संघर्षों, जीवन की तमाम आपदाओं-विपदाओं से, अनेक प्रकार के संचारियों से, अनेक प्रकार के रचे मिथकों से जुड़ी हुई होती है। इस दृष्टि से उस कला में नूतनता का आविर्भाव अपने आप होता है।

दूसरी बात दूसरे छोर से शुरू की जाए। अपने दो-तीन निबन्धों में आनन्द कुमारस्वामी ने इस पर विशेष बल दिया है कि जब आप कला-दर्शन की बात कर रहे हैं तो आप 'एस्थेटिक' दर्शन, सौन्दर्य-दर्शन, की बात मत सोचें, इससे हमारे भारतीय कला-चिन्तन को मत जोड़िए; 'एस्थेटिक फिलासॉफी', सौन्दर्य दर्शन बिलकुल अलग है, 'एस्थेटिक सेंसिबिलिटी' बिलकुल अलग है, सौन्दर्य-बोध नाम का तत्त्व बिलकुल अलग है, क्योंकि इस बोध में निश्चित रूप से कहीं-न-कहीं कोई ऐन्द्रिय बोध सम्मिलित है। पर शुद्ध कला-दर्शन अपनी पर्याप्तता का प्रत्यय है इसीलिए भारतीय कला-दर्शन अलंकार का दर्शन है। इसे कुमारस्वामी ने 'रेटॉरिक' कहा है, उन्होंने 'फ़िगर आफ़ स्पीच' कहा है। देखने में लगेगा यह बहुत बौराहपन की बात है, 'रेटोरिक' तो बहुत छोटी चीज है, अलंकार तो बहुत छोटा होता है। लेकिन उन्होंने उस अर्थ में अलंकार का प्रयोग नहीं किया है। अलंकार का अर्थ पर्याप्तीकरण है; जो अपर्याप्त है, अयथेष्ट है, नाकाफ़ी है उसको पर्याप्त बनाना। मूल अर्थ अलंकार का वही है, और इस अर्थ में जीवन में जितनी अयथेष्टता है, जितनी रिक्तता है, जहाँ-जहाँ खालीपन है, उसको भरना और भरते रहना ही कलाकार का काम है। और जो कला-दर्शन इस भरने की आकांक्षा को देखता है वह 'एस्थेटिक फिलासॉफी' नहीं है, वह 'एस्थेटिक सेंसिबिलिटी' नहीं है, सौन्दर्य-बोध की संवेदना से प्रेरित नहीं है, वह पर्याप्तचन्द्रता है, अलंकरण है। अब यह प्रश्न उठता है कि यह सम्भव कैसे होगा कि उपयोगी कला और शुद्ध कला में भेद न हो? ऐसा सम्भव इसलिए हुआ कि यह सारी चीज माँग पर निर्भर रही है और जिस प्रकार की माँग समाज की ओर से आती रही है, और जिस समाज की ओर से आती रही है वह समाज कलाकार को जिस दृष्टि से देखता था वह दृष्टि भिन्न थी, समाज के लिए कला का उपयोग जीवन की आवश्यकता के रूप में था। वह कला के

बिना जी नहीं सकता था। इसलिए दोनों में भेद नहीं था, शुद्ध कला ही उपयोगी कला थी। आज की तरह कलाकार को समाज अकेले नहीं छोड़ता था। इस पर कुमारस्वामी ने चिन्ता भी प्रकट की है कि आज के कलाकार को अकेले छोड़ दिया गया है। वह लाचार है कि उपयोगिता की ओर जाए, तब अकेला नहीं रहेगा—और तब भी अकेला हो जाता है क्योंकि उपयोगिता आगे बढ़ जाती है। पर यदि वह उपयोगिता की ओर नहीं जाता है तो अपने दु:ख-दर्द से इतना घिर जाता है कि उसकी सारी सृष्टि कितनी भी दीप्तिमान् क्यों न हो समाज से कट जाती है। तब वह यही सोचने लगता है कि इस कला का प्रयोजन कला है।

इस बात को यहीं छोड़कर थोड़ी देर के लिए इस पर आएँ कि कला जन्म कब लेती है, कला के जन्म की प्रक्रिया क्या है, विशेष करके जिस कला के बारे में आनन्द कुमारस्वामी इतने मनोयोग से, इतने ध्यान से, इतनी समाधि से इतना कुछ लिख गए। उन्होंने यह कहा कि वस्तुत: कला-सृष्टि पहले हो जाती है, उसका रूप रच जाता है, जैसा कि पाली वाङ्मय चित्तसञ्ञा (चित्त संज्ञा) में आता है, कला 'चित्तसञ्ञा' (चित्त संज्ञा) है, चित्त में उसकी पहचान उसका पूरा रूप आ जाता है, वस्तु बाद में होती है। तो यह जो चित्त में ध्यान के बल पर 'धियालम्बन' के रूप में कलासृष्टि कर ली जाती है, तब वस्तु बनती है, इस प्रक्रिया के कारण कला निरी वस्तु नहीं रहती, वस्तु उसका एक इंगित मात्र है। वस्तुत: उस वस्तु के परे, उसके परोक्ष में कलासृष्टि हो चुकी है। परोक्ष के सिद्धान्त को समझाते हुए उन्होंने इस पर विशेष बल दिया है ('शुक्र-नीति में परोक्ष का सिद्धान्त' शीर्षक लेख में) कि जो सृष्टि है, वास्तविक रूप से वह परोक्ष है और जो दिखती है उस परोक्ष को दिखलाने वाली है, उस परोक्ष की ओट है, उस परोक्ष की खिड़की है, उस परोक्ष का द्वार है। कला-रचना की प्रक्रिया में एक आनुष्ठानिक मृत्यु नितान्त आवश्यक है। कलाकार को यह भूल जाना है कि वह किस जगह पैदा हुआ है, कहाँ पैदा हुआ है, यह सब कुछ भूल कर पहले उसको अपने को समर्पित करना है उस मूल परम्परा के प्रति जिससे उसने सब कुछ सीखा है, जिससे उसने प्रविधि सीखी है, और उस प्रविधि का अर्थ केवल मान या प्रतिमान नहीं, उसका अर्थ ध्यान भी है। ध्यान का योग जिसने सीखा है, उसने यह भी सीखा है कि सामने मिट्टी नहीं है जिससे हम मूर्ति बना रहे हैं; मिट्टी का तो रूपान्तरण (ट्रांसफ़ार्मेशन) हो चुका है और उस 'ट्रांसफार्म' हो चुकी, रूपान्तरित मिट्टी से मैं कुछ कर रहा हूँ, और मैं जो कर रहा हूँ वह प्राण का व्यापार है और वह प्राण मेरा प्राण है और मेरे समाज का प्राण है। इस दृष्टि से अपने को निश्चित रूप से उसे मारना पड़ता है। उसे अपने को समष्टि के द्वारा निर्गीण कराना पड़ता है और अपने समस्त

आवरणों को चीरना पड़ता है। इस स्थिति में आकर जब वह रचना कर बैठता है तो वस्तुतः वह रचना 'ट्रांसफ़ार्मेशन' होती है, चाहे मिट्टी का हो, चाहे मसी और कागज का हो; वह पूरी की पूरी रचना एक रूपान्तरण होती है। और जिस रूपान्तरण की अवधारणा उसके मन में हो चुकी है वह रूपान्तरण वस्तुतः समाज का, समाज की पूरी भाव-धारा का प्रतिबिम्ब होता है, समष्टि-चित्त का एक बिम्ब होता है। उसी रूप में रूपान्तरण होता है।

प्रक्रिया के बारे में यह पहली बात हुई। दूसरी बात, जिस पर उन्होंने बहुत बल दिया कि तीन दोष होते हैं जिनसे बचना है। एक तो सुसदृश होना दोष है। आप घोड़ा बना दीजिए और किसी को भ्रम हो जाय कि घोड़ा है, हाँ, छूने पर पता लगे कि नहीं, घोड़ा नहीं है—यह सुसदृश होना है। पर सुसदृश नहीं होना चाहिए, केवल सदृश होना चाहिए। जो ऐसा भ्रम उत्पन्न करे, जो वास्तविकतर का 'इल्यूज़न' उत्पन्न करे, वह श्रेष्ठ कला नहीं, निकृष्ट कला है। दूसरा दोष है कि जिसमें जितने प्रकार के उभार हो सकते हैं, वे सभी के सभी दिखाए जाएँ चाहे उनको दिखाने में कोई प्रयोजन हो न हो। कला में अन्यथा-करण अत्यन्त आवश्यक है। अन्यथाकरण और कुछ नहीं है, एक 'डिस्टेंसिंग' है, एक इतनी दूरी से देखना है जहाँ से सम्पूर्णता दीखती हो, केवल एक पक्ष, एक 'प्रोफ़ाइल' या पार्श्व न दिखता हो। जहाँ से अविच्छिन्नता दिखती हो, वहाँ से देखना अन्यथाकरण है। अगर वहाँ से नहीं देखा जा रहा है, तो जो वस्तु दिखती है, जिस रूप में दिखती है, वह ठीक नहीं है, वह विकृत है, असकल है, उसका अन्यथाकरण करना चाहिए। अन्यथाकरण में जिसे सब्जेक्ट का—सोचने वाले, देखने वाले का—तत्त्व कहते हैं वह नहीं है, बल्कि वस्तु के प्राकृतिक स्वभाव का तत्त्व है। वस्तु जैसी यथाभूत है, उस यथाभूत को पूरी तरह आत्म-सात् करने के लिए एक डिस्टेंसिंग, एक अन्यथाकरण आवश्यक है। इसका प्रयोग कालिदास ने कई जगह किया है और कालिदास में सबसे सही रूप में कला-सृष्टि के सम्बन्ध में एक दार्शनिक चिन्तन मिलता है।

आचार्य हजारीप्रसाद द्विवेदी ने इस पर बहुत विस्तार में विचार किया है। उस विस्तार में अभी जाना अनावश्यक है; लेकिन जिस विस्तार में आचार्य द्विवेदी गए हैं वह सरणि आनन्द कुमारस्वामी की ही है। कला-सृष्टि को उसी रूप में देखने के लिए दृष्टि उनकी है। यह अन्यथाकरण, यह पूर्ण रूप से सदृशी-करण से बचना—ये दोनों चीजें कला में बहुत ही आवश्यक हैं। उन्होंने छोटा-सा उदाहरण दिया : एक फूल है कमल; अब आप ऐसा भी बना सकते हैं कि उस पर भौंरा बैठ जाए—ज्यों ही ऐसा फूल आप बनाएँगे वह कला अपवर्तन या अपकर्षण—(रिडक्शन) हो जाएगा। क्योंकि वह फूल मात्र नहीं है, उस फूल में जो पृथ्वी है, जो सूर्य की धूप है, जो वायु की सिहरन है, जो रस है,

जो रचना है, जो सृष्टि है वह बतलाना भी अभीष्ट था—आपने केवल फूल बना दिया। जो कला का कमल है, वह कमल मात्र नहीं है, वह कमल का जो अन्तर्निहित स्वभाव है, जो पृथ्वी का स्वभाव गन्धात्मक स्वभाव है वह है। वह अगर कलाकृति के द्वारा व्यक्त न हो, केवल एक फूल मात्र व्यक्त हो, एक 'बाटेनिकल फ़ैक्ट' व्यक्त हो, वनस्पति विज्ञान का एक तथ्य मात्र व्यक्त हो, पूरी सचाई जो जातीय स्मृति के रूप में समष्टि मन में कहीं न कहीं है, वह सचाई न आए, तो वह कमल छोटा है। कला के कमल में यह क्षमता होनी चाहिए कि वह यह दिखला सके कि यह कमल नहीं है, यह वस्तुतः जो अव्यक्त सृष्टि है, रूप-जल है, रस है उससे उठा हुआ, उससे असम्पृक्त और उससे सम्पृक्त सत्त्व कमल है, कि उसकी नाल उसके भीतर है, लेकिन उसका रस से स्पर्श नहीं है। कला का कमल ऐसी ही अद्‌भुत एक सृष्टि है। उलटकर कहें कि वह सृष्टि ही कमल है, उसी रूप में कमल हमारे मन में है, उसी रूप में विधाता उस कमल में से निकलते हैं, स्रष्टा उस कमल में से निकलते हैं; उसी रूप में हाथ में कमल आता है तो लीला-कमल बन जाता है, श्री का बिम्ब बन जाता है। तब उस कमल की एक पहचान हो जाती है जिसकी ओट में दृश्य कमल है। उसी में विधाता की एक अपूर्वता है। कमल मात्र ही उसका संकेत बन जाता है। एक अपूर्व सृष्टि है, यह सारा संकेत देने की क्षमता जिस कमल में हो वह कमल गोचर कमल का रूपान्तरण होता है, 'ट्रांसफ़ार्मेशन' होता है। और जिस कमल से भ्रमवश वनस्पति जगत् के तथ्य प्रकट होते हैं वह कमल निरा कमल होता है, कला का कमल नहीं होता है। वह व्यंजक नहीं होता, कुछ कहने वाला नहीं होता, वह निरा गूँगा होता है, इसीलिए कला के लिए तिरस्करणीय होता है। इसीलिए आनन्द कुमारस्वामी ने एक बात बहुत सोच-समझ कर कही है कि वस्तुतः इस प्रकार के 'ट्रांसफ़ार्मेशन' का उद्‌भव आदि मानव के मन में ही हो चुका था और आदिम कला या 'प्रिमिटिव', प्रागैतिहासिक कला में अपकर्षण (रिडक्शन) नहीं है, उसमें 'ट्रांसफ़ार्मेशन' है। मान लीजिए नाचने वाले व्यक्ति या नाचने वाली नारी का चित्र है। आप प्रागैतिहासिक गुफाओं के चित्रों में देखेंगे, रेखा मात्र दिखती है, कोई भी सम्पूर्ण सादृश्य नहीं है, एक हलके से सादृश्य की झलक है, पर कलाकार ने नृत्य की जो गति दिखलानी चाही है वह जितनी सार्थकता के साथ उस पर संक्षिप्त रेखा के अंकन में है, गति की पूर्ण रूप से, केन्द्रित रूप से उतनी पहचान पूरे फ़ोटोग्राफ़ से न हो सकती, सम्पूर्ण सुसदृश चित्र से नहीं हो सकती। उस आदिम स्रष्टा मन में जो बात है उसके सम्बन्ध में उनका कहना है कि यह इसलिए सहज है कि आदिम मन सहज है, जीवन की सहजता के बहुत समीप है, इसीलिए इतने अनायास भाव से, इतने निष्प्रयत्न भाव से अपने आप वह 'ट्रांसफ़ार्मेशन', रूपान्तरण करता रहता है।

सारे जगत् के उल्लास के, उसके स्पन्दन के, उसके भावों के, उसकी मुद्राओं के रूपान्तरण वह करता रहता है, सहजता के साथ वह केवल उस भाव को द्योतित करता है, उसके भीतर घिरा नहीं रहता। उसका ध्यान व्यापार है, वह एक स्थिर आकृति नहीं, आकृति में प्रवाहवान् एक चेतनता है, उस चेतनता पर ही उसका विशेष ध्यान है।

कुमारस्वामी ने अपने कला-चिन्तन को कई खंडों में बाँटा। उन्होने नाटक के ऊपर भी लिखा, संगीत के ऊपर भी लिखा, शिल्प पर और कविता पर भी लिखा; हस्तशिल्प पर लिखा, यहाँ तक कि कुम्हार जो मिट्टी के बर्तन बनाता है, जुलाहा जो वस्त्र बुनता है उस पर भी लिखा। उन्होंने यह कहा कि विभिन्न कला-व्यापार अलग-अलग होते हैं, लेकिन ये सभी कला-व्यापार अनुस्यूत हैं एक ही भाव से; उत्पादन-सामग्री के रूप में अलग-अलग हैं, पर कौशल की एकाग्रता के धरातल पर, आत्म-विसर्जन के धरातल पर, कला को चित्तसंज्ञा के रूप में देखने के धरातल पर और कलाकृति को जीवन के उपादान के रूप में प्रयोजित मानने के धरातल पर सभी एक हैं। आनन्द कुमारस्वामी का कला-चिन्तन इसीलिए एक समग्र चिन्तन है और वह भारत की सर्जक मेधा की खरी पहचान है।

['आनन्दकुमार स्वामी का भारत चिन्तन' व्याख्यान वत्सलनिधि के पटना रायकृष्णदास स्मृति-पर्व के अवसर पर दिया गया था।]

3
भारत के लोक और शास्त्र

भारतीय परम्परा के विशिष्ट अभिलक्षणों में एक यह भी है कि यह वाक्केन्द्रित परम्परा है। वाक्केन्द्रित कहने का अर्थ केवल यह नहीं है कि यह मुख्यत: वाचिक है, अंशत: यह बात सही है कि पीढ़ी-दर-पीढ़ी माता-पिता से सन्तान को या गुरु से शिष्य को सौंपी जानेवाली थाती परम्परा कहलाती है, पर यह सौंपना और यह ग्रहण करना निर्जीव व्यापार नहीं है, सौंपने वाले को सौंपने की क्षमता प्राप्त करनी होती है, ग्रहण करने वाले को ग्रहण करने की। एक विशेष प्रकार का तप दोनों के लिए समान रूप से अपेक्षित है, इसके अलावा सौंपने वाले से अपेक्षित है कि वह इस भाव से है कि वह देने वाला नहीं है, वह इस आशा से दे कि जो दिया जा रहा है, उसमें अभिवृद्धि होगी, लेने वाले से अपेक्षा की जाती है कि पूरी तरह अकिंचन होकर प्रणत भाव से ले। इसलिए वाचिक परम्परा में केवल वाक्य नहीं सौंपे जाते, वाक्यार्थ को ग्रहण करने वाला ध्यान योग और समर्पण भाव भी सौंपा जाता है। भारतीय परम्परा को वाक्केन्द्रित कहने के पीछे एक दूसरा अर्थ भी है। भारत में संस्थाबद्धता को न्यूनतम महत्त्व मिला है, चाहे वह संस्था, धर्मसंस्था हो, राज्यसंस्था हो, समाज-संस्था हो। किसी भी धर्माचार्य या किसी भी शासक या किसी भी समुदाय-नायक का महत्त्व बस इतनी ही दूर तक है कि वह परम्परा की स्मृति सुरक्षित रखता है, वह उसका प्रसार करता है, पर इनमें से काई भी अन्तिम प्रमाण नहीं है। अन्तिम प्रमाण है वाक्, तपःपूत वाणी, वह वाणी किसी व्यक्ति या किसी पुरुष की नहीं है, वह सर्वमय हुए द्रष्टा की है, उस द्रष्टा की है जो सब होकर सबको देखता है, सम्पूर्ण जीवन को देखता है। कोई भी अनुष्ठान हो, उसको पवित्रता मन्त्र से, मन्त्र की शुद्धता से प्राप्त होती है। मन्त्र का व्युत्पत्तिपरक अर्थ है मनन का साधन, ध्यान का आलम्ब, 'धियालम्ब'। मन्त्र सम्पूर्ण सत्ता का बाह्य या आभ्यन्तर दोनों प्रकार की सत्ता का एक बौद्धिक अमूर्तीकरण है, इसीलिए उसे दृष्ट कहा जाता है, साक्षात्कार कहा जाता है। निरन्तर वास्तविकता के साथ मनोयोग बनाये रहने के बाद कहीं उसे शब्द मिलते हैं। जो वेद

का प्रामाण्य नहीं स्वीकार करते, वे भी किसी न किसी आगम शास्त्र से ही परिचालित होते हैं, बौद्ध जैन सभी आगमों से निर्देश लेते हैं, संघ और गण बनाकर भी बौद्ध और जैन सम्प्रदाय एकान्ततः स्थविर या गणी से अनुशासित नहीं हुए, अनेक वैष्णव शाक्त और शैव सम्प्रदाय भी आचार्यों से एकान्ततः अनुशासित नहीं हुए, इसके पीछे अमूर्त चिन्तन की वाणी को महत्त्व देने की प्रवृत्ति ही काम करती रही। यह आकस्मिक नहीं है कि भक्ति की सगुण और निर्गुण दोनों धाराओं का संयोजक सूत्र नामस्मरण है, कबीर हों, तुलसी हों राम-नाम दोनों की श्वासों में बहता रहता है। यह अमूर्त्तन शक्ति के केन्द्रीकरण को बराबर रोकता रहा है और संस्थाओं के अनाचारों का प्रतिरोध करने की शक्ति देता रहा है, यही नहीं, इसी के कारण इस परम्परा में एक लचीलापन बना रहता है, जड़ता नहीं आने पाती। वेद, पुराण, आगम, अवदान, चरित, मंगल, पद, जाने नाना प्रकार की अभिव्यक्तियों के माध्यम से और समस्त वाक्परम्परा के अनुभवपरक समाकलन के द्वारा गतिशीलता बनी रहती है। साथ ही उस परम्परा के वाहक परम्परा में आत्मसात् होते रहते हैं, उनका कोई निजी इतिहास नहीं बनता। पाणिनि का अर्थ होता है पाणिनीय भाषा-चिन्तन परम्परा, व्यास का अर्थ होता है वेदार्थ के उप बृंहण की ओर लोक में उसके प्रसरण की लम्बी परम्परा, शंकराचार्य का अर्थ होता है शंकराचार्य की शृंखला, देश के चार कोनों से अद्वैत भाव की साधना के जागरूक प्रहरियों की शृंखला, गुरु नानक का अर्थ हो जाता है गुरु परम्परा, तुलसी का अर्थ हो जाता है रामलीला की, रामकथा की अनवच्छिन धारा। व्यक्ति रूप में इन सबका कोई महत्त्व नहीं रह जाता। ऐतिहासिकता के नये आग्रह ने इन सबके व्यक्तिगत जीवन को अलग देखने की कोशिश शुरू की है, पर उनकी खोजों से कुछ सूचनात्मक ज्ञान की वृद्धि भले हुई हो, परम्परा की सक्रियता को समझने में इन खोजों से कोई विशेष सहायता नहीं मिली है, कभी-कभी तो इन खोजों ने बुद्धि-विभ्रम भी पैदा किया है।

भारतीय परम्परा जैसा कि बार बार कहा जा चुका है केवल शब्द नहीं ढोती, और जब ढोती है तो कोई न कोई चेतता भी है, स्थाणुरयं वेदभारः यह वेदों का भार वहन करने वाला ठूँठा पेड़ है, यह वेदार्थ ग्रहण करने वाली सजीव चेतना नहीं है, वह परम्परा अर्थग्रहण की एक विशिष्ट प्रक्रिया के साथ शब्दों को तैराती चलती है, जैसे नदी में दीप तैराए जाते हैं, बाँसों की डालियों पर या पत्तों की दोनियों पर। वह विशिष्ट प्रक्रिया ही शास्त्रविधि है। शास्त्र-विधि का अर्थ है शास्त्र से अनुशासन ग्रहण करने की विधि, श्रुति-स्मृतियों और विविध मुनिमतों के बीच अन्तर्विरोधों का समाधान ढूँढ़ने की विधि। इस विधि का उपदेश मनु ने मनुस्मृति में इस प्रकार दिया कि अपनी ज्ञानचक्षु से इन

सभी वाक्यों को और इनके अर्थों को परखो, इन्हें अपने देशकाल के साथ जोड़ कर देखो, अपने समय के तप:पूत सज्जनों के आचार में ये कितने प्रतिबिम्बित हैं, इसे ध्यान से देखो और फिर अन्तिम कसौटी पर कसो, कितना यह तुम्हारे अनुकूल है, कितना यह "आत्मन: प्रियम्" है। बड़ी कठिन कसौटी है यह 'आत्मन: प्रियम्' अपने को प्रिय लगना, ऊपर से विश्रृंखलता लाने वाली कसौटी लगती है; व्यक्ति के मनमानेपन को छूट देने वाली लगती है, पर जब इसे निषेधमुख से समझने की कोशिश करते हैं कि "आत्मन: प्रतिकूलानि परेषां न समाचरेत्" जो अपने को अनुकूल न लगे, प्रिय न लगे, वह दूसरों के साथ न करे, तब लगता है यह कसौटी कितनी बड़ी है। आपसे कोई झूट बोले : आपको अच्छा लगेगा, आपको दुर्वचन कोई कहे, आपको अच्छा लगेगा, आपका अधिकार कोई छीने, अच्छा लगेगा तो फिर आपको कैसे अधिकार प्राप्त है कि आप झूठ बोलें, कड़वा बोलें या किसी का अधिकार छीनें। जब तक इस विधि से शास्त्र का अर्थ नहीं ग्रहण किया जाय, तब तक शास्त्र पंगु रहता है। शास्त्र और विधि अविभाज्य हैं, जब इनका विभाजन होता है तो ये अर्थहीन हो जाते हैं। ऐसा अनेक बार हुआ है, आज भी हो रहा है, परन्तु शास्त्र को जीने वाले व्यक्ति और शास्त्र में अपने को विलीन करने वाले व्यक्ति के माध्यम से शास्त्र पुनः-संजीवित होता रहा है। पूज्य स्वामी करपात्री जी से उनके अन्तिम दिनों में दो-तीन बार लम्बी बातचीत हुई, वे बहुत ही कट्टर सनातनी माने जाते थे, उनसे पूछा कि बहुत तेजी से बदलाव हो रहा है, आचार-पद्धति बदल रही है, क्या सनातन धर्म टिका रहेगा। वे बोले, जिसे जाना है वह काल प्रवाह में चला जायेगा, पर जो जीवन को चलाता है, वह कैसे जाएगा, जो चलाता है और स्वयं सचरणशील है, वही मात्र सनातन धर्म है। यह भी बोले कि शास्त्र कभी नष्ट नहीं होंगे, वे पुनर्व्याख्यात होंगे, हो सकता है पाखण्ड और विवाद से कभी एकदम ढँक उठें जैसाकि गोस्वामी तुलसीदासजी ने कहा—

हरित भूमि तृण-संकुलित, सूझि परै नहिं पन्थ।
जिमि पाखण्ड विवाद तें, लुप्त होंइ सद् ग्रन्थ॥

स्वामी करपात्री जी के जीवन की एक घटना का उल्लेख मैं अन्यत्र कर चुका हूँ, पुन: दोहराऊँगा, काशी के अवधूत श्री भगवान राम मोटरगाड़ी से जिस सड़क से जा रहे थे, उसी सड़क पर पीछे-पीछे स्वामी जी की गाड़ी आ रही थी। अवधूत श्री भगवान राम की गाड़ी खराब हो गई, वे रास्ते में अटक गए। स्वामी ने पूछा—आप किधर जा रहे हैं, पता चला वे भी स्वामी जी के गन्तव्य स्थान के पास ही जा रहे हैं। स्वामी जी ने अनुरोध किया कि आप हमारी गाड़ी में आ जाएँ। अवभूत बाबा ने परिहास किया, आपकी मोटर में

जूता कैसे जाएगा, आप तो खड़ाऊँ पर चलते हैं, स्वामी जी ने तत्काल उत्तर दिया कि सन्तों की पनही तो हम सिर पर धारण करते हैं, आप चलिए तो सही। अवधूत भगवान राम जी विगलित हो गए। यह कहानी मैंने सिर्फ इसलिए दुहराई कि शास्त्र की जीवन्त प्रतिमा स्व० करपात्री जी जैसे व्यक्ति के माध्यम से ही शास्त्र के वास्तविक अर्थ का अनुशीलन किया जा सकता है। सन्त की पनही सिर पर उठाकर रखने वाला कोई वेदवाक्य नहीं है तो कहाँ से यह विचार चला आ रहा है निश्चय ही साधना को, तप को, आदर देने का भाव ही लोकाचार में इस रूप में परिवर्तित हुआ और यह शास्त्र की तरह मान्य हो गया। शास्त्रविधि जानने वाले व्यक्ति को इस पक्ष का भी ध्यान रहता है। लोक की उपेक्षा करने वाली विधि शास्त्र का निषेध है। यह विधि इतनी समावेशक और इतनी संश्लिष्ट है कि इसे ठीक-ठीक परिभाषित करना संभव नहीं है, पर यह विधि भी वाक्‌परम्परा की ही देन है। वाक्‌परम्परा का आदि स्रोत ढूँढ़ना इसी से बड़ा कठिन है। बहुत से लोकाचार, लोकानुष्ठान और उनके अंगभूत लोकगीत और लोकाख्यान कहीं-कहीं तो वैदिक मन्त्रों की गूँज जान पड़ते हैं कहीं कहीं बहुत से तान्त्रिक अनुष्ठानों की गूँज वहाँ मिलती है। कौन पहले है, कौन बाद में यह निर्णय करना कठिन है, परन्तु इस निर्णय की अपेक्षा ही नहीं रखती परम्परा, परम्परा तो संश्लिष्ट है, जिस बिन्दु पर है, उस बिन्दु पर सम्पूर्ण है, उसमें कितना प्रतिशत वैदिक है, कितना तांत्रिक, कितना जनजातीय, यह विश्लेषण अनावश्यक है, क्योंकि परम्परा इतिहास से या तिथि क्रम में पुरानेपन से प्रमाणित नहीं होती, वह प्रमाणित होती है वर्त्तमानता और सफलता से।

यह बात केवल वैदिक-पौराणिक सन्दर्भ में ही नहीं लागू होती, बौद्ध परम्परा का ध्यान से अध्ययन करें तो स्थविरयान, महायान और वज्रयान में शाखा-भेद होते हुए भी जब इसका सातत्य भोट (तिब्बती) परम्परा तक प्रसृत होता है तो क्रिया और चर्चा के स्तर पर एकता दिखाई पड़ती है, भोट भाषा में ग्रन्थों के अनुवाद के बाद भी मन्त्र संस्कृत के ही उच्चरित होते हैं और पूजा का क्रम लगभग वही है जो हिन्दू पूजा का है। यही नहीं, जैसी अवधारणा अवतार की पौराणिक धर्म में है, वैसी ही अवधारणा इस परम्परा में विकसित होती है और बुद्ध का निर्माण—काय केवल लीला मात्र के रूप में देखा जाता है, उनकी बोधि तुषित लोक में पूर्वसम्पन्न मानी जाती है। व्यक्ति के रूप में तथागत अनेक बुद्धों में से एक हो जाते हैं। एक प्रकार से बुद्ध धर्म में ही समाविष्ट हो जाते हैं। एक दूसरी बात भी बौद्धधर्म के विकास में संलक्ष्य होती है कि वेदवाक्य का प्रामाण्य स्वीकार न करते हुए भी यह परम्परा उसके अध्ययन क्रम को जारी रखती है, उसको वैचारिक स्तर पर स्वीकृति देती है। महायान सम्प्रदाय में जिस सुजाता ने बोधि के पूर्व खीर खिलाई थी, उसने सालभर तक

भगवान् बुद्ध की बोधि सम्पन्न हो, इसके लिए 108 ब्राह्मणों से वेदपाठ कराया था। इसी प्रकार जैन परम्परा में भी राम और कृष्ण की कथाएँ अनुस्यूत हो जाती हैं। प्रारम्भ जैसे भी हुआ हो इन सभी परम्पराओं में तर्क विचार और कर्मकाण्ड की एक ही भाषा संस्कृत रह जाती है, यहाँ तक कि उत्तरकालीन पाली और प्राकृत भी संस्कृत की प्रत्यक्षर छाया बन जाती है। परम्परा को एकसूत्रता बनाए रखने का भाव सहज रूप में भारत में बना रहा है। भारत-भावित दूसरे देशों में भी यह संक्रान्त हुआ है।

यहाँ पुनः बल देकर कहना चाहूँगा कि परम्परा की एकसूत्रता का अर्थ प्राचीन से निभाव नहीं है, क्योंकि परम्परा में स्वीकार परिहार दोनों चलते हैं। कुछ चीजें छूटती जाती हैं, कुछ जुड़ती जाती हैं, पर एकदम लोप किसी का नहीं होता, विरोध भी परम्परा के प्रवाह में कुछ दूर अलग-अलग चलकर विरोध नहीं रह जाते, वे विकल्प बन जाते हैं। इस असंलक्ष्य रूपान्तर की प्रक्रिया में अलग उपादान तत्त्वों की पहचान उतना महत्त्व नहीं रखती, जितना महत्त्व रखती है परिणति, जो स्वयं परिणामोन्मुख है। मध्ययुग में वैदिक-तान्त्रिक, ब्राह्मण-श्रमण कितनी ही धाराओं की परिणति एक ऐसी धारा बनती है, जिसमें बहुत से भेद तिरोहित हो जाते हैं।

इसको बहुत से संस्कृतवेत्ता समन्वय नाम देते हैं। समन्वय बड़ा खतरनाक शब्द है, क्योंकि समन्वय से लोग समझौता अर्थग्रहण करने लगते हैं। जब तुलसीदास जी यह कहते हैं "जेहि न राम पद पंकज भाऊ, सो सब धरम करम जाऊँ, और वे राम-विरोधी धर्म के साथ लेशमात्र भी समझौता नहीं करना चाहते, तब कबीर की तो फिर बात ही क्या करें, वे लंगोटी झार कर चल देने वाले हैं। समन्वय एक सीमित अर्थ में है, एक मुख्य अर्थ को अंगभूत बनाने के अर्थ में, एक बड़े लक्ष्य के आगे दूसरे लक्ष्यों को छोटा बनाने के अर्थ में, उन्हें बड़े लक्ष्य का सापेक्ष बनाने के अर्थ में। रामकृष्ण परमहंस इस्लामी, मसीही, तांत्रिक साधना की सभी पद्धतियों से गुजरे, सबके साथ एकात्म हुए, पर किसी एक तक सीमित न रहे, उन्हें ये सभी मार्ग सोपान लगे, माँ का वात्सल्य पाने की पात्रता इनसे आई, क्योंकि जगज्जननी का वात्सल्य पाने के लिए जगत् मात्र के सारतत्त्व के साथ अपने को जोड़ना उन्हें आवश्यक लगा। भारतीय परम्परा की विशेषता उसकी अतिक्रामी क्षमता है। हमारे देश के प्रसिद्ध संस्कृतिवेत्ता डॉ० गोविन्दचन्द्र पाण्डेय ने इसे रेखांकित करते हुए "मीनिंग एण्ड प्रासेस ऑफ कल्चर" में लिखा है कि "भारतीय परम्परा की रुझान मनुष्य के भीतर अपने अतिक्रमण की सम्भावना और उस अतिक्रमण की आवश्यकता जगाने की ओर है।" इसी से उसमें न प्रकृति या उसकी ऊर्जा के स्रोत का ऐकान्तिक महत्त्व है, न मानव समाज की समासता का ऐकान्तिक महत्त्व है। पश्चिम में

प्रकृति पर विजय की कामना भूत की तरह मनुष्य के ऊपर भूत की तरह सवार हुई, उसके पीछे प्रकृति को अपने बाहर विशिष्ट स्थान देना ही तो था और उसके बाद अतिरेक की स्थिति में, भोग की पराकाष्ठा की स्थिति में, प्रकृति में, पलायन करने की बात भी इसीलिए अमरीका में दिखाई पड़ रही है। सामाजिक समासता और नैतिकता का आग्रह जो प्राचीन चीनी परम्परा में रहा है, वह भी मनुष्य के ऊपर अधिकतर आरोपित रहा है, मनुष्य के हृदय का संवाद उसके साथ नहीं रहा है। भारतीय परम्परा बाह्य प्रकृति को अन्तः-प्रकृति का प्रक्षेप मानती है। अतः उस पर विजय को ध्येय भी नहीं मानती, क्योंकि उसे निरपेक्ष नहीं समझती और उसके लिए वह मोह नहीं पालती। श्रीमद्भागवत में एक कहानी आती है एक मुनि की, एक मृग के बच्चे को कहीं उन्होंने अधमरा पाया, उसे उन्होंने बनौषधि पिलाई, फिर उसे पाला-पोसा, करुणा ममता में बदल गई और फिर वह मृगमय हो गए, परिणाम यह हुआ कि वे तपस्या के बावजूद इस मोह के कारण मृगयोनि में उत्पन्न हुए। इसलिए करुणा निरपेक्ष हो तभी ठीक है। पश्चिमी अर्थ में सामाजिक समरसता, सामाजिस नैतिकता, सामाजिक न्याय भी नियामक रूप में भारतीय परम्परा को मान्य नहीं है। इसके कारण कुछ विडम्बनाएँ भी उपस्थित होती हैं, जैसे परिवार के प्रति नैतिकता सामाजिक नैतिकता की विरोधी हो जाती है, पर जब परम्परा पूरी तरह सक्रिय हो अर्थात् आदमी परम्परा के प्रति समर्पित होते हुए भी उसे जाँचने की प्रक्रिया जारी हो, तब बिडम्बना के लिए कोई स्थान नहीं रह जाता। तथाकथित सामाजिक न्याय में भी औपनिवेशिक इतिहास में कितनी खोट दिखाई पड़ती है, समान न्याय के नाम पर कितना ढोंग पाला है, पश्चिम के उपनिवेशवादियों ने, आज भी अपने प्रभाव के देशों में, अपनी अर्थावलम्बिता से अफ्रीकी देशों में क्या-क्या दबाव नहीं डाल रही हैं सम्पन्न शक्तियाँ। भारतीय परम्परा आत्मचिन्तन को आत्म होकर सोचने को महत्त्व देती है, देह या इन्द्रिय होकर नहीं, विषय होकर भी नहीं, जगत् में व्याप्त ऊर्जा के प्रवाह की एक अवस्था के रूप में सोचने को महत्त्व देती है, जिससे मनुष्य के भीतर यह साहस उत्पन्न हो सके कि वह इसके लिए तैयार हो जाय 'आत्मार्थं पृथिवीं त्यजेत्', जरूरत पड़े तो वह सभी प्रतिबद्धताओं का अतिक्रमण कर सके, नागार्जुन की तरह वह तथागत का और शंकर की तरह सोपाधि ईश्वर का अतिक्रमण कर सके।

भारतीय परम्परा में समर्पण और अतिक्रमण की दुहरी प्रक्रिया बराबर (कभी-कभी थोड़ी सुषुप्तावस्था के अन्तरालों को छोड़कर) चलती रही है। पहली प्रक्रिया को हम कर्ममार्ग कह सकते हैं, स्वधर्मपालन कह सकते हैं, कुछ प्राप्त है, उसको ग्रहण करें, उसके अनुकूल अपने को बनाएँ। इसी को वैदिक

भाषा में ऋत कह सकते हैं, इसी को अशोक ने अपने अभिलेखों में राज्य-व्यवस्था की नियामक 'पोराण पकिति' (पुराण प्रकृति) कहा है, इसी को साधारण अनपढ़ आदमी पुरखों की रीति कहता है। आनन्दकुमार स्वामी ने अपने एक निबन्ध में पारम्परिक समाज का अभिलक्ष्य बतलाते हुए कहा है-- "ऐसे समाज का एक मुख्य विभेदक अभिलक्षण है व्यवस्था। पूरे समुदाय का समुदाय के रूप में समस्त जीवन कुछ पहचाने सोचों में पलकर चलता है, इन सोचों की प्रामाणिकता के बारे में कोई प्रश्न नहीं करता, व्यक्ति के कुछ विशिष्ट प्रकार्य अलग साधे जाते रहें, पर समुदाय के रूप में वह सामुदायिक जीवन पद्धति के लिए अर्पित है। यह मानना कि व्यक्ति को इस दिए हुए सोच को स्वीकार करने के लिए लाचार किया जाता है, ठीक नहीं है, प्रत्युत मानना यह चाहिए कि व्यक्ति सामाजिक दायित्व से मुक्त हो जाता है जब वह परम्परा प्राप्त व्यवस्था को मान लेता है। ऐसी व्यवस्था के अनुपालन में ही आत्म-साक्षात्कार की व्यक्ति की सीमा के अतिक्रमण की सम्भावनाएँ तीव्रतर होती हैं।" ऊपर से यह बात उलट-पुलटी लगती है, पर जब हम इसका प्रतिपालन साहित्य-सर्जना या कला-सर्जना के क्षेत्रों में या साधना के क्षेत्रों में देखते हैं तो इस दिखाने वाले विरोध का इस विरोधाभास का समाधान ठीक-ठीक मिल जाता है।

हम भारतीय पारम्परिक कला की पहले बात करें। हमारे कलाकार को और हमारे विचारक को शास्त्र से कुछ प्रमाण या अनुपात प्राप्त हैं, उसको प्रमाण या अनुपात बनाना नहीं है, उसको परम्परा प्राप्त (लिखित या मौखिक किसी भी विधि से, पर मनोयोग और अभ्यास से प्राप्त) प्रमाण या अनुपात का ज्ञान अपना अंश बनाना है, अपना अस्तित्व बनाना है, उसका अनुशीलन करके उसे भीतर पूर्णतर करना है। इसके बाद जो कलाकृति उससे रच जाएगी वह उसकी नहीं होगी, उसकी परम्परा की होगी। उसकी मौलिकता मूल से हट कर नहीं है, मूल के निर्वाह में अद्वितीय मनोयोग स्थापित करने से उद्भूत होती है। कुम्हार हजारों वर्षों से वही घोड़ा, वही घुड़सवार, वही हाथी बना रहा है, जो उसके दादा-परदादा बनाते आए हैं, पर कोई अच्छी तरह बनाया घोड़ा-हाथी दूसरे की नकल नहीं होता, हर एक की एक पहचान अलग है, वही उस कलाकार का वैशिष्ट्य है। आनन्द कुमारस्वामी ने बहुत निर्मम होकर इसी से भारतीय कला के बारे में यह कहा है कि वे ही कलाकृतियाँ रम्य मानी जाती हैं, जो शास्त्र-मान के अनुसार रचित हैं, उनकी दृष्टि में शास्त्रनिहित है जो शास्त्र जानते हैं, व्यक्तिगत रुचि कोई कसौटी नहीं है (आर्ट इन इण्डियन लाइफ) किसी कलाकार के नाम से कोई वाद भारत में नहीं चला, कलाकार ही किसी सम्प्रदाय के नाम से जाना गया। बहुत कम कलाकारों ने अपने नाम अपनी

रचनाओं में दिए, बहुत कम ने शरीरी माडेल आगे बिठला कर रचना की, अधिकतर ने मूर्त के ध्यान के बल पर की। उस ध्यान में अपने आप छँटाई हो जाती है।

हमारी साहित्यिक परम्परा का भी बहुत बड़ा अंश है जो अनाम है, यह बात विशेष रूप से आनुष्ठानिक उपभोग के साहित्य पर लागू है, वह चाहे संस्कृत का वैदिक या तांत्रिक मन्त्र हो या विवाह का गीत हो, उसमें एक ढला हुआ साँचा है, उसमें ढला हुआ क्रम है, कहीं उसमें मनमानी की गुंजाइश नहीं है। किसने यह साँचा ढाला, किसने यह क्रम बनाया, किसी को पता नहीं, कोई पता करना भी नहीं चाहता। कब से पुरुष सूक्त के मंत्र षोडशोपचार पूजन के मन्त्र हुए, दीप जलाने के लिए (चन्द्रमा मनसो जातः चक्षोः सूर्यो अजायत श्रोत्राद् वायुश्च प्राणश्च मुखादग्निरजायत" यही मन्त्र क्यों चुना गया, कोई भी प्रश्न नहीं करता। पुत्रजन्म के अवसर पर उस हरिणी के विलाप से क्यों मांगलिक विधि पूरी होती है, जिसमें हरिण को मारकर राम की छट्ठी के भोज में पकाया गया और जिस हरिणी ने उसकी खाल माँगी तो कौशल्या ने तिरस्कार कर दिया, जाओ जाओ, उस खलड़ी की खंजड़ी बनवाऊँगी, मेरे राम उससे खेलेंगे, इसकी संगति के बारे में कोई प्रश्न नहीं करता। हाँ, कोई दूसरा मंत्र पढ़ दें, कोई दूसरा गीत गा दे या इस गीत में कुछ मनमाना परिवर्तन कर दे तो जरूर उसे टोक दिया जाता है, यह अशुद्ध हुआ। पर कोई भी नहीं कहता कि ईसा पूर्व पन्द्रहवीं शती में लिखित मन्त्र तो प्रमाण है और लोकगीत(जिसका समय 300-400 वर्ष से अधिक पुराना नहीं होगा, अप्रमाण है। ऐतिहासिक पौर्वापर्य से प्रमाण में कोई तारतम्य नहीं आता। यहाँ एक बात जरूर है कि प्रामाणिकता निष्ठापूर्वक अनुवर्तन और चैतस (केवल ज्ञानात्मक या केवल भावात्मक नहीं) ऐक्य से आती है। उसी में नवसर्जन भी होता है, उसी समाधि-स्थिति में नये मन्त्र भी रचे जाते हैं, सम्पूर्ण को अभ्यन्तर करके ही कोई उस सम्पूर्ण के साथ समंजस सृष्टि कर सकता है, सामंजस्य के बिना नूतन सृष्टि का कोई अर्थ नहीं है।

इस प्रकार एक प्रक्रिया दी हुई पद्धति को उत्तमतर रूप से प्रस्तुत करती है तो दूसरी सहवर्ती प्रक्रिया साधना के द्वारा नई पूर्णतर पद्धति का आविष्कार करती है। नये कला सम्प्रदाय, नये धर्म सम्प्रदाय, नये अभिव्यक्ति-विधान इसी प्रकार उद्भूत होते हैं, वे विधि के द्वार से होकर निषेध या ठीक-ठीक कहें, अतिक्रमण बनते हैं।

भारतीय परम्परा और भारतीय वाक् का यह समीकरण समझ में आ जाए तो इस परम्परा के भीतरी अर्थ अपने आप खुलते जाते हैं। शतपथ ब्राह्मण में मनु का आख्यान आता है, जिसमें असुरभीत वाक् मनु के वृष में समा जाती है, असुर उस बृष की हुंकार से आहत हो जाते हैं, वे मनु से वह बृष के लिए माँग

लेते हैं। बृषभ के बाद मनु-पत्नी मनावी या मानवी में वाक् प्रविष्ट हो जाती है, असुरों के पुरोहित मनु को झाँसा देकर मनावी की बलि देने के लिए मनु को तैयार करते हैं, मनावी के बाद यज्ञ-पात्र में वाक् प्रविष्ट हो जाती है, तब पात्र से अलग करना असम्भव हो जाता है। इस आख्यान का तात्पर्य सम्भवतः यह है कि असुरों के साथ सत्य-शोधन की प्रकिया नहीं रह सकती, वह यज्ञ साधन बनकर जीना चाहती है, पर साधन मात्र नहीं है, वह मनु की जननी मनावी बनती है, मनुज में जो परार्थ भाव है, उसकी अधिष्ठात्री बनती है, और अन्त में बनती है एक ऐसी अभिव्यक्ति जो निरंतर खाली होने और खाली होकर भरने वाली पात्रता बन जाती है। सचाई बाहर से भीतर और भीतर से बाहर अभिव्याप्त होकर सनातन रूप से अक्षुण्ण बन जाती है। यज्ञिय पात्र में गूँज बन कर समा जाना, वीणा में स्वर बन कर समा जाना, घर में आत्मीयता बनकर समा जाना, बिल्कुल पास रहना, पर दिखाई न पड़ना, दूर से जैसे कोई पुकार आ रही हो, ऐसे सुनाई पड़ना, सुनी जाकर आहुति की, अर्पण की, मनुष्यत्व की जय-यात्रा बन जाना यही तो इस परम्परा की सार्थकता है, मद के वश में न होना, मद को नष्ट करने वाली मधुर वाक् की साधना करना ही परम्परा की सिद्धि है।

जय-यात्रा का अर्थ किसी को हराना नहीं है, किसी को अपने में मिलाना नहीं है, दिग्विजय के लिए निकलना नहीं है, इसका अर्थ अपराजेय भाव है, अक्षुण्ण भाव है, अप्रतिहत गतिशीलता है। जो लोग इस दृष्टि से सोचते हैं कि भारतीय परम्परा ने यूनानी, शक, हूण परम्पराओं को निगीर्ण कर लिया या आर्यों ने द्रविडों, कोलों, किरातों पर विजय प्राप्त की, उनकी कुछ अच्छी बातें ले लीं और उनकी अपनी अलग पहचान नहीं रहने दी, उनको अपना हीनतर सहभागी बना लिया, वे लोग बीमार मानसिकता के शिकार हैं। एक तो जातियों का, संस्कृतियों का या परम्पराओं का संघर्ष भारतके सन्दर्भ से आरोपित है, द्वैत को संघर्ष मानना भ्रम है, दूसरे भारतीय परम्परा में विजेता और विजित कभी भी दो नहीं है। इन्द्र ही वृत्र है, वृत्र ही इन्द्र है इन्द्र वृत्र के भीतर कैद है और वृत्र इन्द्र के भीतर, दोनों एक दूसरे से मुक्ति चाहते हैं, दूसरे शब्दों में दोनों भेद की स्थिति से मुक्ति चाहते हैं। राजसूय यज्ञ का अर्थ ही है जीत कर हार जाना, भरपूर होकर बँट जाना, सम्पन्न होकर अकिंचन हो जाना। आर्य जातिवाचक शब्द, नस्लवाचक शब्द नहीं है, आर्य जिससे बना है, उसमें मूल अर्थ गति है, लाक्षणिक अर्थ श्रेष्ठतर होना है पर्याप्ततर होना है। अलम् और अरम् एक है। दास शब्द का भी वेदों में प्रयोग किसी नस्ल के सन्दर्भ में नहीं है, न नौकर के सन्दर्भ में है, उसका अर्थ है देवता का वह आवरण, वह मोह, वह ढोंग जो उसे नष्ट करता है, इसीलिए इन्द्र ने इस मोह का दमन किया, 'दासं वर्णमिधरं गुहाकः' इस विध्वंसक लपेट से मुक्ति पाई, इसे नीचे उठाकर

गर्त में फेंक दिया और गर्त का द्वार बन्द कर दिया है। इसी दास का सम्वादी शब्द अवेस्ता में दहाक है जो अहि या साँप भी कहा गया है, अहि का अर्थ है जो छूट न पाए।

आज ऐतिहासिक साक्ष्य से भी यह स्पष्ट होने लगा है कि तथाकथित आर्य-द्रविड़-कोल-विरात नस्लें कभी प्रागैतिहासिक काल में अलग रही भी हों, ऐतिहासिक काल में (जब से मनुष्य के कृतित्व के अवशेष मिलने लगे हैं) ये सभी मिश्रित हो चुकी थी, जब से धान की रोपा खेती, पशुओं का पालन करना, घर बनाना और मिल-जुलकर रहना यह सब शुरू हुआ, उस समय के पहले विविध नस्लों या प्रजातियों के अभिलक्षण मिल चुके थे, यह प्रतापगढ़ (गंगा घाटी के मध्य भाग) की पुरातात्त्विक खोज ने प्रमाणित कर दिया है। ईसा पूर्व 6000 वर्ष के आसपास की जो मानव अस्थिपंजर और समकालीन धान के बीज या पशु पंजर मिले हैं, वे इस बात का भौतिक साक्ष्य प्रस्तुत करते हैं और वैदिक वाङ्मय में गोरे काले ऋषियों को समान प्रतिष्ठा के सन्दर्भ साहित्यिक साक्ष्य प्रस्तुत करते हैं। बौद्ध वाङ्मय में आर्य सत्य का अर्थ आर्यजाति का सत्य नहीं है, उसका अर्थ वरेण्य सत्य है। आर्य आष्टांगिक मार्ग भारोपीय आर्यों मात्र का नहीं है, वह उन सबका है जो उस पर चलते हैं। आर्य शब्द ससुर के लिए आर्या शब्द सास के लिए, बाद में आर्या शब्द या उससे व्युत्पन्न ईया, अइया, ईजा, आजी पितामही के लिए, माँ की सास के लिए प्रयुक्त हुए, ये किसी जाति के सन्दर्भ में नही हैं, ये प्रयोग आर्य के पूज्य वाचक अर्थ के ही प्रमाण हैं। महाभारत में स्पष्ट रूप से कहा गया है कि रक्त या जाति के आधार पर श्रेष्ठता का निर्णय नहीं करना चाहिए, क्योंकि कोई जाति शुद्ध हैं ही नहीं, जाने किस सयय से शंका होती आयी है कि जाति की परीक्षा असम्भव हो गयी है, इसी से व्यर्थ हो गयी है, श्रेष्ठता का सही निर्णायक केवल शील हो सकता है। महाभारत की ऐतिहासिक स्मृति स्पष्ट परिलक्षित करती है कि भारतीय नस्लों के भेद वाली बात और एक नस्ल के दूसरी नस्ल से श्रेष्ठ होने की बात मूर्खता का कारण मानने लगे थे। यह तो उन्नीसवीं नस्लवादी भाषातात्त्विक अभाव और डार्विन के अधूरे विकासवादी चिन्तन की छाया का प्रभाव है कि हम लोग भी नस्लपरस्ती के चौखटे में सोचने लगे हैं, बात करते हैं अफ्रो-एशियाई भाई-चारे की और काली चमड़ी के प्रति भीतर-भीतर अवज्ञा, गोरी चमड़ी के प्रति आशंसा पालने लगे हैं। विश्वमोहन सौन्दर्य की जो श्यामलता हमारी आँखों में बसी थी, वह श्यामलता अब गोराने लगी है, साँवरे कन्हैया तो अब गोरी बनकर आएँ तभी वे सुन्दर होंगे। हमारी परम्परा के इतने बड़े कीर्तिमान महाभारत के रचयिता वेदव्यास काले थे, यह बात हम भूलना चाहते हैं। आधुनिक भारतीय साहित्य और चिन्तन में बराबर नस्ल-

परस्ती के विरोध का स्वर ऊँचा किया जाता है पर भीतर एक चोर समाया हुआ है, हम लोग आर्य थे, इसलिए श्रेष्ठ हैं, या हम द्रविड़ थे, हम श्रेष्ठतर थे, आर्यों ने शारीरिक पराक्रम के बल पर हमें नीचे दक्षिण में खदेड़ दिया। आर्यों का साहित्य उनकी भाषा हमारे लिए हेय है, कहीं यह निरन्तर हम सब शिक्षितों में सफाई देने का भाव है कि आर्यों ने द्रविड़ों से, कोलों से किरातों से सबसे लिया है और हमारी संस्कृति सामासिक संस्कृति है, मिली-जुली संस्कृति है। कहीं किसी लड़ाई के प्रमाण मोहनजोदड़ों में नहीं मिलते, द्वारका की खुदाई में नहीं मिलते, मोहनजोदड़ों में जो मानवकृतियाँ हैं वे न आस्ट्रिक हैं, न द्रविड़ पर हमने मान लिया है कि नस्ली लड़ाइयाँ हुई, अगस्त्य ने चालाकी से दक्षिण का उपनिवेशीकरण किया, यही नही बृहत्तर भारत भी उपनिवेश रहा। हमारे वाङ्मय में कहीं प्रमाण नहीं हमारे अभिलेखों में कहीं प्रमाण नहीं कि दक्षिण पूर्व एशिया के देशों से चौथ या कर किसी राजा ने वसूला, यह भी प्रमाण नहीं कि जैसे यूरोप के राजवंशों में विवाह सम्बन्ध हुए वैसे विवाह सम्बन्ध भी भारत भूमि के राजाओं और इन देशों के राजाओं के बीच स्थापित हुए हों, हाँ व्यापारी, शास्त्रचिन्तक, कलाकार, कवि अवश्य यहाँ से वहाँ, वहाँ से यहाँ जाते-आते रहे, बहुत से लोग फिर प्रव्रजन करके बसते गए और धीरे-धीरे जहाँ वे बसे, वहाँ के समाज में मिलते गए, परन्तु दक्षिण पूर्व एशिया के देशों में कभी उपनिवेश नहीं बना। 'कृण्वन्तो विश्वमार्यम्' का अर्थ सारे संसार को हिन्दू बनाना नहीं है, एक-सा बनाना भी नहीं है, इसका अर्थ सबको पूर्णतर बनाना है, सबके भीतर पूर्णतर होने की आकांक्षा उत्पन्न करना है, अकेले कोई पूरा नहीं होता, समष्टि भाव से भर कर ही पूरा हुआ जा सकता है। इसी से दक्षिण पूर्व एशियाई देशों में तो आचार पद्धति अलग रही ही, भारत में ही हिन्दू नाम का कोई एक आचार-व्यवहार कभी भी नहीं रहा, प्रदेशीय आचारों को मान्यता मिलती रही। भारतीय परम्परा एकरूपता के लिए नहीं सहमति के लिए सर्व सहमति के लिए चिन्तित रही है। इसी से मैंने पहले कहा कि यहाँ जय का अर्थ दूसरे को पराभूत करना नहीं है, यहाँ जय का अर्थ अपनी हीनता से मुक्ति पाना है, हीनता कि हम कुछ कर नहीं सकते, हीनता कि हमारे हाथ में कुछ नहीं है। महाभारत में एक शब्द आता है पाणिवाद। मनुष्य तुम्हें हाथ किसलिए दिया गया है, सोचो, पैर का काम करने के लिए नहीं, यह संकल्प करो कि 'कृतं मे दक्षिणे हस्ते जयो मे सव्य आहितः' दायें हाथ में कर्म हो तो बायें हाथ में अपने आप जय है, जय का महत्त्व कर्म के महत्त्व का अपेक्षी है। यह आकस्मिक नहीं है कि, साधना में, गान में, नृत्य में, वाद्य में, कला में, अनुष्ठान में, सर्वत्र वाक् और कर्म में संगति हाथ की मुद्राओं के सहारे सुनिश्चित की गयी है।

इस परम्परा में सर्वस्वीकृति का वातावरण बनाने का प्रयत्न रहा है, इस

कारण विचारों का अनेक प्रकार के विचारों का प्रस्फुटन, आदान-प्रदान, संवाद कभी-कभी विवाद भी होता रहा है। सर्वस्वीकृति जड़ता नहीं है। बौद्धों के और वैदिकों के विवाद एक-दूसरे के पक्ष को समझने के लिए हैं, कुछ बातों में दोनों में भेद होते हुए भी समान विन्दुओं की पहचान के लिए है। क्या दोनों की योग प्रक्रिया एक नहीं हो सकती, दोनों के गृहस्थ जीवन का आचार क्या एक नहीं होगा, इन प्रश्नों पर वही विचार कर सकता है जो वैचारिक रूप में उन्मुक्त होगा, बँधा नहीं होगा। ध्यान से देखें जो वैचारिक स्वर पर भी गूँज-अनुगूँज मिलकर अलग विचार-सरणि बनती रही है। जिस समय मैं आपसे बात कर रहा हूँ, उसी समय बोधगया में भगवान बुद्ध के वज्रासन के स्थल पर (बोधि-प्राप्ति स्थल पर) कालचक्रपूजा दलाईलामा की अध्यक्षता में हो रही है, इसमें कई लाख बौद्ध मतावलम्बी सम्मिलित हो रहे हैं, पर इसका पूरा विधान तथाकथित हिन्दू तान्त्रिक पूजा-पद्धति से कहीं भी अलग नहीं है, मन्त्र संस्कृत के ही हैं, बीजाक्षर वही है, दिवशोधन का, भूमि-शोधन का, मण्डल स्थापना का, षोडशोपचार का, न्यास का, अभिषेक का—सबका क्रम वही है, क्योंकि कालचक्र तो एक ही है। किसने किससे लिया, इसका कोई महत्त्व नहीं रहता, पारम्परिक दृष्टि में महत्त्व रहता है, किस मन से लेते हो, किस मन से देते हो। जैसाकि पहले भी कह चुका हूँ लेते समय बड़े होकर नहीं लेते तो वह लेना भीख हो जाता है, देते समय छोटे होकर नहीं देते तो वह देना दम्भ बन जाता है। भारतीय परम्परा ने विराट् होकर हाथ बड़ा करके लिया है, हम उसे ले रहे हैं जो हमारे सहभागी का अनुभव है, इससे हमारा भी अनुभव है और देते समय यह भाव है कि 'देनहार कोउ और है भेजत है दिन रैन। लोग भरम मयोपै करैं मासों नीचे नैन।" यह उक्ति रहीम की है जिनसे किसी ने कहा कि तुम्हारा हाथ जितना ही देते समय ऊँचा उठता है, क्या बात है तुम्हारी नजर उतनी ही नीचे झुकती है, उत्तर में रहीम ने यह कहा कि मैं शर्म से झुका जाता हूँ, देने वाला तो कोई दूसरा है, मुझे लोग क्यों भ्रमवश दाता कहते हैं। भारतीय परम्परा और चीनी परम्परा की जो छाप अलग-अलग वियतनाम या अन्यत्र पड़ी, उस पर टीका करते हुए कला विवेचक ने कहा है कि भारत ने वर्ण्य विषय दिया, भीतरी अन्विति दी, पर शैली नहीं दी इससे अलग-अलग शैलियों में अलग-अलग बल के साथ वही रामकथा, वही गोचर और आभ्यन्तर की एकता इन देशों की कलाओं में प्रस्फुटित हुई, जबकि चीन का प्रभाव जहाँ गहरा पड़ा वहाँ देशी शैली नष्ट हो गई, यद्यपि वर्ण्यविषय प्रभावित देशों के ही बने रहें। बालि और जावा की रामलीला हमारी रामलीला से जो विशिष्ट है, वह देशी प्रतिभा के प्रभाव के कारण। भारतीय परम्परा आक्रामक नहीं रही, यह उसकी दुर्बलता नहीं है, शक्ति है, इसके कारण राजनीतिक पराभव नहीं हुआ,

पराभव हुआ तो इस कारण जब-जब अनेक में एक की पहचान धूमिल हुई, तब-तब हम खंडित होते रहे, परस्पर सहयोग की बात भूलते रहे और तभी पराजित होते रहे। पराभव के बावजूद जो कहीं न कहीं अस्मिता रखे रह सके, वह अपने अनाक्रामी स्वभाव के कारण। आज यह अवश्य है कि स्वाधीन होकर भी हम अनेक में एक की बात करते हुए भी अनेकवादी हो गए हैं, पर खंडित होकर परस्पर-आक्रामक हो गए हैं। परस्पर संशयालु हो गए हैं, हमारे देशवासी छोटे-छोटे सुरक्षा के घरौंदों में भयवश छिपने लगे हैं। उन घरौंदों में बैठे-बैठे इस पर गर्वस्फीत होने लगे हैं कि हमारे देश में कितने घरौंदे हैं। विडम्बना की बात यह है कि संविधान और संविधान के अनुसार चलने वाली शासन व्यवस्था किसी ने भी इन घरौदों के अलावा कोई सुरक्षा का अवसर नहीं पैदा किया, उल्टे घरौदों के बल पर ही शक्ति-सन्तुलन स्थापित हो सकता है, राजनीतिक स्थिरता बनी रह सकती है, यह स्थिति हमने स्वीकार कर ली है। घरौंदे के बाहर खुलेपन में एक अभय की स्थिति है, यह बात हमारी चेतना का अंग नहीं रह गई है, क्योंकि घरौंदों के चौखटे में रखकर ही अपने को पहचानने के अभ्यासी हो गए हैं, इतिहास, नाना प्रकार के इतिहास गढ़ते-गढ़ते हम उन इतिहासों के वादी हो गए हैं।

इस नये कैदखाने से जिसे हम घर मानने लगे हैं, मुक्ति पाने के लिए परम्परा का विवर्तन व्यापार समझना आज और आवश्यक हो गया है। कैसे अनाम गोप-गोपियों के स्नेह, जतन और मनोयोग से यह दही जमा है, कैसे यह दही हमारी मांगलिकता का पर्याय बना है, इसे समझेंगे तो हम अपने शास्त्रों की संगति भी पा सकेंगे। हमारे शास्त्रकार लोक की, गोचर संसार को कभी भी उपेक्षा नहीं करते थे, उनके उदाहरण प्रत्युदाहरण खुले हुए जीवन से आते थे, कुम्हार, उसका चाक, उसका घड़ा, जुलाहा, उसकी बेमा, उसकी तुरी, उसके ताने-बाने, उसका बयन (बुनाई), वस्त्र, खेतिहर, उसके हल-बैल, उसके जोतने की प्रक्रिया, फसल काटने की प्रक्रिया, ये सब जिसने ध्यान से पहचाना न होगा, वह कोई भी शास्त्र नहीं समझ सकेगा। दूसरी ओर लोक भी शास्त्र का पूरक बनने के लिए शास्त्र द्वारा विस्मृत जीवन-पद्धति को, शास्त्र द्वारा सरल मान कर छोड़ी हुई पद्धति को पुनः उन्मीलित करता रहा है, शास्त्र के ठहराव को कभी झकझोरता, कभी उसको तोड़ता और कभी उसको अपने कन्धे पर ढोता भी रहा है। इसी के कारण विच्छिन्न शास्त्रीय परम्परा को सफल होने का अवसर प्राप्त होता रहता है। भारतीय सन्दर्भ में संस्कृताइजेशन और संस्कृतीकरण की चर्चा तो समाजशास्त्र में बहुत हुई है, पर उस प्राकृताइजेशन या प्राकृतीकरण, प्रसरण की भी चर्चा होनी चाहिए जिसके कारण हम पाते हैं कि अपने को अद्वितीय ब्राह्मण कहनेवाले सातवाहन अपने अभिलेख प्राकृत में लिखवाते हैं, उन्हीं को लड़की

देने वाले शक क्षत्रप संस्कृत में अभिलेख लिखवाते हैं, हम पाते हैं कि उसी जमाने के क्रान्तदर्शी कवि कालिदास ने वाङ्मय के द्विधा प्रयोग में शिव-पार्वती के मिलन का पर्याय पाया, जब उन्होंने लिखा कि—

द्विधाप्रयुक्तेन च वांग्मयेन सरस्वती तन्मिथुनं नुनाव ।
संस्कारपूतेन वरं वरेण्यं वधूं सुखग्राह्यनिबन्धनेन ॥

सरस्वती ने अपने को दो रूपों में बाँधकर शिव-पार्वती दम्पत्ति की स्तुति की, संस्कारपूत भाषा में बाँधकर वर की और सहजगम्य भाषा में बाँधकर वधू की, इसका अभिप्राय यही है कि मांगलिक अनुष्ठान की संसिद्धि में मन्त्र और लोकगायन दोनों की परस्पर पूरक भूमिका है। आज भी यदि सबसे अधिक परम्परानिष्ठ वर्गों का समाजशास्त्रीय अध्ययन किया जाय तो पता चलेगा कि उस वर्ग की स्त्रियों ने आदिम से आदिम आचारों-अभिप्रायों को किसी न किसी व्रत में संजोकर रखा है, घरों में वेदशास्त्र की बड़ी महिमा है, वहीं लोकाचार का भी आग्रह है। केवल एक उदाहरण दूँगा, एक व्रत होता है पिंड़िया, मार्गशीर्ष की अमावस्या के बाद आने वाली प्रतिपदा के दिन किया जाता है, यह व्रत पंक्तिपावन ब्राह्मणों की सुहागिनें रखती हैं। इस दिन भित्ति पर सोलह कलाएँ पिण्डरूप में अंकित होती हैं, साथ चावल की पीठी के पिण्ड बनाए जाते हैं। ये सात पिण्ड पकाये जाते हैं. अर्पित किए जाते हैं, पुनः खाये जाते हैं पर खाते समय इसका ध्यान रहता है कि कहीं से भी प्राणी की आवाज, मनुष्य, पशु या पक्षी की आवाज न सुनाई पड़े, बाहर की ऐसी आवाज रोकने के लिए झाँझ-मजीरा ढोल बजाये जाते हैं। इस व्रत का शास्त्रीय विधान कोई नहीं है, या लुप्त हो गया है; पर इस व्रत के अर्थ की तह में जाएँ तो मार्गशीर्ष शुक्ल प्रतिपदा वैदिक वर्ष का आरम्भणीय अहन् (दिन) है, वह प्रजापति के सृष्टि चक्र के नवावर्तन का दिन है, इस सृष्टि यज्ञ की सात आहुतियाँ हैं, सात आहुतियों के बाद पूर्ण एकात्मता होती है, सोम या चन्द्र की कला सूर्य में समा कर अमृता बनती है। उस स्थिति में वाक् का भीतर जाना ही उचित है। इस प्रतीकार्थ को एक लोकानुष्ठान बहुत गम्भीरता और पवित्रता से सँजोये हुए है।

लोक-प्रचलित व्यवहार शास्त्र की रक्षा भी करते हैं, शास्त्र का नियमन भी करते हैं, "यद्यपि शुद्धं लोकविरुद्धं नहि करणीयं नहि करणीयं" शास्त्र-विहित हो तो भी लोक विरुद्ध हो तो करणीय नहीं है। यह दृष्टि ही भारतीय परम्परा को पोथीवादी नहीं बनाती, इस परम्परा में पाथी का महत्त्व है, पर लोकजीवन से जुड़कर। इसी से जहाँ प्रत्यक्ष प्रमाण से निर्णय उचित है, वहाँ शास्त्र को जबर्दस्ती नहीं लाया जाता, पर जहाँ प्रत्यक्ष या अनुमान बाधित है, ऐसे क्षेत्र में शास्त्रीय दृष्टि ही प्रमाण मानी जाती है, कभी-कभी शास्त्र निगूढ़

हो जाते हैं, अभ्यास के अभाव में, तब उन्हें लोकप्रसृत व्यवहारों के द्वारा आकलित पड़ता है। व्याकरण शास्त्र, नाट्यशास्त्र, योगशास्त्र और कलाशास्त्र की बहुत-सी गुत्थियाँ प्रयोग की पारम्परिक लौकिक पद्धतियों के अध्ययन से ही सुलझायी जाती हैं। लोक-प्रसिद्धि को प्रायः सभी शास्त्रों ने मान्यता दी, वाक्यपदीयकार भर्तृहरि ने भाषा-व्यवहार के अर्थ में धर्म शब्द का प्रयोग करते हुए स्थापित किया—

धर्मस्यानवच्छिन्ना पन्थानो ये व्यवस्थिताः।
न ताँल् लोकप्रसिद्धत्वात् कश्चित्तर्केण बाधते ।।

अर्थात् जो धर्म के मार्ग बिना बीच में टूटे चालू है, उन्हें कोई तर्क के औचित्य के आधार पर बाधित नहीं कर सकता, क्योंकि उन्हें लोकप्रसिद्धि प्राप्त है। भाषा, अनुष्ठान, वाद्य संगीत, कला, आचार, विधि सब पर यह सिद्धान्त लागू है। केवल एक ही शर्त है अविच्छिन्न चालू रहने की। कभी-कभी राह मुड़ जाती है और पुरानी राह छूट जाती है, लोग इक्के-दुक्के पुरानी राह पर चलते हैं, पर वह राह मान्य नहीं रह जाती।

जिस अर्थ में आज हम 'बिहेवियर' का प्रयोग करते हैं, उसे धर्म शब्द में समेट लिया गया है और हमारा जीवन-क्रम धर्म से अनुशासित है, इसका अर्थ यही है कि शास्त्र और लोक दोनों इसे निरूपित करते रहते हैं, लोक शास्त्र का विरोधी नहीं है, उसकी मूल भावना का स्मरण दिलाने वाला है, शास्त्र भी लोक के प्रचलन को (जहाँ तक वह सहज प्रज्ञा से उद्भत है) मान्यता देता आया है। भारतीय परम्परा न तो प्रबुद्धवादी या आभिजात्यवादी परम्परा है, न वह अबौद्धिक गड्डलिका प्रवाह है। बहुत-सी तर्कातीत बातों को स्वीकृति देने के पूर्व उनकी तार्किक परीक्षा होती है और जब तर्क थक जाते हैं तो यह मान लिया जाता है कि कुछ न कुछ बच जाता है, ज्ञान की साधना में जो तर्क के परे है, जो पूर्वानुमेय नहीं है। यही एक ओर सर्जन को बल देता है, दूसरी ओर सत्यान्वेषण को। यही परम्परा को जड़ नहीं होने देता, उदार बनाता है, प्रयोगशील बनाता है, यज्ञ की बेदी का नक्शा इसी से विकसित होकर मन्दिर का विन्यास बन जाता है, यज्ञ-यूप गरुड़-स्तम्भ बन जाता है। पर प्रयोगधर्मिता विच्छृंखल नहीं होती, कुछ मानों के अनुसार होती है, दूसरे शब्दों में मूल्यदृष्टि के अनुसार होती है। यूनानियों से हमने राशियों के नाम लिये, पर क्रान्तिवृतों के बारह विभाजन पहले से थे और इन राशियों को सत्ताइस नक्षत्रों के चक्र में ही विन्यास किया। जब-जब हमने कहीं से कोई चीज ली और वह हमारी विश्व दृष्टि से उसका सामंजस्य नहीं स्थापित हो सका, उसे हमने कुछ ही समय बाद तिरस्कृत कर दिया। उदाहरण के लिए अखमनी साम्राज्य के वैभव

से चमत्कृत बड़े-बड़े स्तम्भ अशोक ने बनवाए, पहली बार किसी राजा ने अपने को 'वश्ना अहुरमज्दाह (अहुरमज्दा का कृपापात्र) के वजन पर 'देवानां प्रिय' (देवताओं का प्रिय) घोषित किया। ये स्तम्भ अखमनी स्तम्भों से बनावट में जरूर भिन्न थे, पर वेदिकाओं के साथ लगे यूपस्तम्भों से अलग थे, क्योंकि ये निरपेक्ष रूप में स्थापित थे। इन वैभव सूचक स्तम्भों का निर्माणक्रम आगे नहीं चला। इनकी कला की भव्यता को लोक में प्रतिष्ठा नहीं मिली। अशोक के शताब्दी बाद ही देशी कला परम्परा, कुछ कम भव्य पर अधिक जीवन्त रूप में उत्तर से दक्षिण तक क्षेत्रीय स्तर पर पनपी, सांची-भरहुत, अमरावती, बारबरा आदि की कलाकृतियाँ पारम्परिक जनपदी कलाकारों की प्रतिभा की देन है और इन्हीं क्षेत्रीय परम्पराओं ने एक बड़ी देशव्यापी कलादृष्टि का विकास किया। अजन्ता, एलुरा आख्यानों के अंकन के माध्यम से जीवन की प्रवाहशीलता निरूपित करते हैं, जीवन की शिखरता नहीं। ग्रहणशीलता की इस सीमा के बारे में अमीर खुसरो की एक टिप्पणी ध्यान देने योग्य है। अमीर खुसरो ने हिन्दी या हिन्दुई का महत्त्व बतलाते हुए कहा कि 'कोई भी भाषा तभी समृद्ध हो सकती है, जब वह लचीली हो, दूसरे प्रभावों के साथ अपने को समंजस रख सकती हो। फारसी ने अरबी से इस कदर उधार लिया है कि उसने अपना स्वरूप खो दिया है, उसकी स्वाभाविक मिठास खो गई है, पर हिन्दी ने अरबी की तरह दूसरी भाषाओं से लिया तो है, पर अपने स्वरूप में ढालकर लिया है, अपने स्वरूप को विकृत नहीं होने दिया है। एक माने में हिन्दी अरबी से भी अधिक लचीली है, वह गाँव की बोली से भी मौजूँ शब्द और भाव लेती रहती है'। अमीर खुसरो की यह टिप्पणी समूची भारतीय सांस्कृतिक परम्परा पर लागू हैं, जो लोग इसे समन्वयवादी परम्परा कहकर यह मान लेते हैं कि इस परम्परा का अपना कुछ नहीं है, जो है सब लिया गया है, कोई आधार या मूल द्रव्य इसमें है ही नहीं, उन्हें यह जान लेना चाहिए कि जिसमें संवहन-क्षमता होती है, वेग होता है, वही नदी सहायक नदियों एवं नालों के जल को आत्मसात् कर सकती है, उनकी अशुचिता भी दूर कर सकती है, वह क्षमता और वह वेग उसके अपने होते हैं, वे अगर अनुपात से अधिक दूसरों के दान से बोझिल हो जाएँ तो नदी मरने लगती है। गंगा का यही हाल हो रहा है और हमारी आधुनिक कल्चर का भी यही। जनपद या लोक का व्यवहार मूल स्वरूप की खोई पहचान का स्मरण कराता है तो कबीर, सूर, तुलसी जन्म लेते हैं, हरिदास, बैजू और तानसेन जन्म लेते हैं, मुगल दरबार से अलग एक चित्रकारी जन्म लेती है। आज हम इस समृद्ध स्रोत को अपने से अलग मानने के अभ्यासी हो रहे हैं और बजाय मधुबनी की चित्रकारी के अनुरूप घर बनाने की बात सोचने के बजाय उसका एक टुकड़ा शीशे में मढ़वाकर अपने

कक्ष में गर्व के साथ दीवाल पर टँगवा देते हैं, देखिए, यह हमारी लोककला है। उस चित्रसारी का अध्ययन हो, उसके अल्बम बनें, उसको सौष्ठवपूर्ण ढंग से प्रस्तुत किया जाय, इससे विरोध नहीं है, पर वह जीवन का अंग न बनकर वैभव का प्रदर्शन हो, इससे अधिक उसकी अवमानना क्या होगी। कभी किसी हिन्दुस्तानी वास्तुविद् ने आदिवासी घर के विन्यास की स्वच्छता, उसके खुलेपन और उसके सौष्ठव को ध्यान में रखकर भवन निर्माण की कोई डिजाइन बनाई हो, और उसके अनुसार गाँवों में उपनगरों में घर बनवाने की बात सोची गई हो, मुझे इसकी जानकारी नहीं है। हमारे समूह संचार माध्यम लोकगीतों का गायन, लोकनृत्यों की प्रस्तुति करा रहे हैं, पर किस भोंड़े और बंधे रूप में, सहज ढंग से गाने पर टोक दिया जाता है, यह रेडियो ट्यून नहीं है, नृत्य में भी समय की सीमा बाँधकर उसका सिलसिला छोटा और कुबड़ा कर दिया जाता है। यह फूल नोचने और उसके दलों का तमाशा बनाने का भाव 'एलिटिस्ट कल्चर' अभिजात संस्कृति का स्वरूप बनता जा रहा है। मिट्टी की सन्तान की बात करते हैं, पर उस मिट्टी के प्रति हमारा भाव कितना दरिद्र है, यह एक ऐसे गीत के उदाहरण से बतलाना चाहता हूँ जो हर शुभ कार्य के पहले किसी पोखर से मिट्टी गोड़कर लाने और उसी से वेदी बनाने के अनुष्ठान के समय गाया जाता है। सुहागिन स्त्रियाँ यह गीत गाते हुए मिट्टी खोदती हैं और उसे अपने सिर पर लाती हैं, इस विधि को और इस गीत को मटकोरा कहा जाता है :

कवन बाबू के मटकोरवा ए सोहाग के मटिया रे
कवन देई कोड़न जाली ए सोहाग के मटिया रे
उठहु मटिया जगहु मटिया ए सोहाग के मटिया रे
ए तुहरे बिन जग ना हाला, ए सोहाग के मटिया रे
पहिले जे घर माटी सिरवां ए सोहाग के मटिया रे
ए तव रे कलसवा के ओते ए सोहाग के मटिया रे

इसका अर्थ है, या कहें इसका अर्थाभास है, अर्थ तो उस विधि को, उस विधि की भावना में ही मिलेगा। किस भाग्यशाली के विवाह के लिए मिट्टी गोड़ी जा रही है, यह मिट्टी जो सुहाग की है। कौन लक्ष्मीरूप बहू मिट्टी गोड़ने आई है, यह मिट्टी जो सुहाग की है। उठो मिट्टी, उठो, जगो, मिट्टी जो सुहाग हो। ए मिट्टी तुम्हारे बिना यज्ञ कैसा, मिट्टी जो सुहाग की हो। पहले इस मिट्टी को सिर पर रखो, यह मिट्टी जो सुहाग की है, फिर इसे मिट्टी को रखो कलश के नीचे, यह मिट्टी जो सुहाग की है।

मिट्टी में चैतन्य का आवाहन ही तो सोहाग है, सौन्दर्य की सिद्धि है।

हम जाँचें हमारे भीतर चैतन्य के आवाहन की यह उत्कंठा है, पृथ्वी के साथ हमारा वह तादात्म्य है और तब बात करें लोक साहित्य की समृद्धि की। हम इस मंत्र को यज्ञविधान के उस मन्त्र से जोड़ें जो यज्ञस्थल की जुताई के लिए उच्चरित होता है तो हम वाक् की ऊर्जा की निरन्तर तलाश का सूत्र पहचान सकते हैं। एक बारहमासा गाया जाता है, जिसमें राम के जन्म से लेकर राम के वनवास की कहानी बारह महीनों के क्रम में रूप में प्रस्तुत की जाती है, अन्त में यह फलश्रुति है कि फागुन महीना बीतते-बीतते और चैत में फागुन के गायन के समाप्त होते-होते राम वन से घर वापिस लौट आते हैं, वैदिक अनुष्ठान की फलश्रुति भी ब्राह्मण ग्रन्थों में इसी प्रकार की होती है, 'य एव कुरुते य एवं वेद', जो इस प्रकार से अनुष्ठान करता है और जो इस अनुष्ठान के क्रम की भीतरी भावना समझ लेता है, दोनों को उस अनुष्ठान का पूर्ण फल मिलता है। राम की यात्रा का गहरा अनुभावन राम की उपस्थिति का कारक बन जाता है। यह कोई आलंकारिक भाषा नहीं है, यह प्रत्यग्र अनुभव की भाषा है। ऐन्द्रिय प्रत्यक्ष ही प्रत्यक्ष नहीं होता, बड़े विशाल हुए मन का प्रत्यक्ष, अपनी संस्कृति की यात्रा से हुए मन का प्रत्यक्ष कहीं अधिक तीव्र होता है। वैदिक अनुष्ठान से लेकर लौकिक अनुष्ठान तक में इसी प्रत्यक्ष अनुभव से चित्त के संस्कार संबल हैं। परम्परा के दोनों अक्षय स्रोतों में एक ओत-प्रोत भाव है।

यह ओत-प्रोत भाव किस तरह प्रवर्तित होता है, इसे मैं निरूपित करना चाहूँगा। निगम-आगम दो प्रकार के शास्त्र हम मानते हैं, निगम प्रथम सिद्धान्त है, सृष्टि के प्रतिरूप है, जिनके अनुसार एक ओर जीवन की सम्पूर्णता निरन्तरता और अन्योन्य सापेक्षता स्थापित है, दूसरी ओर तप से ऋतु और सत्य का प्रवर्तन होता है, इन दोनों के योग से अनन्त देश रूप महासागर, अनन्त देश से अनन्त वर्षचक्र, और तीनों लोक सरजे जाते हैं। इस सृष्टि साँचे को ही जीवन के नवीकरण का साँचा बनाया जाता है, तप इसमें शिखर पर है। भारतीय परम्परा में तपोवन ही वैचारिक ऊर्जा का अधिष्ठान है। तप का अर्थ क्या है, इसे हमारे कवियों और कलाकारों ने सबसे अच्छी तरह समझा। प्राणिमात्र की प्रीति को अपनी प्रीति मानना, अपने कामसुख के लिए दूसरे के कामसुख की क्षति न करना, आवश्यकताएँ इतनी कम रखना कि दूसरों पर अवलम्बित न रहना पड़े, जीवन के सहज़ काम को स्वच्छ बनाए रखना, अभय और विश्वास का भाव उत्पन्न करना, ऐसा कि चिड़िया पेड़ों की लबालब भरी क्यारियों से शाम को इत्मीनान से जल पियें, मृगों के छौने कुटिया का द्वार ऐसे छेंक लें कि हमारा हिस्सा देकर जाओ इस नीवार में, जो तुमने अनजुते खेतों से बटोरा है—

सेकान्ते मुनिकन्याभिस्तत्कालोज्झित वृक्षकम् ।
विश्वासाय विहंगानामालवालाम्बुपायिनाम् ।।
आकीर्णमृषिपत्नीनामुटजद्वाररोधिभिः ।
अपत्यैरिव नीवारभागधेयोचितैर्मृगैः ।।

परन्तु इस विश्वव्यापी प्यार और करुणा के रस की उद्भावना के लिए प्रज्ञा की एक आग धधकाये रखना, एक तेजस्विता और स्वाधीनता जगाए रखना, जिसकी कोई राज्यसत्ता छू न सके, यही सब तो तप है, इस तप से तपोवन लोकसंश्रय बनता है । जनजीवन में भी आह्लाद का क्षण तप के स्मरण से ही मांगलिक बनता है, पुत्रजन्म हो, विवाह हो उसमें राम के बनवास, सीता के बनवास और सीता के द्वारा राम के अयोध्या वापिस चलने का आग्रह ठुकराने का स्मरण इसीलिए कराया जाता है कि आह्लाद उन्माद न बने, बड़े दुःख के बड़े अनुताप के स्मरण से संयत हो और आत्मदान के लिए प्रस्तुत हो ।

निगम को मैंने इसी से प्रथम सिद्धान्त कहा, उसका अभिप्राय है कि वेद और वेद विरोधी में दो स्थितियाँ काल्पनिक हैं, वास्तविक नहीं, यदि प्रवृत्ति और निवृत्ति के आधार पर दो धाराएँ कल्पित की जाती हैं, तो भी सही नहीं है, क्योंकि एकान्ततः दोनों स्थितियाँ सम्भव नहीं हैं । ब्राह्मण श्रमण परम्परा को भी परस्पर विरोधी देखना एक भ्रम है, वस्तुतः परस्पर पूरक रूप में ही दो दिखने वाली धाराओं की संगति महत्त्व रखती है । प्रथम सिद्धान्त को ही पुरुष सूक्त में अन्तिम मन्त्र प्रथम धर्म कहा गया है—

तेन यज्ञेन यज्ञमयजन्त देवाः
तानि धर्माणि प्रथमान्यासन् ।
ते ह नाकं महिमानः सचन्त
यत्र साध्या पूर्वे सन्ति देवाः ।।

इसका तात्पर्य यह है कि विराट् पुरुष को खण्डशः समझा, पुनः उसी के खण्डों की आहुति से उसके सकल रूप को पुनः प्राप्त किया, इस अद्वितीय यज्ञ पद्धति से देवताओं ने यज्ञ किया, यही प्रथम धर्म हुआ, इसी का महत्त्व उस ऊँचे लोक तक पहुँचा, जहाँ पूर्ववर्ती देवता रहते हैं, यह मन्त्र जिन प्रथम धर्मों का संकेत करता है वह सृष्टि को अलग-अलग पहचानते हुए उसे एकीकृत रूप में देखना ही तो जीवन यज्ञ की पूर्णता है । ये प्रथम धर्म सबको स्वीकृत हैं, ब्राह्मण हों, श्रमण हों, बौद्ध हों, पारसी हों, हिन्दू हों, मुसलमान और ईसाई को भी ये मान्य हैं, सूफी साधकों और ईसाई सन्तों की अनुभव भाषा में इसकी गूँज हम पाते हैं । कुछ उदाहरण पर्याप्त होंगे—

बुद्ध वचन—नाहं क्वचनि कस्सचि किंचनं कस्सिं न च मम

क्वचनि कत्थचि किंचनं नत्थि
तथा आकिंचञ्ञमभेव पटिपदम्

श्रीकृष्णवचन—निष्किंचना वयं शश्वत् निकिंचनजनप्रिया:

मेइस्टर एकार्ट—परजीवा को ही ईश्वरीय राज्य में प्रवेश का अधिकार है।

विलियमब्लेक—मैं पूर्व शून्यता और शाश्वत मृत्यु को प्राप्त करूँगा, इसके पहले कि निर्णय का अन्तिम दिन मुझे अनरीता पाए और मैं फिर अपनी निजता को सौंप दिया जाऊँ।

जलालुद्दीन रुमी—वह अपने लिए मर गया है, अतीत हो
गया है ईश्वर में वर्तमान और सजीव हो गया है।

गज़ाली—प्रेम आया और मेरी रगों में मेरी त्वचा में
ऐसे समा गया जैसा मेरा लहू हो
और उसने मुझे ऐसे खाली किया
कि मेरा कुछ न रहा

सूरदास—ज्यों घर दहै बीज अंकुर गिरि तौ सत फरनि फरै
ज्यों घट अनल दहत अपनौ तन पुनि पय अमी भरै

इन सभी उदाहरणों में अपने को खाली करके रीता करके विशाल भाव से भरे जाने की तैयारी की कामना की गई है, अकिंचनता के बिना विराट् का विपुल का आभरण नहीं होता, क्योंकि विराट् भी तो महाशून्य है, महानिष्किंचन है। जीवन आभरण है, यह भाव जितना साधकों की अनुभव भाषा में व्याप्त है, उतना ही जनजीवन के सामान्य अनुष्ठान में भी व्याप्त है। एक उदाहरण पर्याप्त होगा।

विवाह के अवसर पर कलश गोंठने का एक गीत गाया जाता है जिसमें सृष्टि की परस्पर पूरकता और रिश्तों की बुनावट की बात बड़े ही सहज ढंग से प्रस्तुत होती है—

आधे तलवा में हंस चुगै आधे में हंसिनि
तबहूँ न तलवा सुहावन एक रे कमल बिनु
आधे बगिया में आम बौरे आधे में इमिली बौरे हो
तबहूँ न बगिया सोहावनि एकरे कोइलि बिनु
आधी फुलवरिया गुलववा आधी में केवड़ा गमकइ
तबहूँ न फुलवा सुहावन एकरे भँवर बिनु
सोने के सुपवा पछोरैं मोतिया हलारैं
तबहुँ न पुरुष सोहावन एकरे सुनरी बिनु
आधे माँड़ों में गोत बैठें आधे में गोतिनि बैठे हों

तबहूँ न मड़वा सोहावन एकरे ननद बिनु रे
वेदिया ठाढ़ पंडितवा कलस कलस करे हो
वेदिया ठाढ़ कन्हइया बहिनि गोहरावै हो
कहाँ गई बहिनी हमार कलस मोरे गोठौं हो ।

इस गीत में हंस की पूरक हंसिनी, पर हंस हंसिनी कमल के साथ मिल कर ताल की शोभा बनाते हैं, आम की पूरक इमली, पर आम इमली दोनों कोयल की कूक से जुड़कर बगिया की शोभा बनाते हैं, गुलाब का पूरक केवड़ा पर दोनों भौंरे से आस्वादित होकर फूल का फूलपन बनाते हैं, सोने का पूरक मोती पर सोना-मोती दोनों सुंदरी से जुड़कर पुरुष की शोभा बनाते हैं; गोत की पूरक गोतिनी पर गोत गोतिनी और ननद के साथ जुड़कर मण्डप की शोभा बनाते हैं। मण्डप में पूर्णता का प्रतीक कलश कौन लाए, सिवाय दाम्पत्य माधुर्य के पूरक भाई-बहन के प्यार के, बहन ही कलश गोंठे लाए तो विवाह सम्पन्न हो। इस सम्पूर्णता के लिए सब कुछ न्यौछावर करना पड़ता है। न्यौछावर ही प्रथम धर्म है। यही जीवन का निगम है।

निगम की पुष्टि आगम से होती है, सिद्धान्त की प्रतिपूर्ति प्रयोग से होती है। आगम अनेक हैं, क्योंकि प्रयोग की सम्भावना अनन्त है, बौद्ध आगम, जैन आगम, शैव आगम, वैष्णव आगम, शाक्त आगम इनके भी अलग-अलग सम्प्रदाय, उनके अलग-अलग ग्रन्थ आगम एक प्रकार से सेतु का काम करते हैं, निगम और लोकाचार के बीच, लोकाचार के शास्त्र के रूप में प्रतिष्ठापन में भी होते हैं और निगम के लोकाचार के रूप में संक्रमण भी होते हैं, पर कोई भी आगम देशकाल की उपेक्षा नहीं करता। परिवेश की उपेक्षा नहीं करता और वह एक रचनात्मक भाषा के उपयोग के द्वारा सचाई को तरल रूप में ग्रहण करता चलता है। अबदानरचना या पुराण-रचना या आज की प्रचलित शब्दावली में मिथक-रचना ही यह भाषा है। हमारी परम्परा में जब तक यह रचना-सामर्थ्य रहा, तब तक उसमें खुलापन और भरा पूरापन रहा, जब से यह सामर्थ्य हमने खोना शुरू किया, तब से परम्परा खंडित होती गई, बँधती गई। भविष्योत्तर पुराण में मुहम्मद साहब के अवतार की बात आई, साम्ब पुराण में और पहले पारसियों की उपासना पद्धति भी आई, परन्तु पुराण को सचाई के निर्वचन के रूप में न देखकर ऐतिहासिक विवरण के रूप में देखा जाने लगा, तब एक धारणा बँधती गई ये गप्प है और तब पूर्ववर्ती परम्परा की परवर्ती परम्परा की कड़ी बनाने का भाव जाता रहा, लचीलापन गाँठ बनता रहा। इधर इस दिशा में कुछ रुचि जाग्रत् हुई है पर दृष्टि साफ नहीं है, मिथक रचना का अध्ययन अभी भी बीती हुई बात का विश्लेषण है, उसे संश्लिष्ट रूप में देखने की प्रवृत्ति बहुत क्षीण है। संश्लिष्ट रूप में देखने का एक उदाहरण दूँ। राधा की उद्भावना की एक मिथकीय उपपत्ति

देवी महापुराण में मिलती है—राम ने अश्वमेघ यज्ञ में सीता के स्थान पर एक सीता की स्वर्णमयी प्रतिकृति स्थापित की, पत्नी के बिना यज्ञ नहीं किया जा सकता, यज्ञ पूरा हुआ तो राम ने उस प्रतिकृति को विसर्जित करने का मन्त्र पढ़ा, प्रतिकृति बिगड़ गई, मैंने तुम्हारा साथ दिया, अब तुम्हें छोड़कर नहीं जाऊँगी, मेरा भाग्य जगा कि राम की साझेदारी मिली, मैं अलग नहीं हूँगी। राम ने बहुत मनाया, पर वह न मानी। अन्त में राम को विवश होकर यह आश्वासन देना पड़ा कि मेरे अगले जन्म में तुम राधा होगी और तब तुम नित्य संयुक्त रहोगी, हाँ तुमने इतनी जिद ठानी, इसलिए तुम नित्य वियुक्त भी रहोगी। राधा को सीता की भावनारूप स्वर्णप्रतिमा के अवतार के रूप में रचने के पीछे अभिप्राय यह है कि राधा एकनिष्ठ प्यार का सबसे परिशुद्ध रूप है, उनकी देह शुद्ध भाव रूप है। मिलन की आकांक्षा की तीव्रता ही मिलन बिछुड़न का अनुभव साथ-साथ कराती रहती है। श्रीकृष्ण की प्राप्ति का यह वरदान उद्वेलन बन कर ही सार्थक होता है। इसी प्रकार एक और मिथक है, काली ने शिव से कहा, मैं तुम्हारा प्यार पुरुष होकर पाना चाहती हूँ, काली कृष्ण के रूप में अवतरित होती है और शिव राधा के रूप में, काली का विध्वंसन स्वभाव कृष्ण को मिलता है तो सारे नाते-रिश्ते वे निछोह होकर तुड़वा देते हैं, कोई भी ऐसी सत्ता नहीं रहने देते हैं, जो उनकी सापेक्ष न हो और शिव को अवतार राधा शिव की तरह भोली-भाली रहती है, वैसी ही तपोनिष्ठ, वैसी ही एकाग्र और निश्चल, शक्ति की सारी वक्रता और चचलता कृष्ण में संक्रान्त हो जाती है। ये मिथक रचे जाते रहे तो हम भावप्रवण बने रहे, इनके मन्द पड़ने पर हमारे भीतर जकड़न भी आई, हम राधा की ऐतिहासिक चीरफाड़ करते-करते वहाँ पहुँचे जहाँ लगा कि अमीरों के उन्मुक्त प्रेम ने राधा की सृष्टि की और चूँकि एक नई शुचिवायिता के आतंक में वह पाप है अतः राधा कृष्ण को आरोपित कृष्ण मानने से ही परम्परा की शुचिता बची रहेगी, यह माना जाने लगा। पुराणों की प्रसरणशीलता का अवमूल्यन किया जाने लगा। एक बार इस अपूर्व पुराण-निर्मात्री प्रतिमा के आलोक में अपनी परम्परा को पहचानना शुरू करेंगे तो बहुत-सी संकीर्णताएँ अपने आप छँट जाएँगी।

निष्कर्ष यह है कि निगम और आगम दोनों परस्पर पूरक हैं, निगम के ज्ञान की पूर्ति आगम की क्रिया में, निगम के विधिपक्ष की पूर्ति आगम के आत्म-निषेध में, निगम के यज्ञ की पूर्ति आगम की उपासना में, निगम के प्रभु भाव की पूर्ति आगम के सख्यभाव में होती रहती है, किसी एक का पलड़ा भारी पड़ने पर जब विश्रृंखलता आती है तो लोकाचार इस स्थिति को सँभाल लेता है और नये आगम का कार्य करने लगता है। बहुत-से आगम इसी प्रकार

सामंजस्य की प्रक्रिया में बने। रामायण और महाभारत की रचना भी आगम के रूप में ही हुई। नाराशंसी गाथाओं की आकलित स्मृति ने बाल्मीकि और व्यास जैसे तपस्वी वेद विद्यापारगों के भीतर एक स्रष्टा का आवाहन किया कि मुझे लो और पंचम वेद रचो, तब उनके भीतर स्रष्टा जागे, भारत का नया सावित्र रूप सामने आया। फिर सावित्र काव्य जनकंठ में बसकर महाभाव ग्रहण करते-करते इस देश की सनातन लीलागाथा बन गया, इसी देश की क्यों, सभी भाव-सहभागी देशों की सनातन लीलागाथा बन गया। उस लीला गाथा से फिर उद्भूत हुए गीतगोविन्द और रामचरितमानस जैसे प्रबन्ध जो अपने आप में संयोजन-कौशल के कारण और मूल प्रथम धर्मों की सही पहचान के कारण वेद का प्रामाण्य पा गए। इस प्रकार शास्त्र और लोक एक-दूसरे में विनिमय होते रहे और परम्परा इनकी संवादी क्रियाशीलता को ग्रहण करके स्वयं संवादिनी होती रही एक बड़ी जातीय चेतना की।

उपसंहार करते हुए मैं भारतीय परम्परा की तीन विशेषताओं पर बल देना चाहूँगा। पहली विशेषता इसकी है जीवन की अखण्डता और निरन्तर की पूरी स्वीकृति, जीवन जो सामने है उसकी भी जो परोक्ष है, उसकी भी दोनों प्रकार के जीवन एक दूसरे के पूरक हैं, जीवन जो अपना है, जो कहने के लिए दूसरों का है। यह परम्परा इसी से न मनुष्य को केन्द्र में रखती है, न उसके परिवेशको, समष्टि को एक दूसरे के लिए सापेक्ष बनाने पर बल देती है। इसकी दूसरी विशेषता है कि यह देशकाल के प्रति सजग होते हुए भी इसके अतिक्रमण के लिए प्रयत्नशील रही है, ताकि दूसरा देशकाल भी अपना हो सका। इसका अर्थ यह नहीं कि यह कोई निजत्व नहीं रखती। इसका निजत्व है इसकी एक विशेष प्रकार की चिन्तन-पद्धति जो सही माने में दर्शन और भावन पद्धति है, जो सकलता के लिए क्षुद्रता की बलि देने वाली पद्धति है। इसकी तीसरी विशेषता है इसका वाक्केन्द्रित होना, इसमें वाक् का महत्व होना और फलतः वाक् की पवित्रता, वाक् की संयोजकता, वाक् की सत्यता और वाक् की धारावाहिता का महत्त्व होना। इसी कारण इसमें कोई भी संस्थाबद्धता नहीं आने पाती और इसी कारण इसमें शास्त्र लोकापेक्षी रहता है और लोक-शास्त्र से भावित।

4

भारत में मनुष्य और उसका परिवेश

स्व० आचार्य नरेन्द्रदेव ने संस्कृति की एक परिभाषा की—संस्कृति मानव चित्त की खेती है। खेती एक सतत प्रक्रिया है, गोड़ना-जोतना, तपाना-झँवाना, वर्षा की बूंदों का छनकना, बोना, निराना, सींचना, पकी फसल को काटना, फिर ज़मीन को उलटना, कभी खेत को सोने देना, कभी खेत को अहर्निश जागरण के लिए लाचार करना, पर एक क्षण भी विराम न लेने वाली सजगता ही तो खेती है। संस्कृति भी कुछ ऐसी ही न चुकने वाली न रुकने वाली प्रक्रिया है, मनुष्य के श्रम, मनुष्य की दृष्टि और मनुष्य के भीतर के चैतन्य की जहाँ एक ओर साधना है, वहीं वर्षा-हिम-आतप को झेलना और समग्र परिवेश को सात्म करना भी है। मानव चित्त की खेती हो, ज़मीन की खेती हो, खेती है ही मनुष्य और मनुष्य के विश्व के बीच तालमेल बैठाने का व्यापार और सतत उर्वर रहने का, सर्जनशील रहने का संकल्प।

पुरातत्वविदों का कहना है कि गंगा की घाटी में धान के रोपने की शुरूआत आज से 8000 वर्ष पूर्व हुई। और धन्य हो गंगा, इन 8000 वर्षों में धरती ने तनिक भी उर्वरता नहीं खोयी। भारतीय संस्कृति की भी शुरूआत लगभग तभी हुई और इस बीच की कई संस्कृतियाँ बंजर हो गयीं, पर कुछ ऐसी तैयारी शुरू में ही हुई कि हमारी संस्कृति अनेक प्रकार के ताप, अनेक प्रकार के अनाचार सहकर भी अपना स्वरूप सतत विकसित किया है, हमारी संस्कृति पथरायी नहीं, इसका कारण है गंगा का पानी, पत्थर को फोड़कर निकलने वाला, असंख्य असंख्य अभिशप्तों को तारने की उमंग वाला और असंख्य-असंख्य धाराओं को आत्मसात् करने वाला पानी। इस संस्कृति की सर्जनशीलता का दूसरा घटक है, बाहर-भीतर का सन्तुलन, जो प्रकाश बाहर है, वही भीतर है, जो प्राण भीतर है, वही प्राण बाहर भी है, जो रस शून्य गगन से झरता है, वही रस भीतर के महाशून्य से झरता है। योग के अनेक अर्थ किए जाते हैं, पर जिस धातु से योग निकलता है, उसका अर्थ है जुतना, जूए में जुतना, एक बैल से खेती नहीं होती, दो बैल जुए में जूतते हैं तो खेती होती है। चित्त की

खेती में दो-दो बैल एक साथ जुतते हैं, शरीर और प्राण, प्राण और मन, मन, और वाक्, वाक् और चित्त, व्यष्टि चित्त और समष्टि चित्त नर और नारायण। यह जुतना ही अखण्ड महायोग है। भारतीय संस्कृति की कुंजी है महायोग।

ऐसे महायोग में जड़-चेतन में विरोध नहीं होता, एक-दूसरे के प्रति खिंचाव होता है, एक-दूसरे से विछोह तो होता है तो वह भी एक-दूसरे के लिए आकांक्षा को तीव्रतर करने के लिए। मनुष्य और प्रकृति, जीव और जगत् एक-दूसरे को मारने-काटने के लिए नहीं, एक-दूसरे में ओत-प्रोत होने के लिए हैं। भारतीय चिन्तन में मनुष्य विच्छिन्न प्राणी नहीं है, वह समस्त प्राणियों का, प्राण के समस्त सुसुप्त-जाग्रत व्यापारों का सचेत संयोजक है, वह प्राण-व्यापार का न्यास-धारी है। इसलिए भारतीय संस्कृति मनुष्य से अधिक मनुष्य के इस भाव को महत्त्व देती है, वह मनुष्य के ऐकान्तिक सुख को महत्त्व नहीं देती, वह महत्त्व देती है, दूसरे के सुख से सुख अनुभव करने वाले मानवीय भाव को, दूसरे शब्दों में प्यार को। यह प्यार मनुष्य का अकेले मनुष्य से या मनुष्य जाति से नहीं, यह प्यार मनुष्य के आस-पास के पूरे जगत् से होता है तब सार्थक होता है। वन में सीता को छोड़कर लक्ष्मण जाते हैं, पूरा वन रो पड़ता है, रुदितं वनेपि। शकुन्तला पति के घर के लिए भेजी जाती है तो लताएँ रो पड़ती हैं। हजारों-लाखों पुराण कथाएँ लोककथाएँ हैं, जिनमें ऐसे अभिप्राय दुहराये जाते हैं, शाप से कोई पत्थर हो गया, रूठकर प्रेयसी लता बन गई और उसका लता में तादात्म्य का अनुसन्धान करने पर वह प्रकट हो गई, मनुष्य के पशु-पक्षी के रूप में बदल गया, पशु-पक्षी मनुष्य की भाषा में बोलने आए, क्योंकि उन्हें मनुष्य की चिन्ता हुई। इन सबमें मनुष्य और प्रकृति के साहचर्य और परस्पर प्रगाढ़ मैत्रीभाव की ही बात बार-बार मुखरित है।

देखने में बड़ा रूमानी लगता रहा है और इसी से बड़ा अवास्तविक, पर आज जब वास्तविकता की पर्त पर पर्त खुलती जा रही है, तब यह रूमानी नहीं लगता। आज वैज्ञानिक प्रयोग भी यह सिद्ध कर रहे हैं कि किसी पौधे को प्यार दीजिए, वह उस प्यार से कुछ अधिक फूलेगा-फलेगा ही, साथ ही वह आपको भी प्यार देगा, आपको उस प्यार की शक्ति का प्रत्यक्ष आभास हो सकता है, 'रेडियेशन' विकिरण के परिमापन के द्वारा। अब जीवन-चक्र की बात की जाने लगी है, जिसमें पशु-पक्षी-वनस्पति सब एक-दूसरे पर अवलम्बित देखे जाने लगे हैं, कोई प्रजाति मरती है, चाहें वह घास की हो, वृक्ष की हो, पशु की हो, पक्षी की हो, यहाँ तक कि कीड़े की हो, पूरी की पूरी एकालॉजी, पर्यावरण प्रभावित हो जाता है, आहत हो जाता है। जोड़े लगते हुए पक्षी को जिस बहेलिए ने आहत किया था, वह बहेलिया आज विराट् रूप धारण करके पूरी

पृथ्वी को आहत कर रहा है, उसके साथ मनुष्य के अस्तित्व को भी आहत कर रहा है। लोग चेत रहे हैं, पर उस चेतने में भी एक खोट है। कभी-कभी मतलब से लोग शत्रु से भी समझौता कर लेते हैं, उसी तरह आज मनुष्य अपने पर्यावरण से समझौता करना चाहता है, कहता है, हम पेड़ लगाएँगे, हम अभयारण्य बनाएँगे, पक्षी-विहार बनाएँगे, जिससे हमारी उपभोग्य सामग्री बनी रहे। इसलिए नहीं कि हम बने रहें, क्योंकि हमारे दुःख-सुख के साथी साझीदार नहीं रहते तो हमारा होने का अर्थ नहीं है। पश्चिम की पर्यावरण चिन्ता में और हमारी सांस्कृतिक दृष्टि में यही मौलिक अन्तर है। पश्चिम का मानस सारी सृष्टि को मनुष्य के लिए उपभोग्य मानता है, जब उपभोग का संकट उपस्थित हुआ है तो वह ऊर्जा के विकल्प ढूँढ रहा है, वह उपभोग की संभावना बनाए रहने के लिए प्रकृति के अभिरक्षण की बात करता है। पर हमारी दृष्टि में न कोई उपभोक्ता है, न उपभोग्य, या सभी उपभोक्ता हैं और सभी उपभोग्य, सभी अन्न हैं सभी अन्न का रस-ग्रहण करने वाले। इसलिए एक दूसरे के लिए चिन्ता इस सर्वात्मभाव के कारण है। अकेले कुछ भी आस्वाद्य नहीं है। आचार्य रामचन्द्र शुक्ल ने 'हृदय का मधुर मन' कविता में मनुष्य की भोग-लिप्सा पर आघात करते हुए यही तो कहा कि नरता के अभिमान में तुम इतना संहार करते जा रहे हो करो, पर अन्त में तुम प्रेत की तरह अकेले विचरोगे, तुम्हें पीने को पानी नहीं मिलेगा। हमारे गाँव का आदमी इसी से नदी की, पेड़ की नींद रखाता है, आधी रात है, नदी में पैर न रखो, नदी सोई होगी, फूल पत्ती न तोड़ो, पेड़ सोया होगा, सुख के क्षण छेड़ने के लिए नहीं अपने में भरने के लिए होते हैं और भरकर अपने को उड़ेलने में सार्थक होते हैं।

श्रीकृष्ण की वंशी बजती है तो ऐसी ही आकांक्षा का ज्वार उमड़ाती है, जो अचल है, वह चंचल हो जाता है, जो चल है वह विजड़ित हो जाता है, नदी उमड़ती है, लहरें उठती हैं, जैसे हाथ बढ़ते ही कमल के फूल लिये, पर अति उमंग में अंग-प्रत्यंग शिथिल पड़ जाते हैं, श्रीकृष्ण के चरणों तक वे कमल पहुँचते-पहुँचते नदी निढाल हो जाती है, पूरी नदी ही कमल की भेंट बन जाती है।

> नद्यस्तदा तदुपधार्य मुकुन्दगीत—
> मावर्त्तलक्षितमनोभवभग्नवेगाः।
> आलिंगनस्थगितमूर्मिभुजैर्मुरारे—
> गृह्णन्ति पादकमलं कमलोपहाराः॥

आज वैसी ही वंशी बजने की प्रतीक्षा है, पर इस बार पुकार विराट् की ओर से नहीं होगी, तुम सब आओ, मेरे अकेलेपन को तोड़ो, विजड़न को तोड़ो,

मेरी घुटन को तोड़ो। श्रीकृष्ण की बाँसुरी सबसे कमज़ोर और इसी से सबसे पिछड़े ग्वालबाल के हाथों बजनेवाली है। शायद वही सबसे शक्तिशाली है, क्योंकि उँगलियाँ उसकी चाहे न सधी हों, पर फूंक तो उसी के प्राणों के हैं।

मेरा इशारा भारत के निरक्षर पर हमसे अधिक सुसंस्कृत सामान्य जन की ओर है, जो उपेक्षित है, पिछड़ा है, कमजोर है, पर फूंक उसी की साँसों में है, हूक उसी के हृदय में है, 'राम बेईमान अकेले छोड़ गइलें', उसी को बेचैनी है, विराट् अस्तित्व के बेइमानी की, मुझे अकेले छोड़ गए, उसी को बेचैनी है, 'आहो रामा मानिक मोर हेरइलें एहि जमुना के पनिया', मेरा मन मानिक इसी जमुना के अगाध जल में कहीं खो गया है, इसी ज़हर से खौलते हुए जल में हिरा गया है, उसी के पास आँख है अँधेरी रात में तारों से समय पहचानने की।

भारतीय संस्कृति मठों, मन्दिरों, संग्रहालयों और धर्मध्वजों की बड़ी-बड़ी दुकानों में नहीं मिलेगी, मिलेगी तो केवल एक आभास के रूप में, वह पोथियों में भी पूरी तरह नहीं मिलेगी, क्योंकि उन पोथियों का अर्थ खुलेगा ही नहीं, जब तक उसे जीवन में जीने का अभ्यास न करेंगे, और अभ्यास जब नहीं है तो उस संस्कृति को तलाशना होगा लोभ की मार से बची अमराइयों में से उठती हुई पपीहे की विह्वल पुकार में, क्वासि, कहाँ हो, कहाँ हो।

स्व० नवीन जी की कविता है क्वासि, जिसकी टेक है—

क्वासि की यह टेर मेरी 'नास्मि' की अनुगूँज आयी
आज अम्बर से उलट कर यह प्रतिध्वनि दी सुनाई
नास्मि की अनुगूँज आयी।
मैंने पुकारा 'क्वासि', विराट् आकाश से गूँज आयी
नास्मि, मैं नहीं हूँ।

पर इस निरन्तर नास्मि की गूंज से हारना नहीं है, यही बात उस पपीहे से और उस पपीहे के साथी नवीन जैसे अमर कवि से सीखनी होगी—

नास्मि कहने से न होगी तनिक भी विचलित प्रतीक्षा,
सुदृढ़ आस्तिक भाव की क्यों ले रहे हो तुम परीक्षा,
हम नहीं कच्चे खिलाड़ी, ले चुके हम स्नेहदीक्षा।

भारतीय संस्कृति पर्यावरण की चिन्ता नहीं करती, वह स्नेहदीक्षा की चिन्ता करती है, जो उसने ली है, खुले आकाश से, सूर्योदय से, वर्षा से भीगी धरती से और घर-बाहर को आलोकित करने वाली देहली की दीप-शिखा राम-राम की टेर से, रमो, सबमें रमो, के जाप से। पूरे परिवेश के साथ मनुष्य का विगलित तादात्म्य अपने आप पर्यावरण की सुरक्षा है। यह तादात्म्य लौटना

चाहिए। केवल भय के डिंडिम नाद से या अखबारी प्रचार से बात बनने की नहीं, विराट् अस्ति के स्पर्श के लिए रोम-रोम तैयार करने होंगे, रोम-रोम से जसुदा की पुकार उठानी होगी—

> जसुदा बार-बार यों भाखै
> है कोइ ब्रज हितू हमारों चलत गोपालहिं राखै ।

गोपाल ब्रज छोड़कर जा रहे हैं, सहज जीवन का प्रतिमान हमसे बिछुड़ रहा है, इसे कोई तो रोक ले, कोई भी हमारा हितू नहीं रह गया क्या ? सब कुछ न्यौछावर करके इस गोपाल को रोकना आज और भी जरूरी हो गया है, सहज जीवन नहीं रहेगा तो क्या करेंगे इतना बड़ा उत्पादन-सम्भार लेकर। खेतिहर की उदारता नहीं रहेगी, ग्वाले का सख्य नहीं रहेगा, ग्वालिन का उलाहना नहीं रहेगा तो संस्कृति कैसी, वह तो पिशाच-राक्षस का मुखौटा होगी, असली पिशाच-राक्षस भी नहीं।

भारतीय संस्कृति के रोम-रोम की पुकार इसी मनुष्य के भीतर उदार रमणीय भाव के लिए है। क्या हमारे भीतर का हीन भाव, भय-संशय-भाव सुनेगा इस पुकार को।

5

भारत में विज्ञान का विशालतर प्रयोजन

हम जिस जमाने में हैं उसमें हिन्दुस्तान में खासकर एक शब्द चल पड़ा है। 'साइन्टिफिक'। कभी-कभी यह शब्द बड़ी उलझन में डालता है कि वैज्ञानिक मनोवृत्ति किस जमाने की है। कहीं वैज्ञानिक मनोवृत्ति रूढ़ रूप में तो नहीं है? कहीं वैज्ञानिक मनोवृत्ति के नाम पर वही चिन्तन तो नहीं है जो वस्तुओं को विभक्त, परस्पर विरोधी रूप में देखता है, वही चिन्तन तो नहीं है जो मनुष्य को सृष्टि के केन्द्र में अधिष्ठित मानता है, और सब चीजों को पूर्व-नियत मानता है, इसलिए मनुष्य में पूर्व-नियन्त्रण का असीम अधिकार निहित मानता है, मनुष्य को विकास की चरम कड़ी मानता है; उसके विकास के बाद विकास की चरितार्थता समाप्त हो जाती है, कहीं वही सीमित वैज्ञानिक मनोभाव है, या इस शताब्दी का, केवल पश्चिम का नहीं, समस्त विश्व का, एक नया वैज्ञानिक मनोभाव है, जो वस्तुओं की परस्पर अवलम्बिता, परस्पर पूरकता--(कम्पलीमेंटरिटी) पर बल देता है, जो इस पर बल देता है कि कहीं-कहीं पूर्व नियति की समाप्ति होती है, कुछ चीजें बच जाती हैं जो पूर्व-नियत नहीं हो सकती हैं, (इन्डिटर्मिनेसी) अनियतता पर बल देता है, जो इस पर बल देता है कि आदमी जब देखता है तो उस देखने के कारण उस वस्तु में परिवर्तन होता है। इस मनोभाव में निरी वस्तु कोई नहीं होती, देखने वाला उसमें रहता है। इसलिए किसी भी चीज का पूरा दर्शन नहीं होता। एक समय कुछ दिखाई पड़ता है, एक समय दूसरा आयाम दिखाई पड़ता है। एक समय काल दिखाई पड़ता है तो दूसरे समय देश दिखाई पड़ता है। ये दोनों विरोधी नहीं हैं, एक-दूसरे के पूरक हैं। कौन-सा वैज्ञानिक मनोभाव ग्राह्य है, वह वैज्ञानिक मनोभाव जो शक्ति के केन्द्रीयकरण की ओर ले गया, जिसने अनियोजित और अविवेक-पूर्ण औद्योगिक विकास किया, जिसने एक विशेष प्रकार की उपभोक्ता संस्कृति को जन्म दिया, जिसने तकनीकी पर मनुष्य को अवलम्बित होने दिया या जिसने

भीतर से सोचने के लिए कुरेदा हमको कि तकनीकी कहाँ तक, क्या उसके लिए मनुष्य है या मनुष्य तकनीकी के लिए है ।

इस रूप में सोचना कि सृष्टिमात्र केवल हमारी उपभोग्य है, मनुष्येतर दुनिया उपभोग्य है, प्रकृति विजेय है, एक गलत धारणा है, क्योंकि जब हम इन धारणाओं से ग्रस्त होते हैं तो प्रकृति जितना जीती नहीं जाती है, उतना वह हमें हराती जाती है, तोड़ती जाती है और हम निःस्व होते जाते हैं, दरिद्रतर होते जाते हैं, विपन्नतर होते जाते हैं, हम अपने जीवन का रस खोते जाते हैं। केवल इस दृष्टि से नहीं कि उपभोग की सामग्री कम हो रही है, इस दृष्टि से भी कि उपभोग्य के प्रति हमारा भाव एक-दूसरे प्रकार का हो रहा है जिसमें हमारी मनुष्यता, हमारी विकसित चेतनता ही विखण्डित हो रही है, चेतनता ही खतरे में है, चेतनता ही नियन्त्रित होने की खतरे में है । जब हम नियन्त्रण की बात करते हैं तो हम भी कभी-कभी नियन्त्रित होने की आशंका से ग्रस्त हो सकते हैं, क्योंकि जो इस प्रकार का तर्कहीन, असंगत विकासवाद की ओर ले जाएगा मनुष्य को, एक सुपरमैन की रचना करेगा, अतिमानव की रचना करेगा लेकिन वहीं तक सीमित नहीं रहेगा । जब कई अतिमानव को जाएँगे तो अति-अतिमानव, 'सुपर—सुपरमैन' की कल्पना करेगा । और फिर अन्त कहाँ होगा ? और लोग क्या होंगे ? क्या ऐसा है ? ऐसी स्थिति है ? हिन्दुस्तान में जो चीज कचरा बनाकर फेंक दी जाती है, वह बड़े सम्मान के साथ स्वीकार की जाती है । क्योंकि विगत डेढ़ सौ वर्षों से हमारा सोचना-विचारना, चलना-फिरना एक नियन्त्रित ढंग से है । हम किस जमीन पर हैं यह हम जानते हैं, एहसास भी होता है, लेकिन हम जिस रूप में चलाए जाते हैं वह चाल हमारी नहीं है । वैज्ञानिक मनोभाव के नाम पर एक गहराई से सोचने का प्रश्न सामने उपस्थित होता है कि किस वैज्ञानिक मनोभाव को हिन्दुस्तान वरण करने जा रहा है । जो साइन्टिफिक टैम्पर फेंक दिया गया है, तिरस्कृत किया जा चुका है, प्रश्नों के घेरे में डाल दिया गया है वह या वह जिसका अनुभव करके मनुष्य सम्पूर्ण जीवन के अस्तित्व की चिन्ता करने लगा है, केवल मनुष्य की नहीं, और सोचने लगा है कि सम्पूर्ण जीवन एक आवर्तचक्र है, एक-दूसरे से गुंथा हुआ है, एक-दूसरे पर अवलम्बित है । एक के बिना दूसरे की स्थिति नहीं है, और कहीं छोटे से जीव का भी नाश होता है तो वह नाश सम्पूर्ण जीवन को प्रभावित करता है । अगर इस चिन्तन से हम प्रभावित हो रहे हैं तो इस चिन्तन की जो मूलधारा है, जिसे अचेत रूप से हमारे असंख्य-असंख्य ग्रामवासी जी रहे हैं, उससे हमारा सम्बन्ध जुड़ना चाहिए. जिसे अपने आचरण में, अपने विश्वास में हर तरह से, चाहे वह हिन्दू हो या मुसलमान हो, (किसी जाति या किसी मजहब की बात नहीं है) हिन्दुस्तान का आदमी,

या मैं कहूँगा कि हिन्दुस्तान का ही आदमी नहीं, एक पूरे बड़े विशाल पूर्वी पृथ्वी मण्डल का आदमी सोचता रहा है, जो इस रूप में ही लेता रहा है कि कहीं न कहीं दुर्बल से दुर्बल, छोटे से छोटे, क्षुद्र से क्षुद्र का भी महत्त्व है। और उसके पास भी कोई ऐसी चीज है, कोई ऐसा स्फुलिंग है जो उसी के पास है, वह अद्वितीय है और उसे लेने के लिए, उसे ग्रहण करने के लिए, मनुष्य को वामन होकर तत्पर रहना चाहिए, अपना दिमाग खुला रखना चाहिए। और किसी भी ऐसी वैज्ञानिक रूढ़ि का, ऐसे वैज्ञानिक अन्धविश्वास का शिकार नहीं होना चाहिए कि विज्ञान यहीं तक है, इसके आगे नहीं है। जहाँ हम तर्कातीत की बात करते हैं, उपनिषदों में नेति-नेति, न न की बात करते हैं, तर्क के रास्ते तर्कातीत की बातें करते हैं वह बात स्वयं में तर्कहीन नहीं है। तर्क करना मनुष्व के स्वभाव में है, मनुष्य का एक अभिलक्षण है, लेकिन तर्क से मनुष्य यहाँ भी पहुँचता है कि कुछ बच जाता है जो तर्क से परे है। और यह पहुँचना ही मनुष्य की निरन्तर ज्ञान की यात्रा है, तर्क करके ऐसे बिन्दु पर पहुँचना कि अभी कुछ चीज है जो जानी नहीं गई है। 'त्रिपादस्यामृतं दिवि' अभी तीन चरण ऐसे हैं जो प्रकाश के ऐसे घेरे में हैं कि हम उस प्रकाश को भेद नहीं सकते, एक ही चरण हम जान पा रहे हैं, वह भाग अस्तित्वहीन नहीं है, और उसका अस्तित्व न हो तो ये जो प्रकाश दिखाई पड़ता है, जो यह प्रकाश हमें आलोकित करता है वह प्रकाश आलोकित न करता। इसलिए हिन्दुस्तान के सन्दर्भ में वैज्ञानिक मनोभाव की बात करते समय इसमें रहने वाले एक सहज जीवन भाव की बात भी करनी चाहिए, यह भी उतनी ही प्रासंगिक है, बल्कि आज की उपभोक्ता सभ्यता में विशेष रूप से प्रासंगिक है। उपभोग की सामग्री के परिमाण से, उसकी मात्रा से यदि सभ्यता का या उच्चतर जीवनमान का परिमापन किया जाएगा, यदि कोई व्यक्ति इस आधार पर सभ्य समझा जाएगा कि कितना उपभोग करता है, उसके घर में कितने टी० वी० उसके घर में, वी०सी० आर० हैं, यह चीज वह चीज है, इससे अगर परिमापन किया जाएगा, कितना चीनीहजम करता है, कितना पानी हजम करता है, कितना दूध हजम करता है जैसा कि आप जानते हैं सारे विश्व का लगभग 40 प्रतिशत उपभोग केवल तो अमेरिका अकेले करता है। अगर उसी अनुपात में हम उपभोग करें तो बचेगा कहाँ, होगा कहाँ, मिलेगा कहाँ। उस उपयोग की कोई सीमा होनी चाहिए। आपको आवश्यकता की कोई सीमा होनी चाहिए, सबकी न्यूनतम आवश्यकता की पहचान होनी चाहिए। समस्त जीवन का ध्यान रखते हुए कौन-सी सही आवश्यकता है, कौन-सी आवश्यकता सही नहीं है, यह पहचान हो, तभी उचित तकनीक की भी पहचान हो सकती है। और जब तकनीकी विकास में बहुत सारे प्रश्न खड़े किए हैं जिनके बारे में अखबारों में रोज पढ़ते

रहते हैं, अखबारों का एक तरह से फैशन हो गया है, पर्यावरण का प्रदूषण, जीवन का संकट, संसाधन सामग्री का चुकना आदि तमाम चीजें उसके बारे में चौंकाने डराने वाली सामग्री देना पश्चिमी मन वालों की जो यह दृष्टि है कि हम इसलिए उपभोग के ऊपर नियन्त्रण करें कि हमारे उपभोग के लिए कुछ बचा रहे, गलत दृष्टि है। इस दृष्टि से अगर हम देखते हैं तो निश्चय ही उपभोक्ता की दृष्टि है। जरा कुछ अधिक समझदार उपभोक्ता की दृष्टि है। लेकिन अगर इस दृष्टि से देखें, वैदिक ऋषि की दृष्टि से देखें कि अहम् अन्नं अहम् अन्नादः (मैं ही अन्न हूँ और मैं ही अन्नाद हूँ) मैं केवल अन्न खाने वाला नहीं हूँ, मैं अन्न भी हूँ, मैं स्वयं खाया जा रहा हूँ, अर्थात् जो खा रहा है। खाते समय मैं भी खाया जा रहा हूँ, मैं भी उपभोज्य हूँ, मैं भी वस्तु हूँ, वस्तु होना उपभोक्ता होना एक ही व्यक्ति में है तो यह समझ एक-दूसरे प्रकार की समझ है। इस दृष्टि से जो सोचता है वह जीवन को विभक्त रूप में नहीं सोचता है। यह वनस्पति कुछ अलग जीवन है, ये प्राणी कुछ अलग जीवन है, ये मनुष्येतर प्राणी कुछ अलग जीवन है, ये मनुष्य कुछ अलग जीवन है, इस रूप में नहीं सोचता। सोचता है, सारा जीवन एक है, इसमें एक-सूत्रता है, और इसे एक सूत्रता की पहचान करनी चाहिए। और इस पहचान के लिए जो दार्शनिक पृष्ठभूमि हमारे पास सहज चेतना में उपलब्ध है, उसको हम अगर भूल चुके हैं, पर दूसरे लोग हमारे ही देश में अचेत ही अवस्था में सही याद किए हुए हैं, या न याद किए हुए हैं उसे किसी न किसी रूप में परिलक्षित करते रहते हैं, अपने आचरण से, मामूली आचरण से कि रात में फूल नहीं तोड़ेंगे, हरा पेड़ नहीं काटेंगे। वह आचरण इसी से प्रभावित है कि किसी स्वप्नावस्था में पड़े हुए जीवन को छेड़ना नहीं चाहिए। उससे हम पा सकते हैं। हमें इस समय को फिर से पाना चाहिए और यही सही वैज्ञानिक मनोभाव होगा। और इस वैज्ञानिक मनोभाव के उभरने पर हमारा तकनीकी विकास उससे परिचालित होगा। तकनीकी हमेशा रही है और रहेगी, उसे रोका नहीं जा सकता है। मनुष्य की यात्रा जहाँ आगे जाती है उसे पीछे नहीं ले जाया जा सकता है। हम अपने जीवन क्रम को इस रूप में नहीं बदल सकते हैं कि आवश्यकताएँ न रहे। हाँ उस तकनीकी यन्त्रजाल के प्रति हमारा मनोभाव कैसा हो' यह विचारणीय है और यही हमारे मानव विवेक की भूमिका है। वह तकनीकी यन्त्रजाल साधन है, वह तकनीकी यन्त्रजाल हमारे लिए विवश करने वाली वस्तु है? वह तकनीकी यन्त्रजाल हमारे जीवन रस को सुखाने वाला है? ऐसा है कि हमारे जीवन क्रम को ऐसे नियन्त्रण में लेने वाला है कि हम विवश हो जाएं, हम पंगु हो जाएँ, तो किस काम का यह तन्त्रजाल? ऐसी सुविधाएँ किस काम की, जब आज मनोरंजन भी एक यन्त्र की तरह से करते हैं कि आपको

अमुक दिन मनोरंजन के लिए निकलना है इतना काम करना है, समुद्र तट पर डेट पर जाना ही जाना है शुक्रवार की संध्या को और सोचना है, थैंक गाड इट इज ओवर, ईश्वर को धन्यवाद तनावपूर्ण मौजमस्ती खत्म हुई। वह कैसा मनोरंजन है ? आप सोचिए कि आपका देश और आप जैसे सभी देश (मैं कोई खास हिन्दुस्तानी विचारधारा को आरोपित करके बात नहीं कर रहा हूँ विश्व मात्र के मनुष्य की सचेत प्राणी की एक भीतरी पुकार है, उसी की बात कर रहा हूँ।) विज्ञान का प्रयोजन क्या होना चाहिए, शक्ति का केन्द्रीकरण, सूचनाओं का केन्द्रीकरण या यह विवेक क्या हमारे लिए वांछनीय है क्या वांछनीय नहीं है। यदि अपने आप सोच सकें कि यह हमारे लिए वांछनीय नहीं है और इसकी आवश्यकता है तो दूसरे की आवश्यकता काट करके है या दूसरे की आवश्यकता कम करके है या दूसरे की आवश्यकता का निर्वाह करते हुए है तो अपने विवेक का परिचय देंगे। अगर यह सोचना आपमें हममें नहीं है तो निश्चय ही सुविधाओं का केन्द्रीकरण ही होगा, जैसा कि हो रहा है। अभी उस पर रोक नहीं है। शक्ति का केन्द्रीकरण ही होगा, उसकी होड़ होगी। प्रतिस्पर्धा होगी। उस प्रतिस्पर्धा में निश्चय ही युद्ध के शस्त्रास्त्र अधिक बनेंगे। इसलिए नहीं कि किसी के ऊपर आक्रमण करना है। इसलिए कि एक-दूसरे की शक्ति से भयंकर भय घेरे हुए है। अस्त्र-शस्त्रों का निर्माण, इसके ऊपर सारे धन का, सारे संसाधन का, व्यय सब उसी तरफ यह विनियोजन किसलिए है ? एक अनावश्यक त्रास भय के कारण है, जो होना नहीं चाहिए। वस्तुत किसी से भी भय नहीं है। किसी से भी त्रास नहीं है। त्रास तो भीतर ही रहता है। इसलिए 21वीं शताब्दी की बात और वैज्ञानिक मनोभाव की बात को नारे से हटाकर हम अपने तई अपने आप सोचें कि क्या उचित है और हम जहाँ हैं जिस रस से हमारा पालन हुआ है, उस रस की भी कोई माँग है। जिन वनस्पतियों के बीच में रहते हैं, जिन प्राकृतिक परिवेशों के बीच में रहते हैं उनकी भी कुछ माँग होती है, पुकार होती है, वह जड़ की पुकार नहीं है। जड़ नाम की कोई सत्ता नहीं है। जड़ आदमी की दृष्टि ही हो सकती है, नहीं तो कोई जड़ नहीं होता। चैतन्य का उन्मीलन सबमें होता है। हाँ, एक विशेष प्रकार का चैतन्य, स्मृति से विशेष संवलित चैतन्य होता है मनुष्य के मन में और इसीलिए उसका कर्तव्य कुछ अधिक होता है। उसका कर्तव्य यह सोचने का होता है कि सबकी साझेदारी ठीक तरह से सुरक्षित हो, यह हम मनुष्यों का कर्तव्य है, इसका पालन गाय-बैल नहीं कर सकते, पेड़ नहीं कर सकते, यह मनुष्य ही कर सकता है कि इन सबको उनका प्राप्य, उचित प्राप्य, उचित पोषण मिले। इसलिए जिस नये वैज्ञानिक मनोभाव की आवश्यकता इस देश को है वह वैज्ञानिक मनोभाव यही होगा और इसे परिलक्षित होना चाहिए। हमारी शिक्षा में, (सूचना

से दबी हुई शिक्षा में, सूचना के भार से दबी हुई, रटने के भार से दबी हुई शिक्षा में) हम अनजाने ऑब्जेक्टिव (वस्तुपरक) होने के नाम पर इतने निर्मम, इतने अवास्तविक (इतने अनरियल) होते जा रहे हैं कि हम भूलते जा रहे हैं कि जीवन इस प्रकार की कोटियों में, इस प्रकार की जड़ कोटियों में बाँटा नहीं जा सकता है, वह इसके परे है। हम वस्तुपरक विश्लेषण की सीमा समझे कि इसकी कोई उपयोगिता बस इस हद तक है जैसे रेखा की एकायामी परिभाषा के बावजूद अशुद्ध रेखा की गणित में उपयोगिता होती है। आप रेखा खींच नहीं सकते, उस परिभाषा के अनुसार गलत रेखा से काम चलाते हैं, गलत बिन्दु से काम चलाते हैं। काम चल जाता है। पर यदि वह धारणा रेखा और बिन्दु के सम्बन्ध में स्पष्ट आपके सामने न रहें तो आगे जब आप जाएँगे तो आपको संकट होगा। आगे के ज्ञान में वह रोड़ा होगा। उसी प्रकार ये सारी चीजें सीमित महत्व की हैं। इस सीमा की पहचान अगर शिक्षा नहीं दे सकती है तो वह शिक्षा किसी काम की नहीं है। बहुत दुर्भाग्य की बात है कि हम उस सीमा को पहचनवाने के लिए कोई भी उपक्रम अपने देश में नहीं कर रहे हैं, हमारी शिक्षा नीति में यह परिलक्षित है, न हमारे अध्ययन-अध्यापन की प्रणाली में परिलक्षित है।

जानने का उद्देश्य क्या होता है? और जानना अपने आपमें क्यों बड़ा उद्देश्य होता है? इसलिए होता है कि आदमी जानकर कुछ विशिष्ट हो जाता है, नहीं, बल्कि इसलिए कि वह जानकर के ही साधारण की पहचान विशेष रूप में पाता है। साधारण की पहचान पा जाना, साधारण धर्मों की पहचान पा जाना, स्वभावों की पहचान पा जाना, साधारण चेतना-प्रवाह की पहचान पा जाना, छोटा लक्ष्य नहीं है, बहुत बड़ा लक्ष्य है। यह जानते हुए बिना एकता का नारा लगाए बिना एक राजनीतिक शक्ति की एकता का नारा लगाए, हम अपने आप एक होते हैं, अनेक रूप रहते हुए भी। और अब यह न भूलिए कि जिस प्रकार की शिक्षा हमको दी जा रही है, वह एकता पर बल नहीं देती, एकरूपता पर बल देती है ताकि एक भयंकर किस्म की एकरूपता—एक-से मकान, एक से कपड़े, एक-सा भोजन हो जाय सब विविधताएँ नष्ट हो जायँ, डिजाइन एक हो, दूसरी डिजाइनें नष्ट हो जाएँ। आपको तमाम तरह के बीजू आम नहीं मिलेंगे, कुछ चुने हुए कलमी आम मिलेंगे। तमाम तरह के धान नहीं मिलेंगे, कुछ चुने हुए बीजगणितों के नाम रखे हुए, धान मिलेंगे। बहुविधता नष्ट होकर के ही एकरूपता आती है, समूह-उत्पादन की तत्काल लाभपरक दृष्टि से। समूह उत्पादन में इसी से सुविधा होती है। यही खतरा है तकनीकी विकास का, जिससे कि एक बहुत बड़ी समृद्धि से मनुष्य वंचित हो जाता है और मनुष्य के तरह-तरह से सोचने में जो अनेक-विध सौन्दर्य है

और उस सौन्दर्य में एकसूत्रता है—यह पहचान नष्ट हो जाती है। इसकी कीमत पर आप तकनीकी विकास करना चाहते हैं या इसके ऊपर सजग भाव से नियन्त्रण रखते हुए अपने मानुष भाव को बनाए रखते हुए विकास करना है, यह गहराई से सोचने की बात है।

मैं विज्ञान का विद्यार्थी नहीं हूँ। मैं साहित्य का विद्यार्थी हूँ और छोटा-सा लेखक हूँ। पर यह जरूर है कि निरन्तर सोचने के लिए मजबूर हूँ कि क्या कारण है कि हम इन विषयों पर तब सोचते हैं जब पश्चिम में, कोई इसके लिए आवाज उठाता है। जब एरिखफ्राम कुछ कहेंगे तब सोचेंगे। जब शुमाखर कहेंगे तब सोचेंगे। हममें जो अधिक सयाने हैं वे इसके बाद कहेंगे कि यह सब खयाली ऐयाशी है, पश्चिम वालों की। यह एफ्लुएंस की, अतिसम्पन्नता की राजनीति है। हमारे पास तो सम्पन्नता है ही नहीं, अभी हमारा तो पेट ही नहीं भरा। लेकिन सोचें पेट किससे भरना चाहते हैं? आपकी भूख किस चीज के लिए है? जीवन के लिए है कि जीवन को सुखानेवाली, इस माया सम्पदा के लिए? असली भूख क्या है आपकी? असली आवश्यकता क्या है? आपको विश्वास नहीं होगा कि इस विकास में क्या-क्या हो रहा है, और क्या-क्या खतरे उपस्थित हो रहे हैं। उन खतरों के लिए उपाय भी जब हम सोचने के लिए बैठे हैं तो लगा है कि देर हो गयी है। बड़े बाँधों से, बड़ी नहर प्रणालियों से जो जमीन का विनाश शुरू हुआ है और हरित क्रान्ति मरुस्थल क्रान्ति में परिवर्तित होने जा रही है उसके बारे में सोचा है आपने? हम तब प्रायः सोच रहे हैं, जब खो लेते हैं तब सोचते हैं। उसके क्या उपाय किए जा चुके हैं, उसके निवारण की बात हम नहीं सोचते। हम अधिक पैदा करना चाहते हैं पर हमारे पास उस पैदा हुए गेहूँ के विनियोजन की कल्पना ही नहीं है। गेहूँ पैदा हुआ है, लखत का लखत गेहूँ, केवल एक बरसाती के नीचे मैदानों में पड़ा हुआ है। भंडारण का हमारे पास उपाय नहीं और केन्द्रीय उगाही के लिए हमने सारी स्कीम बना ली, सारी योजना बना ली। यह केन्द्रीकरण किस मायने में इतने बड़े विशाल भू-भाग के लिए खतरनाक है, इस पर हमने सोचा ही नहीं। हमारे पास उसको वितरित करने के अच्छे साधन नहीं, समुचित भंडारण के साधन नहीं और उत्पादन करके हम उगाही कर लेते हैं। स्थानीय वितरण, स्थानीय आवश्यकता के अनुसार उत्पादन हो इस पर बल नहीं देते। ये बहुत छोटी चीजें हैं। लेकिन गाँव का आदमी भी यह सोच रहा है कि इतना आलू हमने पैदा किया, क्या करेंगे? खेत में ही आलू छोड़ देता है क्योंकि आलू निकालने की मजदूरी नहीं निकलती कीमत से, उसको निरन्तर प्रेरित किया जाता है ऐसा पैदा करो, खाद डालो, ऐसा खाद डालो, खर्चा करो, खर्चा करो, लगाओ पूँजी, निवेश करो और करने का फल होता है—कहता है केवल आलू निकाल

दो और वही तुम्हारी कीमत होगी । तुम्हारा खेत खाली हो जाय ।

इन सब चीजों को देखते हुए सामान्य बुद्धि के बल पर यह कहा जा सकता है कि हम विकास के बारे में एक नई दृष्टि से सोचें, हम विज्ञान के बारे में एक नई दृष्टि से सोचें, और विज्ञान को तटस्थ, मूल्यों से तटस्थ बनाकर न सोचें । प्राय: हमने मान लिया कि विज्ञान मूल्यों से तटस्थ है । इसी से वैज्ञानिक कुछ शक्तियों का गुलाम हो गया, जैसा उससे कहा जाय वैसा ही करता है । अगर वैज्ञानिक मूल्यों के प्रति तटस्थ न हो, उसके कुछ निश्चित मूल्य हों तो वह निश्चित रूप से बगावत कर सकता है, निश्चित रूप से विद्रोह कर सकता है । लेकिन वैज्ञानिक जैसाकि किसी हमारे भाई ने कहा कि एक विचित्र प्रकार की गद्दारी कर रहा है अपने से ही । अपनी विद्या के प्रति अर्पित है, लेकिन विद्या के प्रयोजन का उसे स्मरण नहीं है । इस विद्या का प्रयोजन क्या है ? इस विद्या का प्रयोजन बाँधना है या विमुक्ति है ? जन-जन की विमुक्ति है, साधारण से साधारण व्यक्ति की क्लेश से विमुक्ति है । यही विज्ञान के सन्दर्भ में हिन्दी की बात यहीं आती है । कोई भी भाषा अपनी संस्कृति से, अपने सोच से अलग नहीं होती । जिस क्षण आप हिन्दी में सोचते हैं, जिस क्षण आप कबीरदास, तुलसीदास की भाषा में सोचते हैं जिस क्षण हिन्दी में ही क्यों, आप मराठी या अन्य देशी भाषा में सोचते हैं तो आप नामदेव की भाषा से, ज्ञानेश्वर की भाषा से, अलग करके नहीं सोच सकते, पोतन्ना की भाषा से आप अलग करके नहीं सोच सकते, आलवार कवियों की भाषा से अलग करके नहीं सोच सकते, क्योंकि हमारा सोचने का जो चौखटा है वह इन भाषाओं के समृद्ध कवियों का दिया हुआ चौखटा है । उस चौखटे में अपने आप एक विश्व-दृष्टि है और वह विश्व-दृष्टि अगर आपके पास है और तमाम पश्चिमी साहित्य के पढ़ने के बावजूद है तो निश्चय ही जब कुल भाषाओं में आप सोचेंगे तो आप पश्चिम से अलग तरीके से सोचेंगे । सोचते ही आपको विज्ञान की एक नई दृष्टि मिलेगी । विज्ञान के प्रति आपका अर्पण भाव दूसरे प्रकार का होगा । गणित के प्रति अर्पण भाव दूसरे प्रकार का होगा । और आप इसको शक्ति का साधन नहीं मानेंगे । इसको मानेंगे एक विशेष प्रकार के व्यक्तित्व के निर्माण का साधन, चेतना के एक विशेष प्रकार के परिष्कार का साधन, ऐसे परिष्कार का साधन जिसमें मनुष्य सहज हो जाता है और उसे संसार का एक साधारणीकरण प्रत्यक्ष होने लगता है । इसलिए इन भाषाओं में जब आप काम करेंगे, मौलिक रूप से काम करेंगे, सोचेंगे, लड़खड़ाएँगे तो लड़खड़ाना भी अपनी एक गति होगी, ओढ़ी हुई चलाई हुई गति नहीं होगी । अपने आप लड़खड़ाइए, गिरिए, उठिए, चाल आपकी होगी । और चाल आपकी होगी तो निश्चित ही आपको अपने गन्तव्य की पहचान सही होगी । आप चलाए जाएँगे तब

गन्तव्य की स्मृति ही नहीं रखेंगे। आप केवल चलने की स्मृति रखेंगे और चलने की स्मृति मात्र जब होगी तो, तो आपको बस यह ध्यान होगा कि किस तरह से चल रहे हैं या नहीं चल रहे हैं, यह मैथडालॉजी पालन कर रहे हैं कि नहीं कर रहे हैं, ये फ्रेमवर्क पालन कर रहे हैं या नहीं कर रहे हैं, इससे क्या मिलता है, यह ध्यान न होगा। देशी भाषाओं में मौलिक वैज्ञानिक और दार्शनिक चिन्तन होने लगे तो अपनी मैथाडालाजी अपनी आवश्यकताओं के अनुरूप शोध-प्रणाली विकसित हो। पर बाधा यहाँ से आती है कि हम अंग्रेजी के ही झरोखे से ही विश्व देखते हैं और विश्व से जुड़ने के लिए अंग्रेजी से चिपके हुए हैं। हमें विश्वयारी का रोग लग गया है, हमने मान लिया है कि अंग्रेजी के बिना प्रकाश नहीं है। हम नहीं सोचना चाहते कि प्रकाश तो भीतर से आता है। और भीतर से आता है तो उसकी पहचान उसके परिचय की भाषा से आएगी। मैं एक प्रयोग की ओर, साहित्य के क्षेत्र में एक प्रयोग की ओर आपका ध्यान आकर्षित करना चाहता हूँ। कुछ वर्ष पूर्व राजस्थान विश्वविद्यालय में एक अमेरिकी अंग्रेजी के प्रोफेसर ने प्रयोग किया। पब्लिक स्कूल से आए हुए लड़कों को एक ओर रखा और हिन्दी माध्यम वाले स्कूलों से आए हुए लड़कों को एक ओर रखा। हिन्दी माध्यम से आए हुए स्कूलों के लड़कों की अंग्रेजी बहुत कमजोर थी। उन्होंने दो आधुनिक कविताएँ अंग्रेजी की दीं और कहा कि इस पर अपने विचार लिखो कि कैसी लगी यह कविता। और उनका निष्कर्ष यह था कि पब्लिक स्कूल से आए हुए विद्यार्थियों में केवल एक प्रतिशत ने कुछ अपनी बात कही, 99 प्रतिशत ने जो पुस्तकों में जो लिखा हुआ था ज्यों का त्यों उगल कर रख दिया, जबकि हिन्दी माध्यम से आए हुए स्कूलों के बच्चों में चालीस प्रतिशत ने उस कविता के मर्म तक पहुँचने की कोशिश की। उनकी अंग्रेजी टूटी-फूटी थी। यह निष्कर्ष यहीं इंगित करता है कि आप अगर अंग्रेजी का विकास करना-भर चाहते हैं तो सह-विकास करें, तो अच्छा है, यदि भारतीय भाषाओं की कीमत पर विकास करते हैं, अंग्रेजी को चलाते हैं, देशी भाषा को अविकसित रखते हुए अंग्रेजी को चलाते हैं तो अंग्रेजी तो विकसित होगी नहीं, आपकी अपनी भाषा अपनी अभिव्यक्ति चली जाएगी। और यही पच्चीस वर्षों में हुआ है। यह बहुत बड़ी गलती हुई है। हम शिक्षा या विचार के माध्यम के बारे में एकदम से तटस्थ हो गए हैं, चुप हो गए हैं, बात करते हुए भी घबराते हैं, कतराते हैं उनसे। उसका यह फल हुआ है कि पूरी पीढ़ी गूँगी पैदा हुई है। उसके पास न तो हिन्दी की अभिव्यक्ति है, न अंग्रेजी की अभिव्यक्ति है, अभिव्यक्ति ही नहीं है उसके पास, है तो दूसरे की दी हुई अभिव्यक्ति है, चाहे अंग्रेजी की हो चाहे हिन्दी की। और इसीलिए आप देखते हैं कि चाहे सेमीनार हो चाहे पब्लिक प्लेटफार्म हो, अंग्रेजी में जो भाषण होते हैं, अधक-

अटक करके। और कहीं न कहीं से शब्दों को टटोल करके, कुछ यहाँ से लेकर के कुछ वहाँ से लेकर के। उनका प्रभाव कुछ नहीं होता है। ऐनिबिसेंट के भाषण से जो होता था वह नहीं होता, क्योंकि अंग्रेजी है नहीं अपनी। वह अपनी सोची हुई नहीं है, भीतर से निकली हुई नहीं है, वह नाभि से उठी हुई स्वर-लहरी है ही नहीं। इसलिए भी यह आवश्यक है कि हमारे देश के प्रतिभा के जो आयतन हैं, प्रौद्योगिकी संस्थान, जहाँ पर मलाई छंटकर चली आती है, उतार कर चली आती है, वहाँ पर कोशिश होनी चाहिए। मैं दिल्ली आई० आई० टी० के हिन्दी के लड़कों से मिला था, उनसे बातचीत की थी, और वे सभी लड़के कोई इंजीनियरिंग के थे, कोई भौतिकी के थे, कोई रसायन इंजीनियरिंग के थे, लेकिन हिन्दी में एक पाठ्यक्रम चला रहे हैं उनमें हिन्दी की अभिव्यक्ति पाने की बड़ी उत्सुकता थी। उनकी जैसी हिन्दी देखने की, हमको स्पृहा होती है, एम० ए० हिन्दी में करने वाले लड़कों को मैं देखता हूँ कि वे ऐसी अच्छी हिन्दी क्यों नहीं लिखते। वे इसलिए नहीं लिखते कि वे भी हिन्दी नहीं पढ़ते हैं। हिन्दी के बारे में पढ़ते हैं हिन्दी के प्रति जो एक अप्रतिष्ठा की भावना जाग्रत् हो गई है, उसके कारण वह हिन्दी मन से नहीं पढ़ते हैं। स्वाभिमान से, रस से हिन्दी नहीं पढ़ते हैं, लेकिन जिनके लिए हिन्दी जीविका का प्रश्न नहीं है और हिन्दी पढ़ रहे हैं, सीख रहे हैं, उनके भीतर उत्सुकता है और उसके कारण हिन्दी का स्वरूप ग्रहण कर रहे हैं, एक भीतरी माँग के कारण वे हिन्दी पढ़ रहे हैं। उनकी हिन्दी में एक सहज लोच है। और जो भी पढ़ते हैं, उसके लिए उनके मन में जो जिज्ञासाएँ हैं बड़ी उत्साहवर्धक है। मैं समझता हूँ ऐसे प्रयोग गिरिराज जी को अपने यहाँ करना चाहिए, क्योंकि मैं मानता हूँ कि हिन्दी का विकास इस देश के वैज्ञानिक, छात्रों, शोधकर्त्ताओं या दूसरे व्यवसाय में रहने वाले लोगों से अधिक होगा। हिन्दी एक जगह की भाषा नहीं, एक प्रयोग की भाषा नहीं। विविध प्रकार के जो भाषा-व्यवहार हैं, उनमें सजीवता आ जाय, तो पूरी हिन्दी सजीव अपने आप हो जाती है। इनसे विविध प्रयोगों से जो हिन्दी आएगी वह अधिक परिछिन्न होगी, साफ होगी, उलझी हुई नहीं होगी, तर्कशुद्ध होगी। और उससे हिन्दी भाषा को एक महत्त्व मिलेगा। एक सीमित मात्रा में कहा जा सकता है कि प्रयुक्ति के धरातल पर तकनीकी भाषा, सूत्र भाषा कुछ विशेष प्रकार की होती है, उसमें संक्षिप्तता होती है, यह होता है वह होता है। लेकिन भाषा मूलत. एक है। उसका वाक्य-विन्यास नहीं बदलता है और न उसके पदबंधों का क्रम बदलता है। सामान्य शब्द सभी जगह प्रयुक्त होते हैं, उनको कोई निकाल नहीं सकता है। उन सामान्य शब्दों को विभिन्न-विभिन्न शास्त्र, विभिन्न-विभिन्न पारिभाषिक अर्थ दे देते हैं, एक सीमित अर्थ दे देते हैं, लेकिन शब्द वही होते हैं। एक-एक शब्द

प्राचीन शास्त्रों में भी प्रयोग में आयुर्वेद में, प्रयुक्त है लेकिन भिन्न-भिन्न अर्थ होंगे, आर्किटेक्चर में अलग अर्थ होंगे। प्रयोग कीजिए और वे शब्द आपके आसपास के शब्द होंगे। आप यह पहचानिए, आप इस चक्कर में न पड़िए कि केवल अंग्रेजी में ही शब्द हैं। आप तो पहचानते ही नहीं कि हमारे देश का एक फूल है और आप नाम लेते हैं अंग्रेजी का। और फूल आपके देश का है और आपका ही है, उसका नाम आपका अनपढ़ माली जानता है। आपका माली अगर नहीं जानेगा तो इस कारण कि चाकरी की लाचारी से उसे पहचानना है अंग्रेजी का नाम। अंग्रेजी वह सीखने के लिए मजबूर है। लेकिन साधारण माली जानता है इस फूल का नाम लैला है, इस फूल का नाम गुल सब्बो है। इसका नाम गुलमेंहदी है, इसका नाम गुलदाउदी है, वह जिस नाम को जानता है, उस नाम को आप नहीं पहचानते। यह दुर्भाग्य की बात है कि ऐसे नामों को आप नहीं पहचानते जो आपका परिवेश आपको दे रहा है, और जिसके कारण आपको एक विशेष प्रकार का लगाव उससे हो सका है। और उन नामों को रट रहे हैं, उनकी हिज्जा रटने के लिए और उसकी व्याकरणीय संरचना रटने के लिए आप मजबूर हो रहे हैं, जो आपके नहीं हैं और आप नाम ही रटने में रह जाते हैं, रूप से आपका तादात्म्य नहीं होता। ऐसी मानसिकता है और इससे आपको छुट्टी पानी है। और छुट्टी पाकर के आप सबसे पहले अपना कल्याण करेंगे, देश का कल्याण होगा नहीं होगा, चिन्ता न कीजिए। लेकिन आपके व्यक्तित्व का एक नया आयाम अपने आप प्रस्फुटित होगा। इसलिए मेरा बराबर यही अनुरोध रहा है कि आप बिना किसी की बाट जोहे हिन्दी लिखना, बोलना शुरू करें, और हिन्दी में अपने गम्भीर से गम्भीर विषयों पर चर्चा करना शुरू करें। भाषा एक प्रवाह की प्रक्रिया है, आप तो हिन्दी के बनाने वाले होंगे, आपका नाम होगा हिन्दी-निर्माता, और आपके द्वारा जो हिन्दी निर्मित होगी, जो महाराष्ट्र से आए हैं, तमिलनाडु से आए हैं, गुजरात से आए हैं, उनके द्वारा जो हिन्दी निर्मित होगी, वह निश्चित रूप से एक बड़ी सशक्त भाषा होगी, अंग्रेजी से कहीं अधिक सशक्त भाषा होगी, क्योंकि उसको इतना योगदान मिलेगा, इतनी समृद्धि वाली भाषाओं का योगदान मिलेगा, उनके चिन्तन का योगदान मिलेगा, जो भाषाएँ सोचने की प्रक्रिया में एक धरातल पर है, एक जमीन पर है, चाहे तमिल हो, चाहे हिन्दी हो, कहने के लिए लगता है दो भाषाएँ हैं, लेकिन हमारे अर्थों की कोटियाँ, हमारे वाक्य-विन्यास, हमारे मुहावरे, हमारे प्रतिबिम्ब, हमारे बिम्ब हमारे उपमान सब एक हैं। इनमें अद्भुत एकता है। इनकी जमीन एक है, और जब हिन्दी में लिखेंगे तो आप सोच लीजिए कि वही बात तमिल में भी लिख रहे हैं। बहुत थोड़े ही अन्तर में आप तमिल में लिख पाएँगे। ऐसे प्रयत्न हो रहे

हैं कि हिन्दी व्याकरण ऐसा रचा जाय कि अपने आप हिन्दी से रूपान्तर किसी भी भारतीय भाषा में हो सके। रूपान्तर व्याकरण अपने आप रचे जाएँ ऐसी योजना उनके पास है और इसमें कोई कठिनाई नहीं है। हिन्दी से किसी भी भारतीय भाषा में रूपान्तरण करना अत्यधिक सरल कार्य है। उसका मुख्य कारण यही है कि सांस्कृतिक दृष्टि से, वैचारिक दृष्टि से मूलभूत एकता के बिन्दु बहुत सारे हैं। यह कहकर मैं एक ऐसे स्तर से सभी को हिन्दी से जोड़ना चाहता हूँ जो स्तर इस देश के सोचने का स्तर है, इस देश के जीने का स्तर है और जिस जीने में असंख्य-असंख्य देशवासी आपके साथ हैं। विकासशीलता की ओर आपकी यात्रा इस स्तर से जुड़ने पर निश्चय ही अधिक सार्थक होगी क्योंकि उसमें विशालतर प्रयोजन अपने आप जुड़ जाएगा।

[यह व्याख्यान आई-आई-टी कानपुर में श्री गिरिराज किशोर द्वारा आयोजित 'भाषा और प्रौद्योगिकी संगोष्ठी' में दिया गया था।]

6

विज्ञान और साहित्य : भारतीय परिदृश्य

समस्त संसार में दूरियाँ सिमट रही हैं, संचार या परिवहन की दुत गति के कारण ही नहीं एक नये मन के कारण ऐसा हो रहा है। यह नया मन समग्रता की तलाश में है, अलग दिखने वाले पदार्थों में भी अलगाव की जगह किसी-न किसी रिश्ते की तलाश में है। यह मन बनाने में साहित्य से कम भूमिका विज्ञान की नहीं है विशेष रूप से बीसवीं सदी के आधुनिक विज्ञान, उसमें भी भौतिकी की बड़ी महत्वपूर्ण भूमिका है। आधुनिक भौतिकी ने तीन सिद्धान्त ऐसे प्रतिपादित किये हैं जिन्होंने वस्तुओं के या जीवन-व्यापार के बिलगाव की मान्यताओं को ध्वस्त कर दिया है। पहला सिद्धान्त विनिमेयता का है, द्रव्य और ऊर्जा परस्पर विनिमेय है, अत: जड़ता नाम से अलग अवधारणा भ्रान्त है। दूसरा सिद्धान्त अनिश्चितता या अप्रमेयता का है, जब हम कुछ भी देखते हैं तो कुछ न कुछ देखने से रह जाता है। कण देखें तो तरंग नहीं दिखती है, तरंग देखें तो कण नहीं दिखता यहीं नहीं देखने वाला भी दृश्य में कहीं न कहीं उपस्थित हो जाता है। इसलिए देखना योजना के व्यापार चलते रहते हैं और इन व्यापारों में भी देखने वाले के योग के कारण रूपान्तर होता रहता है, यह अछोरपन अपने आप में एकता स्थापित करता है। समुद्र का ओर-छोर नहीं मिलता, तभी तो एक है। इसलिए अनिश्चित अप्रमेय होने के कारण, संसार एक है, जिसमें लहर और बुद्बुद् सब ओतप्रोत है। तीसरा सिद्धान्त है परस्परपूरकता का सिद्धान्त। एक वायु या एक शक्ति दूसरी वायु या शक्ति के विरोध में नहीं है, विरोध में दिखती हुई भी एक दूसरे की पूरक है क्योंकि एक जो काम करती है दूसरी नहीं करती, दोनों मिलकर ही पूर्ण बनाते हैं पूर्णता के निरन्तर खोज से ज्ञान की सार्थकता सम्पन्न होती है।

इन सिद्धान्तों पर विचार करें तो साहित्य की भावप्रधान चिन्ताधारा में भी ये ही बातें दूसरे ढंग से प्रतिपादित हैं। जीवन की विह्वलता की पहचान ही है भूमिकाओं का उलट-पुलट जाना, भावोच्छेल प्रेम में जिस अंग के आभूषण होते

हैं वे दूसरे अंगों की शोभा बढ़ाने लगते हैं, उपमेय उपमान बन जाता है, उपमान उपमेय, यही नहीं विशेष विचित्रता में अपने में ही प्रिय-प्रियतमा दोनों भाव बारी-बारी से अवतार लेने लगते हैं। जो वंशी के प्रभाव के बारे में कहा गया अस्पन्दनं गतिमतां पुलकं तरूणां, वंशी के प्रभाव में जो चल है वे निष्पन्द हो जाते हैं जहाँ हैं वहीं ठिठक जाते हैं यहाँ तक कि साँस भी रुक जाती है पलकें नहीं झँपती और जो अचल है वे चंचल हो उठते हैं, जिनमें कोई गति नहीं वे यकायक गति से लाचार हो उठते हैं, वह इसी विनिमेयता के अभिप्राय भी एक समानान्तर अभिव्यक्ति हैं राधामाधव की भेंट में राधा के माधव माधव के राधा होने की बात या राधा-माधव बिरह में राधा में माधव भाव आना इसी विनिमेयता के इसी प्रकार साहित्य में विशेष रूप से निदर्शन हैं, भक्ति साहित्य या साधना से सहज उद्भूत साहित्य में अवर्णनीयता की अनूभूति प्रखर हुई है—

रहिमन बात अगम्य की कहन सुनन की नाहिं।
जे जानत ते कहत नहिं कहत ते जानत नाहिं ।।

सूरदास की गोपी ने राधा से कहा, तुमने श्रीकृष्ण को देखा, बड़भागी हो, राधा ने उत्तर दिया, सखी, तुम बड़भागी हो कि उन्हें देख पायी, मैं तो एक अंग भी पूरी तरह नहीं देख पायी और सूर कहते हैं राधा से बड़ा सौभाग्य किसी का नहीं क्योंकि उनका देखना पूरा नहीं होता। विद्यापति भी कान्ह के रूप के बारे में यही कहते हैं—

कि कहब हे सखि कान्हक रूप।
के पतियाइब सपन सरूप ।।

सखी किसी से कहो अपूर्व सौन्दर्य देखा, कोई विश्वास करेगा, सपने जैसा कुछ रूप है बस देखना ही होना हो गया। सौन्दर्य की अपूर्वता के केवल समीप पहुँचा जा सकता है, कुछ कल्पनाएँ की जा सकती हैं, पूरी तरह उसकी व्याख्या हो जाए तो यह सौन्दर्य कैसा। कालिदास ने पार्वती के लाल ओठों पर हलकी-सी मुस्कान की उजास का वर्णन करते हुए असम्भव कल्पनाएँ की हैं, ऐसा यदि संभाव होता कि—

पुष्पं प्रवालोपहितं यदि स्याद्
मुक्ताफलं वा स्फुटविद्रुमस्थम्
ततोनुकुर्याद् विशदस्य तस्याः
पर्यस्तताम्रौष्ठरुचः स्मितस्य।

लाल पल्लवों के भीतर बेले की कली खिलती या मूँगे के भीतर से मोती फूट कर निकलते तब कहीं पार्वती के तामई होंठों पर खिली हुई हलकी-सी मुस्कान की कुछ-कुछ नकल हो सकती थी।

यह अनिर्वचनीयता, यह अनकहापन जीवन की प्रेरणा तो है ही, यही जीवन की एकता का भी एक लक्ष्य है। समस्त सौन्दर्य जब अपरिमेय रस में परिवर्तित हो जाता है तो एक हो जाता है।

तीसरी बात भी साहित्य में अपने ढंग से प्रतिबिम्बित है, एक दूसरे के लिए आकांक्षा दूसरे के लिए प्रकार एक दूसरे के लिए अकह बेचैनी। वैदिक सृष्टि सूक्त में इसी को राम कहा गया है, यही असद् या अप्रस्तुत के लिए भी बन्धु-भाव उकसाता है, अपूर्व कल्पित सम्बन्ध के बीज बोना है। कालिदास ने इसी को पर्युत्सुक भाव कहा—

रम्याणि वीक्ष्य मधुराँश्च निशम्य शब्दान्
पर्युत्सुकीभवति यत्सुखितोपि जन्तुः
तच्चेतसा स्मरति नूनमबोधपूर्वं
भावस्थिराणि जननान्तरसौहृदानि ॥

जब कोई व्यक्ति रम्य पदार्थ देखता है या मधुर गीत सुनता है, तो बड़े चैन में रहते हुए भी कुछ बेचैन-सा हो उठता है जैसे उसे लगता है कोई मेरा ही बिछुड़ा हुआ कोई प्रियजन मुझे पुकार रहा है। बुद्धि में बात नहीं आती, पर गहरी चेतना में कहीं उस अपनी की चाह जग जाती है। कालिदास ने इस प्रकार की अपरिहार्यता बार-बार दुहराई है। मध्ययुगीन साहित्य में बराबर जोड़ते रहने की चुनौती स्वीकार की गई है रहीम ने कहा—

टूटे सुजन मनाइए जो छूटे सौ बार
बार-बार पुनि पोहियत टूटे मुक्ताहार।

किसी भी कीमत पर आत्मीयता के धागे को कितना भी कच्चा क्यों नहीं टूटने नहीं देते हैं। आधुनिक कवियों ने इसी को जीवन-तृषा कहा है। यह तृषा सभी उदासीनताओं को नकारती चलती है।

इस प्रकार हम स्पष्ट रूप से देखते हैं कि विज्ञान और साहित्य में कोई विरोध नहीं है। केवल इतना है कि दोनों की शुरुआत अलग-अलग बिंदुओं से होती है, विज्ञान 'क्यों' से शुरू करता है, साहित्य 'कौन' से दोनों को जो उत्तर मिलते हैं, वे एक यदि नहीं तो कम से कम समान तो हैं ही; बल्कि उन दोनों उत्तरों को मिलाकर ही पूरा उत्तर मिलता है। एक मौलिक अन्तर विज्ञान और साहित्य में यह है कि विज्ञान के औजार कितने भी सूक्ष्म क्यों न होते जाए वे हमेशा मानक होते हैं, अर्थात् बड़ी कड़ी जाँच के बाद उनकी मानकता स्थिर की जाती है और फिर उस मानक में परिवर्तन नहीं होता जबकि साहित्य के औजार मानक के आस-पास तो होते हैं पर मानक नहीं होते, साहित्य की लाचारी भाषा के दिये गए मानक रूप को स्वीकार करने की है, पर इस लाचारी में एक

छटपटाहट का अनुभव होता है तभी रचना सभाव होती है, इसलिए साहित्य मानक से हटता जाता है या यों कहिए मानक की नई पहचान कराता जाता है, बहरहाल पहचाना हुआ रूप ठीक वही भी कहाये, पर उसमें कुछ भूली हुई पहचानें भी जुड़ जायें और कुछ अभी तक अनपहचानी सूरत भी उभर जायें जिसके पहचाने जाने से पहचान पूरी होती है। इसी तात्त्विक भेद के कारण विज्ञान व्यवस्थाबद्ध दिखता है और साहित्य अव्यवस्थावादी, पर विज्ञान एक छोटी व्यवस्था को स्वीकार करके बड़ी व्यवस्था का आकार खड़ा करता है और छोटी व्यवस्था को अलग कर देता है जैसे मकान बनाते समय बाँस-बल्ली के ठाट लगाए जाते हैं और फिर अलग कर दिए जाते हैं जबकि साहित्य छोटी व्यवस्था से असन्तुष्ट इसलिए हो जाता है कि वह बड़ी व्यवस्था में बाधक है। वह छोटी व्यवस्था पहले तोड़कर बात करता है, उसके सामने सही और बड़ी व्यवस्था पहले से रहती है भले ही वैज्ञानिक के सामने जितनी मूर्त और ठोस होकर उपस्थित होती है उनकी मूर्त और ठोस न रहती हो। अन्तिम लक्ष्य दोनों का क्रमश: ज्ञान और भाव के स्तर पर अधिक पूर्णतर और अधिक ग्राहक व्यवस्था की उद्भावना ही है।

विज्ञान को जो लोग विध्वंसक मानते हैं या मूल्य-निरपेक्ष या नैतिकता-निरपेक्ष मानते हैं, वे बड़ी भूल करते हैं। ज्ञान मात्र अपने आपमें और विज्ञान विशेष रूप से मानव चेतना की परिशुद्धता का प्रमाण है कि कलुषित या दूषित कैसे होगा ? उसको ग्रहण करने वालों पर उसके सही या गलत उपयोग का दायित्व जाता है। उस्तरे से हम दाढ़ी बनाते हैं, बन्दर गला काट देता है। एक त्रासदी जरूर विज्ञान के साथ घटित हुई कि वह अर्थशक्ति और राजशक्ति का साधन बनने लगा, पर साहित्य भी किसी न किसी हद तक साधन बना है और बन रहा है। और ऐसा हुआ है मनुष्य के चरम मूल्य स्वाधीनता के धुँधले पड़ जाने से। मनुष्य ने स्वाधीनता का अर्थ यह करना शुरू किया कि सब हमारे अधीन है। हम अपने अधीन हों, यह मूल अर्थ हम भूलते गए। इसलिए मनुष्य खाऊ होता जा रहा है, यह खाओ, वह खाओ, उसकी भूख बढ़ती ही जा रही है। वह खाऊपन की हद से गुजरता है तो गुलाम हो जाता है उनका, जो किसी न किसी उपाय से भूख उत्तेजित करते हैं, उपभोक्ता अपसंस्कृति का प्रसार कर रहे हैं, वे लोग बड़े ही विकट कौशल से नियामक बनते जा रहे हैं। अब अधिसंख्यक लोग उनकी मरजी के गुलाम बनने के लिए विवश हैं; यहाँ तक कि आदमी मनोरंजन के लिए भी इनके ऊपर आश्रित है।

विज्ञान और साहित्य से परोकार रखने वाले की पहली चिन्ता होनी चाहिए स्वाधीनता और इसी से जुड़ी होनी चाहिए प्राणिमात्र जीवनमात्र की स्वाधीनता। आचार्य रामचन्द्र शुक्ल ने एक चेतावनी हृदय का मधुर भार शीर्षक कविता

में दी कि है नराभिमानी नर तू जंगलों का संहार कर ले; प्राणियों का संहार कर ले पर समझ ले कि इनके संहार के बाद तू प्रेत होकर ही रहेगा। विज्ञान और साहित्य के लक्ष्यों का एकीकरण ज्ञान और भाव का तादात्म्य और स्व का निजत्व का नहीं निरन्तर विस्तार होगा, ऐसा विस्तार कि पराया कुछ रह न जाय।

7

भारतीय संस्कृति की प्रासंगिकता

भारतीय परम्परा की यह विलक्षणता है कि वह भारत में ओत-प्रोत हुए भी भारत तक ही सीमित नहीं है, वह किसी एक मज़हब, ईश्वर की चुनी हुई किसी एक जाति, किसी एक तन्त्र (राजनीतिक या आर्थिक) से बंधी नहीं है, उसमें अपने को भी अतिक्रमण करने की क्षमता है। उसका प्रसार यदि भारत के बाहर हुआ तो न राजनीतिक दबाव में हुआ, न आर्थिक कारणों से हुआ, न मज़हबी जोश से हुआ, उसका प्रसार रोपे हुए धान के पौधे की तरह हुआ जिसने अलग-अलग मिट्टी की अलग-अलग रंगत पायी। इसका सबसे बड़ा उदाहरण है राम-कथा। अलग-अलग जमीन में राम की कहानी उस जमीन की सोंधी गन्ध लेकर अलग-अलग रूप ग्रहण करती गई, राम जाने किन-किन देशों के विपिन विहारी हो गए और सीता किन-किन देशों की नारी के लिए एक स्पृहणीय आदर्श हो गईं। राम की भारतीयता ही नहीं रही, वे विश्वनागरिक हो गए। भारतीय परम्परा भी रामकथा की तरह किसी एक इतिहास या भूगोल की स्मृति से आबद्ध नहीं है, यह एक व्यापक मानवीय साझेदारी है, यह बिना किसी को कहीं से बिछुड़ाये किसी भी प्रतिबद्धता से तोड़े एक विशाल जुड़ाव है।

पर यहीं मैं एक पल रुकना चाहता हूँ, मैं उस थोथे अभिमान से बहुत डरता हूँ जो कहता है कि एतद्देशप्रसूतस्य सकाशादग्रजन्मनः स्वं स्वं चरित्रं शिक्षेरन् पृथिव्यां सर्वमानवाः ।।

इस देश में पैदा हुए तपस्वी ऋषियों के पृथिवीमात्र के मानव चरित्र की शिक्षा लें। मैं ठहरकर आत्मालोचन करना चाहता हूँ कि हम स्वयं तो ऋषियों के तप से उनकी खरी सच्ची जीवन दृष्टि से कुछ सीखना नहीं चाहते, हमारी सारी शिक्षा अपनी आवश्यकताओं और सुविधाओं का जाल बढ़ाने वाली पद्धति से हो रही है, एक उधार ली हुई जीवन-पद्धति में हुई है और हम चले हैं सिखाने दुनिया को वसुधैव कुटुम्बकं का भाव। कितना बड़ा ढोंग है यह ? मैं आत्म-

दयावश यह नहीं कह रहा हूँ, अपने भीतर विश्वास की कमी से भी ऐसा नहीं कहता, पर अपने लोगों की सबसे बड़ी कमजोरी को अनदेखी नहीं कर सकता, यह कमजोरी है आत्मविस्मृति। हम सबको जानते हैं, पहचानते हैं, पश्चिम का आदमी चकित हो जाता है कि पश्चिम की भाषा, संस्कृति साहित्य, तकनीकों इन सबको सबसे अधिक गहराई से समझाने वाले शायद अमरीका और यूरोप के लोगों से भी अधिक गहराई से समझने वाले लोग भारत के हैं या जापान के हैं। पर वह यह भी देखता है कि भारतीय भारत को नहीं पहचानता, कोई दूसरा पहचानता है तो वह पहचानने लगता है। विगत दो शताब्दियों की यही विडम्बना है, कभी मैक्समूलर हमें हमारी संस्कृति की गरिमा अपने ढंग से समझा रहे हैं और हम उसे गटक रहे हैं, कभी हैवेल हमारी कला की विशेषता हमें बतला रहे हैं, कभी शूमाख़ेर या फ्राम या तिसमर हमारी संस्कृति की प्रासंगिकता की बात करके हमको गर्व स्फीत कर रहे हैं। परन्तु अपने आप अपने को पहचानने की कोशिश हम नहीं कर पाते, हमारे पास न अपना पैमाना है न दर्पण है, न अपनी तर्क बुद्धि है। हम अपने ही ऊपर सबसे अधिक अविश्वास करते हैं, हमने विश्व को गाँधी दिया, गाँधी के विचार दिए, पाशविकता से लड़ने का एक अजीब हथियार दिया और हमें स्वयं गाँधी पर विश्वास नहीं है, गाँधी हमारे लिए केवल एक वार्षिक अनुष्ठान रह गए हैं। हम या तो बिना जाने-समझे भारतीय संस्कृति की सर्वश्रेष्ठता की डींग हाँक सकते हैं या बिना जाने-समझे इसकी हीनता और अनुपादेयता को कोसने में ही अपनी आधुनिकता प्रमाणित कर सकते हैं। इस स्थिति में जब इस संस्कृति की प्रासंगिकता की बात करना चाहता हूँ तो सबसे पहले यह कहना चाहता हूँ कि अपने घर में पहले दिया जलाएँ तब मस्जिद में, मन्दिर में, गुरुद्वारे में जलाने की सोचें। हम अपने आज के जीवन में भारतीय संस्कृति के मूल तत्त्वों की प्रासंगिकता की बात सोचें। भारतीय संस्कृति का विवेचन करते हुए प्रसिद्ध संस्कृतिवेत्ता गोबिन्दचन्द्र पांडेय ने एक बड़ी सटीक बात कही है कि 'यदि पश्चिम की रुझान मूर्त्त और व्यष्टि मानव को किसी अमूर्त्त बौद्धिक सिद्धान्त की वेदी पर बलि देने की ओर है, वह सिद्धान्त व्यक्ति-स्वातन्त्र्य का हो या प्रकृति की यान्त्रिकता का हो या यन्त्र या यान्त्रिक संस्थानों के रूप में शक्ति के विस्तार का हो, और चीनी परम्परा की रुझान एक नैतिक और मनोरम क्षितिज के भीतर मानव जीवन की मूर्त अखंडता की रक्षा की ओर है तो भारतीय परम्परा की रुझान मनुष्य के भीतर अपने अतिक्रमण की सम्भावना और उस अतिक्रमण की आवश्यकता की प्रतीति जगाने की ओर है'। भारतीय दृष्टि से न अकेले प्रकृति या उसके ऊर्जा स्रोत, न अकेले मानव समाज मनुष्य की चिन्ता के एकान्त विषय हो सकते हैं। वाह्य प्रकृति पर विजय की बात भी निरर्थक है,

यदि उसके साथ अपनी प्रकृति पर विजय न हो। और सच पूछें तो विजय की बातें भी निरर्थक हैं, विजय केवल एक आलंकारिक शब्द है, बिन्दु का सिन्धु में मिलना और फिर उस सिन्धु से बिन्दु के रूप में उछल कर सिन्धु को देखना, क्या बिन्दु की विजयगाथा है या सिन्धु की विजयगाथा है। जीतना-हारना तो आदिम संस्कारों से आए हुए शब्द हैं, असली बात है होना और होने रहने को सतत पहचानना। हम जो हैं, वह अपर्याप्त हैं, अधूरे हैं, हम सबके साथ ओत-प्रोत होकर सोचें, साँस लें, जियें, भरपूर जियें, रस लेकर जियें, यह अनुभव करते हुए जियें कि हम सबको रस देते हुए रस ले रहे हैं या हम स्वयं रस बनकर स्वयं आस्वाद्य बनकर स्वयं अन्न बनकर प्रस्तुत हो रहे हैं, न्यौत रहे हैं कि चर-अचर स्थावर जंगम पृथ्वी अन्तरिक्ष आकाश ग्रह-नक्षत्र सभी हमारा रस लें।

सामाजिक समरसता और नैतिकता की बात भी चरम लक्ष्य नहीं हो सकती, जब तक व्यक्ति के हृदय का संवाद उसके साथ न हो, तब तक वह आरोपित रहेगी, तब तक उसमें सहज करुणा और विश्वव्यापी प्यार का भाव नहीं उभ-ड़ेगा। भारतीय दर्शन आत्ममंथन आत्मचिन्तन पर इसी से बहुत बल देते हैं, कभी-कभी भ्रान्तिवश लोग एक गलत चश्मे से देखते हुए यह मानने लगते हैं कि भारतीय संस्कृति निर्नैतिक है, असामाजिक है, उसमें सामाजिक न्याय के लिए कोई स्थान नहीं है। वे यह नहीं देखते कि सामाजिक न्याय के नाम पर कितनी खोट होती रही है औपनिवेशिक इतिहास में और कितनी खोट है उस समता के सिद्धान्त में जहाँ कुछ न कुछ लोग ऐसे रहते हैं, जो कुछ ज्यादा ही बराबर हैं हम नहीं देखते कि मनुष्य का चरम मूल्य है स्वातन्त्र्य, यदि वह नहीं जाँचता कि अच्छी से अच्छी व्यवस्था कितनी अच्छी है, केवल अपने लिए नहीं सम्पूर्ण जीवन के लिए सम्पूर्ण सृष्टि के लिए और उसे जाँचने की स्वतन्त्रता नहीं रहती तो मनुष्य का विकास अवरुद्ध हो जाता है, वह चेतन होते हुए भी जड़ हो जाता है। भारतीय दर्शन आत्मचिन्तन को महत्त्व देते हैं, किसी सीमित अर्थ में नहीं, बल्कि एक व्यापक अर्थ में जहाँ आत्मा पृथ्वी को अभिव्याप्त कर लेती है और मनुष्य साहस करके कह सकता है आत्मार्थे पृथ्वीं त्यजेत्। वह आत्मा समस्त जीवन की अर्थवत्ता से एकाकार होकर सोचती है और उसके इस प्रकार चिन्तनशील और ध्यानशील रहने से ही संस्कृति विवर्तमान होती है, वह जड़ नहीं रहने पाती। भारतीय संस्कृति को निरन्तर निखार मिला है दो प्रक्रियाओं से। एक प्रक्रिया है स्वधर्म के पहचानने की और उसके निर्दिष्ट मार्ग पर कुशलतापूर्वक सावधानी के साथ चलने की, इस प्रक्रिया में मौखिक परम्परा से कुछ न कुछ प्राप्त रहता है, कुछ न कुछ निश्चित रहता है, पर कुशलता और सावधानी तो हमेशा साधनी ही पड़ती है। यही कर्ममार्ग है।

दूसरी प्रक्रिया है जिसे संचालित करते हैं ऐसे लोग, जो दिए हुए मार्ग

को ज्यों का त्यों स्वीकार नहीं करते, वे स्वयं एक मार्ग का अन्वेषण करते हैं। पर अन्वेषण के पथ पर चलने के पहले वे व्यक्ति के रूप में मर जाते हैं, समाज में रहते हुए भी समाज से अलग हो जाते हैं, देश और काल में रहते हुए भी देश काल से अलग हो जाते हैं। ऐसे साधक जो साक्षात्कार करते हैं, केवल अपने लिए नहीं करते, वे लोक के लिए करते हैं और किसी भी व्यवस्था को जैसी की जैसी नहीं रहने देते, उनके नाम पर जब फिर एक व्यवस्था चल पड़ती है तो फिर कोई उसे तोड़ने के लिए आगे हो जाता है। यहाँ पन्थ या सम्प्रदाय का समाधान पन्थ या सम्प्रदाय में नहीं छेड़ा जाता, यन्त्र का समाधान यन्त्र में नहीं ढूँढ़ा जाता, यहाँ समाधान उत्सर्ग और आत्मसाक्षात्कार में या कर्मयोगपूर्वक भक्तियोग में या स्वीकारपूर्वक निषेध में या देहपूर्वक विदेह में ढूँढ़ा जाता है। यह समाधान न कोरी पारलौकिक चेतना वाले व्यक्ति की समझ में आ सकता है, न कोरी लौकिक चेतना वाले व्यक्ति की समझ में आ सकता है। इसे समझने के लिए धैर्य और साहस दोनों चाहिए। आज समय भागा जा रहा है और लोग समय से भी ज्यादा तेजी से भागे जा रहे हैं, यह भी भूल गए हैं कि कहाँ जाना है, बस जाना है, और यह है कि कोई दूसरा आगे तो नहीं बढ़ गया। ऐसे भागमभाग में यह कहना कि मैं चूहों की दौड़ में शरीक होने से इन्कार करता हूँ, बड़े साहस की बात है। भारतीय संस्कृति के उत्तराधिकारियों के पास आज न धैर्य है न साहस। साहस भी हमें दूसरा कोई दिलाए तो आए और धैर्य से हम जैसे ऊबे हुए हैं, हर आदमी अधिक से अधिक उगाहने में लगा है उगाह कर क्या होगा, उत्पादन करके क्या होगा सुविधाओं के विस्तार के बाद क्या होगा, इसे सोचने के लिए आदमी रुकना नहीं चाहता। पर हवा कह रही है रुको, साँस ले पा रहे हो कि नहीं, पानी कह रहा है, रुको, प्यास लगी है, पहले देखो पानी पीने लायक रह गया है या नहीं। यहीं अपने आप भारतीय संस्कृति की प्रासंगिकता आती है, यहीं देश-काल को छोटा करके सम्पूर्ण जीवन की अपेक्षा बड़ा करके दिखाने वाली दृष्टि का महत्त्व समझ में आता है।

अपने देश में बहुत से लोग अभी भी ऐसे व्यामोह में पड़े हुए हैं कि वे इस विचारधारा को एक ऐशपरस्ती समझते हैं, कहते हैं कि हमें तो अभी और अन्न उपजाना है, वस्त्र उत्पादन बढ़ाना है, रिहाइश के और सामान साधारण लोगों के लिए मुहैया करने हैं, हम तकनीकी विकास की गति रोकेंगे तो पिछड़ा जाएँगे, हमें पहले मनुष्य की चिन्ता करनी है, वन्य जीवन, वनस्पति, पशु-पक्षी इनकी बात बस पोस्टरों तक है, पत्र-पत्रिकाओं के वाग्विलास तक है तो ठीक है। तकनीकी का जाल बिछाने वाला मछेरा घबरा रहा है कि कहीं जाल उसी को न समेट ले, वह अपने यहाँ रासायनिक कीटाणु नाशकों का प्रयोग हमारी अपेक्षा लगभग चौथाई मात्रा में कर रहा है, वह जीवन की रक्षा के उपाय कर

रहा है वह विनाश की सामग्री दूसरों के कन्धों पर डाल रहा है, और हम हैं कि जाल में फँसते जा रहे हैं। हम फँसते जा रहे हैं अनियन्त्रित भूख के जाल में, फसते जा रहे हैं गन्तव्यहीन प्रगति के जाल में, आकारहीन, लक्ष्यहीन, प्राण-हीन, हमारी नदियाँ और तेजी से गँदली हो रही है, हमारे शहर और तेजी से दमघोंटू जहरीली हवा अपने नथुनों में भरते जा रहे हैं, हमारे वन-पर्वत और तेजी से वीरान होते जा रहे हैं और हमारी माँगें विज्ञापनों के दबाव में और तेजी से आवश्यकता की अपेक्षा के बिना बढ़ती जा रही हैं। हम प्रकाश के ज्वार में नहाये हुए लोग अब प्रकाश के सामने जाने से निरावरण होने से घबराने लगे हैं। सरकार नदियों का प्रदूषण दूर करे, वन लगाए, फैक्टरियों का जहरीला धुआँ रोके, हमसे क्या मतलब। हमें कचरा फेंकना है, हमें प्राकृतिक साधनों का उपयोग अधिक से अधिक अपने लिए चाहिए ही चाहिए। बहुत होगा तो कुछ सुगन्धित द्रव्यों का हवन अपने घर में कर लेंगे, प्रदूषण मिट जाएगा। फिल्टर खरीद लेंगे, पानी स्वच्छ मिलेगा। भाषण और दूरदर्शन की, शिक्षाप्रद फिल्म से सन्तोष करने वाली अकर्मण्य लोगों के लिए ही यह विचार-धारा प्रासंगिक हो गई है। सपने और वे भी दूसरों के जीवन की राह नहीं बनाते। भारतीय परम्परा आरोपित उद्धार में विश्वास नहीं करती, वह कहती है तुम अपने उद्धारकर्त्ता स्वयं हो, अन्तदीप बनो, आत्मदीप बनो। तुम्हारे आस-पास जो अशिव है जो सम्पूर्ण जीवन का निषेधक है, उसका प्रतिरोध करो। छोटे-छोटे अन्धकारों से नरकों से बड़ा अन्धकार बड़ा नरक बनता है, छोटे-छोटे दिए ही उनका प्रतिरोध करेंगे तो बड़ी दीप दीपावली का प्रकाश होगा। मनुष्य के अविनाशी जीवन भाव को ग्रसने के लिए उपभोक्ता संस्कृति का राहू मुँह बाये खड़ा है, हरेक मनुष्य के सामने यह चुनौती है कि सबकी आवश्यकता प्राणिमात्र की आवश्यकता को अपनी आवश्यकता मानोगे तो जी सकोगे। अपने भीतर झाँको जैसी प्यास जीने की तुम्हारे भीतर है, वैसी है अन्यत्र भी है, पौधे में भी है, जमीन में भी है; चिड़िया में भी है, पत्थर में भी है, पानी में भी है, तुम सन्त न बनो, संन्यासी न बनो पर घरबारी, अच्छे घरबारी तो बनो और पहचानो कि घर कितना बड़ा है और तब दिया जलाओ, भले ही अपनी वासना को बत्ती बनाके जलाना पड़े, भरो अपना पूरा स्नेह, अपने क्षुद्र स्वार्थ को पेर कर निकाला हुआ स्नेह, भरो अपने देह के दिए में और। तब देखो वह दिया कितना बड़ा हो जाता है, वह गुरुनानक के शब्दों में 'गगन के थाल' 'रविचन्द्र दीपक जरे' वाली विशाल आरती का दिया बन जाता है क्या हम परम्परा की पुकार सुनेंगे।

8
भारतीय सनातन मूल्य : वसुधैव कुटुम्बकम्

आज जब हम कुछ ज्यादा ही आत्मगौरव से स्फीत या ठीक कहें पीड़ित होते हैं तो कहते हैं हम 'वसुधैव कुटुम्बकं' मानने वाले हैं, हम समस्त विश्व को एक नीड़ बनाने वाले हैं, हम बहुत उदार हैं। परन्तु भीतर-भीतर हम त्रिपुरारि के तबेले वाली स्थिति में रहते हैं, परिवार का हर सदस्य हर दूसरे सदस्य से रार-तकरार मचाए रहता है, इस कुटुम्ब मे बस जहर का प्याला पीकर सो जाने की तबियत होती है। इसका कारण यह है कि हम अपने आदर्शों को जीते नहीं, उन्हें शब्द के रूप में भी नहीं दुहराते, उन्हें समय-समय पर बिल्ला बनाकर अपनी पहचान कराने के लिए इस्तेमाल करते हैं कि हम यह नहीं, हम वह हैं, अखिल संसार को चरित्र की शिक्षा देने वाले, सभ्यताओं के उदय के साक्षी, संस्कृति के सिरमौर। आज हममें से कितने हैं जो वसुधा का अर्थ समझते हैं और कुटुम्ब की तो बात ही जाने दीजिए, अणुकुटुम्ब के युग में जी रहे हैं, वह अणुकुटुम्ब भी अब परमाणु कुटुम्ब हो गया है, क्योंकि बच्चा या तो नानी-दादी-बुआ के बैंक में सेफ डिपाजिट में हैं, या अभी आया नहीं है, पति-पत्नी सुबह से शाम तक अपने-अपने धन्धे में उलझे हुए, एक-दूसरे की ओर अभिमुख भी हुए तो बस झींकने के लिए, तुमने बटन नहीं टाँकी, तुमसे रात में ही कहा था डबलरोटी खत्म है, नहीं लाए, क्या टिफिन में रखूँ और शाम को लौटे तो घर आई एक के बाद एक सुनहले सपनों की लक्ष्मी के रुपहले पर्दे पर अवतरण के दृश्यों में खोए हुए, बहुत संक्षिप्त बातचीत और फिर एक शरीर की भूख का शमन, नींद, इसको कुटुम्ब कहना चाहे तो कह लें, पर है यह कुटुम्ब का परमाणु में विखण्डन।

हमारे पास फ़ुरसत भी तो नहीं है कि सोचें, कोई सोचकर हमें कुछ दे दे, और यह भी बता दें कि इसका कब और कैसे उपयोग करेंगे, हम उसका उपयोग कर लेंगे। वसुधा, वसुन्धरा, धरा, धरित्री, पृथिवी, मही, भू, भूमि, मेदिनी,

श्री, विष्णु पत्नी, इतने सारे नामों की क्या-क्या अर्थच्छटाएँ हैं, हमें क्या पड़ी है कि इन्हें समझने की कोशिश करें। मैं भी न करता, पर मुझसे कहा जा रहा है भारतीय संस्कृति के कालजयी मूल्यों पर बोलूँ और 'वसुधैव कुटुम्बकम्' क्यों कालजयी मूल्य है, इस पर प्रकाश डालूँ। मेरी लाचारी है कि इन शब्दों की गरिमा से परिचय प्राप्त करूँ। 'भू,नाम ही लें, भू का अर्थ होना है, पृथ्वी को भू कहते हैं तो हम होने की प्रक्रिया पर बल देते हैं, पृथ्वी जड़ नहीं, स्थिर नहीं, कुछ के कुछ हो रही है, किसी आकर्षण में घूम रही हैं, किसी प्रकाश पिण्ड की सापेक्ष है। भूमि का अर्थ होने की प्रक्रिया को आधार देने वाली अर्थात् स्वयं तो पृथ्वी परिवर्तमान है ही, अपने अंक में जिन्हें आश्रय देती है, उनको भी एक-दूसरे के लिए क्रियाशील देखना चाहती है। धरा और धरित्री का अर्थ है धारण करने वाली, धारण करने वाले को बड़ा सहनशील होना पड़ता है, इसलिए पृथ्वी का नाम है क्षमा, सहनशीलता, दुर्बलता नहीं है, शक्ति है, क्षमता है। धरित्री का अर्थ दूसरी माँ भी होता है, इसलिए उसे भाँति-भाँति के पोषक सम्भार अनन्त सन्तानों के लिए जुटाने होते हैं। दूसरी माँ है, इसलिए और अधिक सावधान है, कहीं कोई कुछ अपजस न लगाये, कोई भेद-भाव नहीं बरतती, किसकी क्या बोली है, क्या रूपरंग है, क्या विश्वास है, क्या स्वभाव है, सबका भरण करती है। धरती मैया बड़ी उदार है। इसी से उसे हम वसुधा और वसुन्धरा भी कहते हैं, कितनी सम्पदा इसके पास है, कितना रस इसके पास है, वसु धन भी है और वसु रहने का जीवनयापन का साधन भी है, वह देवता भी है, वह जीवन का प्रेरक भी है, वसु का अर्थ जोड़ना नहीं, रहना है, किसी के साथ किसी के लिए रहना है, घर बसाना है। वसुधा का अर्थ इसलिए घर मात्र नहीं है, घर की आत्मीयता भी है। पृथ्वी या पृथिवी का अर्थ विस्तार वाली है, फैलने वाली है, फैलाने वाली है, सबके लिए बाँहें फैलानी वाली है। 'मेदिनी, श्री, विष्णुपत्नी' ये नाम जगत् के पोषक देवता विष्णु के भाव से जुड़े हुए हैं। विष्णु ने मधुकैटभ का वध किया, उसके मेद से अनन्त में स्थूल-पिण्ड बन गया, वही मेदिनी कहलाया है, मधुकैटभ और कुछ नहीं ललक और कुल-बुलाहट हैं, ललक किसी भी मीठी वस्तु के लिए, जो हमें नहीं मिली और कुल-बुलाहट जहाँ हैं, वहाँ न रहने के लिए। पार्थिव होने का अर्थ भी यही है कि हमारे भीतर जीवन की ललक हो, जीवन की आकुलता हो।

ये सभी अर्थ श्री में समाहित हैं। विश्व भर में सबसे पुरानी मूर्तियाँ, सोने की या मिट्टी की इसी श्रीदेवी या भूदेवी की मिलती हैं, कभी धान की बालियों के साथ, कभी कमल के साथ, प्रायः खड़ी। श्री का अर्थ शोभा है, पर मूल अर्थ आश्रय देने वाली है, आश्रय देने की प्रकृति है। इन सब अर्थों को समेटने वाली विपुला पृथ्वी की अवधारणा करें तो वसुधैव कुटुम्बकं का आधा अर्थ,

समझ में आए। हमारी वसुधा मानव जातियों का समूह मात्र नहीं, स्थूल द्रव्यों का संचय मात्र नहीं, नदी, पहाड़, वन, खेत, बस्ती मात्र नहीं, तरह-तरह के पशु-पक्षी, कीट-पतंगों का समुदाय मात्र नहीं, वह इन सबका साथ रहना है, साथ रहने के साथ-साथ एक-दूसरे का अवलम्बन लेना है। जिस वसुधा को हम कुटुम्ब के रूप में देखना चाहते हैं, वह वसुधा कदराने वालों की नहीं है, भयभीतों की नहीं है, कायरों की नहीं है, दूसरे को मिटाकर अपनी वीरता स्थापित करने वालों की भी नहीं है, वह कृपणों की नहीं है, वह दंभियों-अभिमानियों की नहीं है, वह माँ के वात्सल्य के अधिकारियों की है, माँ के सूत्र से एक-दूसरे से जुड़ी सन्तानों की है, जो रोते हैं, गाते हैं, हँसते हैं, आपस में धक्का-धुक्की करते हैं तो इसलिए कि माँ देख ले, हमारा भाव समझ जाय। इस वसुधा को परिवार के रूप में देखने की अवधारणा एक ऐसे बड़े आँगन की अवधारणा है, जिसमें अनाज पसारा हुआ है, कितने लोगों के परिश्रम से पैदा किया गया अनाज पसारा हुआ है, सूखने के लिए, कितने हाथ उस अनाज को फटक रहे हैं, बीन रहे हैं, बीच-बीच में कितनी चिड़ियाँ आती हैं, दाना चुगकर भाग जाती हैं, गाय के बछड़े किलोल करते आते हैं, मुँह में चार दाना भरकर डेवढ़ी छलाँग जाते हैं, कितने लोग जिन्होंने अनाज पैदा करने में शिरकत नहीं की हल गढ़ते रहे, कुदाली गढ़ते रहे, मिट्टी के बर्तन गढ़ते रहे (जिसमें अनाज रखा जाएगा), अनाज फटकने के लिए सूप बनाते रहे, डलिया बनाते रहे, आ जाते हैं हमारा हिस्सा दो, सब हिस्सा पाते हैं, जो बचता है वह बखार में रखा जाता है। कितनी तृप्ति है बाँटने में, कितनी तृप्ति है, मासूम-नादान हिस्सेदारों से झगड़कर बरबस हिस्सा ले लेने में। वस्तुतः कौन देता है, कौन लेता है, इसका महत्त्व नहीं, महत्त्व इसका है कि यह सबका है, यह इसका है, उसका है, सबका है, मेरा नहीं। मेरा बस यह आँगन है, आँगन का खुलापन है। या फिर सबके चेहरे पर जो एक खुशी की हिलोर आती है, नये अनाज की राशि देखकर, उस हिलोर का एक छींटा मेरे पास जो पहुँचता है, वह मेरा है।

मिट्टी में खेला, मिट्टी में बना। मैं गाँव में जनमा, बचपन का बड़ा हिस्सा वहीं बीता, किशोरावस्था की भी बड़ी कशिश की दुपहरी और अँधेरी उजाली रात गाँव में ही बीती, गाँवों में बड़े क्रान्तिकारी परिवर्तन हुए, शक्ति के नये समीकरण हुए, शहर की सभी न्यामतें वहाँ पहुँच गईं, शहरी आदतें पहुँच गई हैं, देर से जगना, देर से सोना, शोर-शराबे में एकान्त का क्षण पाना, देखता हूँ, बच्चे पूरे वाल्यूम पर रेडियो या टी० वी० चला देते हैं तभी पढ़ पाने की एकाग्रता उन्हें मिलती है), घर से न निकलना। यह जानते हुए भी मुझे वह खुला आँगन बुलाता रहता है, इसमें तुम्हारा भी हिस्सा है, यहाँ कूटे जाते इस नये धान की महक में, कूटने वाली की चूड़ियों की खनक में, और भरे-पूरे होने

की लहक में तुम्हारा भी हिस्सा है, दादा, आओ, ले लो, तुम्हारा हिस्सा किसी और को तो नहीं दे सकता। मुझे गाँव की वह अमराई बुलाती है, जहाँ जेठ की दुपहरी कबड्डी को अर्पित होती थी, और कोई स्वर पुकारता है, गुइँया मेरा दाँव दे दो, दाँव दिए बिना जाने न पाओगे। गाँव से थोड़ी दूर की नदी राप्ती बुलाती है, इसकी एक लहर तो तुम भी हो, क्यों नहीं आकर और लहरों से मिलते। गंगोत्री बछिया, मंगल घोड़ा और दरवाजे का संवरू कुत्ता, कब के चले गए, पर उन सबकी छवियाँ कभी न कभी न्यौतती हैं, गंगोत्री चाहती है मैं उसके गले के नीचे हाथ डालकर सहलाऊँ। मंगल घोड़ा हिनहिनाता है, आओ सवार हो जाओ, तुम्हें सपनों के देश में पहुँचा दूँगा, संवरू कुत्ता दुम हिलाता है और पैरों के पास आकर बैठ जाता है, क्यों नहीं पुचकारते। यही सब तो मेरी वसुधा है, मेरी सम्पदा है, मेरा सम्बल है, इनका होकर ही तो मैं हूँ अगर हूँ तो अस्मि या हूँ का निरन्तर अनुभव करने के लिए मुझे सबका होना पड़ेगा, क्योंकि वसुधा सबकी है।

जिस श्लोक में चतुर्थ चरण में वसुधैव कुटुम्बकं आता है, वह पूरा इस प्रकार है--अयं निजः परो वेति गणना लघुचेतसाम्। उदारचरितानां तु वसुधैव कुटुम्बकम्॥ अर्थात् यह निजी वस्तु है, एकदम अपनी है, यह दूसरे की है, यह आदमी सगा है, यह पराया है, इससे खून का रिश्ता है, इससे नहीं---यह सब हिसाब-किताब वे करते हैं जिनका दिल छोटा होता है, जो स्वयं छोटे होते हैं (बड़ी से बड़ी सम्पत्ति क्यों न उनके पास हो); जिनकी करतूत में, उदारता है, सब हमारे हैं, सबके हम हैं, सबमें हम हैं, हममें सब हैं, सबसे मुझे लेना है, सबको मुझे देना है, उनके लिए तो पूरी वसुधा आधी अधूरी नहीं कुटुम्ब नहीं कुटुम्बक है, बस नन्हा-सा परिवार है। इतना बड़ा विपुल विस्तार छोटे-से रिश्ते में बँधा हुआ है, बस मन बड़ा कर लीजिए और बाणी से अधिक कर्म को बड़ा कर लीजिए, फिर क्या वसुधा की छाती दूध से उपटने लगेगी, बस मेरे लिए।

मैंने जान-बूझकर भारतीय संस्कृति का नाम तो शुरू में लिया, भारतीय संस्कृति और वसुधैव कुटुम्बकम् के बीच क्या तालमेल है, इसकी चर्चा नहीं की। इसका कारण है, भारतीय संस्कृति को इतने गलत सन्दर्भों में गाहे-बगाहे जबर्दस्ती खींचा जाता है कि मैं भीतर से घबराता हूँ कि कहीं मेरे हाथ उसकी दुर्दशा न हो। भारतीय संस्कृति को अपने बाहर की बात मानता ही नहीं, अपने भीतर की बात करूँगा तो अपने आप मैं उसी की बात करूँगा, जो हमारी चेतना में बसी हुई है, हम भले ही न जानें, कौन बसा हुआ है। भारत की वसुन्धरा ही कहाँ जानती है, कौन-कौन बसे हुए हैं, कौन-कौन नस्लें है, कब ये नस्लें घुली-मिली, कौन-कौन भाषाएँ हैं और उनके अलग-अलग परिवार हैं,

कौन-कौन लोग आए, किसने कितना-कितना कहर ढाया, किसने क्या छीना, क्या दिया, कहाँ वह हिसाब रखती है। इतना जानती हैं, जो हैं, वे सब हमारी सन्तान हैं, सब सोने को होते हैं तो चन्दा मामा सोने की कटोरी में दूध-भात लाता है, सब जगने को होते हैं तो एक चिड़िया, एक रोशनी की चिनगी यकायक पूरब से लाती हुई दिखाई पड़ती है और चिड़िया उड़ जाती है, वह चिनगी लाल गोला के रूप में बढ़ती चली जाती है, सब संध्या के समय आँगन में एक छोटे-से बिरवे के नीचे एक छोटा-सा दिया जलते देखना चाहते हैं क्योंकि उनके भीतर लौ पर लौ है, माँ की, बहन की, भाभी की, पत्नी की, बहू की, बेटी की, सबके प्राणों में एक-सी सौंधी गन्ध है, रोटी की, भात की, नये गुड़ की। इस सबसे अलग भी कोई भारतीयता है क्या, है तो उससे मेरा कोई सरोकार नहीं।

समास और विग्रह के रूप में भारतीय संस्कृति के विश्लेषण में पटु पण्डितों को प्रणाम करता हूँ, वे आर्य द्रविड़ कोल किरात की व्यतीत या जाने कल्पित वास्तविकताओं के पीछे मरे जा रहे हैं। मैं देश के किसी छोर पर जाता हूँ तो देखता हूँ हल वैसे ही चलता है, घर की छाजन वैसी ही होती है, हर घर की देहली वैसे ही भीतर-बाहर को जोड़ती है, दीया वैसे ही जलाया जाता है, फूल वैसे ही तोड़े जाते हैं, वैसे ही लोग पालथी मारकर दायें हाथ से खाते हैं, कौर उठाने के पहले वैसे ही कुछ बुदबुदाते हैं, जैसे किसी से अनुमति ले रहे हों, हम अब विश्वम्भरा के लिए आत्मभरण करें। वही पक्षी सब जगह चहचहाते हैं, उमगाते हैं, हुलसाते हैं, हलराते हैं, गुदगुदाते हैं। इसी भाव से मैं जब-जब भारत के बाहर जाता हूँ तो मुझे अपरिचित तो बहुत कुछ लगता है, पर पराया कुछ नहीं कुछ उल्टा-पुल्टा लगता है, पर ऐसा कुछ नहीं लगता जो अपनाया न जा सके। एक अंग्रेज प्रोफेसर मुझसे विदेश में मिलने आए, पाँच महीनों से अमरीका में थे, मिलने का कारण बातचीत, शुद्ध बातचीत। मैं अचकचाया, एक-सा भोजन, एक-सा वेश, एक ही भाषा और बातचीत नहीं और मुझसे बातचीत, हर तरह से बेगाने आदमी से। मैंने पूछा, क्यों आपको कोई मिला नहीं, बोले नहीं मिला, सबके सब इतने खुले हैं कि बन्द से भी बदतर हैं, खुले समाज का अभिशाप है, भीतर कड़ी गुठली होती है। आपके देश पर हमने शासन किया और मैं जानता हूँ कि अंग्रेजी शासन के प्रति आपके मन में प्रीतिकर भाव नहीं है, पर तो भी यह भी जानता हूँ कि वैर का ही सही, आप रिश्ता तो निभाएँगे, आपसे बातचीत तो हो सकेगी, अकेलापन दूर होगा। पहले तो मुझे अपने ऊपर, अपने जातीय स्वभाव पर हँसी आई कि हमीं सबके अकेलेपन को दूर करने के लिए बने हैं, इसी से हम इतना सहते रहे हैं, अपनी चोट हमने नहीं देखी, बस दूसरों के घाव सहलाते रहे। क्या यह दुर्बलता नहीं,

सबसे घुलना-मिलना, अपनी अलग पहचान बनाने का आग्रह न रखना, अपने को ईश्वर की चुनी हुई सन्तान न मानना, क्या ठीक है, फिर बातचीत हुई, जम के हुई, उन्हें हिन्दुस्तान की चाय पिलाई जो अमरीका में कहीं ही नहीं मिलती है। बाद में मैंने अनुभव किया, नहीं, यह जो समय मैंने दिया, यह गँवाना नहीं हुआ। यह अपने भीतर की रिश्तेदारी की एक नयी पहचान की उजास पाना हुआ। इसका रस वही जानेगा जो इस रस को चख चुका है, सुबह से माँ व्यग्र है, बहुत दिनों बाद बाबू छुट्टी में घर आए हैं, उनके लिए यह बनाना है, वह बनाना है और जो माँ सामने बैठी है, एक-एक व्यंजन परस रही है, बगल में बहन बीजना डुला रही है, घर का काम संभालने वाली महरिन दूर से चुहल कर रही है; उस सीधे-सादे भोजन का स्वाद जिसके भाग्य में नहीं बदा है, वह इस रस का स्वाद क्या समझेगा, जो अपने को परसकर पाया जाता है।

वसुधैव कुटुम्बकम् उसी प्रकार के रस के लिए एक खुला आमन्त्रण है अपने को फटक-बीनकर कूट-पीसकर राँधकर सिझाकर आस्वाद्य बनाने को तैयार हो, आत्मीयता के लिए आत्मदान के लिए तैयार हो तो आओ यह सरबस रस तुम्हारा है यह पूरी वसुधा तुम्हारी है, उस आत्मदान के अमृत मुहूर्त में केवल तुम्हारी है। है, पर कठिन शर्त निजता के स्वर्णपिंजर से पहले निकल तो आओ पंछी !

भारतीय आराध्य शिव का स्वरूप

मुझसे कहा गया कि शिव के स्वरूप पर बोलिए। मुझे याद आया कि शिव की अर्धांगिनी पार्वती ने ही जब कहा—

अकिंचनः सन् प्रभवः स सम्पदां
त्रिलोकनाथः पितृसद्मगोचरः।
स भीमरूपः शिव इत्युदीर्यते
न सन्ति याथार्थ्यविदः पिनाकिनः॥

खुद इतने निरंग और सबको सब सम्पत्ति लुटाने वाले, त्रिभुवन के मालिक पर मसान में ही अड्डा जमाने वाले भयंकर होते हुए भी शिवशंकर कहलाने वाले का यथार्थ स्वरूप क्या है, इसे कोई नहीं जानता। तब मैं कौन 'बापुरो रंक' होता हूँ कि इस स्वरूप के बारे में कुछ कहने का दम्भ भरूँ। बचपन में मुझे पार्थिव शिव का नित्य पूजन वाले अपने दादा की पूजा निकट से देखने का अवसर मिला है। दादा की झोली में बिमौटी से लायी हुई या गंगा की मिट्टी का महीन पूरा महीन चलनी से छान कर रखा रहता था। वे थोड़ा-सा लेते थाली में रखते, धीरे-धीरे शिवमहिम्न स्तोत्र पढ़ते-पढ़ते जल के छींटे देते, कुछ पर उसे फूलों को रख देते, पूजा की सामग्री सजा कर रखते और तब हाथ से सान कर बायें हाथ पर एक पिण्ड लेकर शिव रचते, उससे छोटा पिण्ड लेकर पार्वती रचते, एक पिण्ड से गणेश रचते और इन तीनों के चारों ओर ग्यारह छोटे-छोटे रुद्रों का घेरा बनाते, एक नन्दी रचते, सबके ऊपर अक्षत का एक-एक दाना रखते जाते, महिम्नास्तोत्र पाठ चलता रहता। मैं चार-पाँच वर्ष का बालक एकदम देखता रहा, पूजा के बीच तो पूछ नहीं सकता था, पूजा के बाद पूछकर सबकी पहचान मैंने कर ली थी। यह जो ऊपर नुकीला होता जाता खंभे केआकार का पिण्ड है, बीच में जिसमें एक मुदरी जैसी पड़ी हुई है, शिव है।

यह जो गोल-गोल चिपटी और बीच में उभरी पासानुमा कुछ बनी है, पार्वती है। यह आगे की ओर सूँड़ जैसा कुछ लटकाये पिण्ड खड़ा है, गणेश है।

शिव के ही लघु संस्करण है, ग्यारह छोटे-छोटे पिण्ड, पड़े बेलन की तरह पिण्ड नन्दी है। दादा कुछ देर तक आखें मूंदते थे। मन ही मन कुछ बुदबुदाते थे और अन्त में कहते थे, ऊं प्रतिष्ठ। इसके बाद तो पूरा परिवार वहाँ जाग उठता था, दूध से, जल से अभिषेक होता, चन्दन पुष्प विल्वपत्र अर्पित होते, धूप दीप नैवेद्य चढ़ता, रुद्री के कुछ मंत्रों से स्तवन होता और इन देवताओं में आधार को हिलाकर इन्हें विदा कर देते। मुझे प्रसाद देते, प्रसाद में फल रहता, मेवे रहते और मैं वह थाली लेकर पीपल के पेड़ के नीचे इन पिण्डों और फूल-पत्तों के सम्भार को पधराने भेज दिया जाता। गर्मी की छुटिट्यों में दादा गाँव आते और प्रसाद की तो उदग्र प्रतीक्षा थी ही, दादा कैसे मिट्टी के चूरे से चिकनी इतनी सुन्दर सजीव आकृतियाँ बना लेते हैं, यह समीप से निखारने का कुतूहल भी रहता था। एकाध बार शिवरात्रि के दिन घर में कोई वयस्क पुरुष नहीं था। मुझसे कहा गया कि पार्थिव बनाओ तो मैं याद कर-करके बनाता पर वैसा सुघड़ नहीं बना पाता। आज उस पार्थिव शिव परिवार का स्वरूप स्मरण करता हूँ और एक से एक कमनीय मूर्त्तियों और आकृतियों के दर्शन की स्मृतियों से इस स्मृति को जोड़ता हूँ तो विचित्र-सी सिहरन होती है। दादा की बायीं हथेली पर रची जाती पिण्ड राशि, पंचमुख एकलिंग से, हरिहर से, कल्याणसुन्दर से, केदारेश्वर से, विश्वेश्वर से, नटराज से, अर्धनारीश्वर से, वृषारूढ़ योगीश्वर से, नन्दलाल वसु के रखाई शम्भु से—इन सबसे अलग है। मैंने इसको रचे जाते और विसर्जित किये जाते देखा है। मैंने इसमें प्राण पड़ते और इसमें से प्राण वापिस लेते देखा है। इसको मैंने छुआ है, चन्दन से सुरक्षित पिण्ड की गन्ध मेरे श्वास में भरी है। भारतीय संस्कृति की भी वैसी ही कुछ छाप मन पर है। लोक गीतों के बोलों से, दादा के कण्ठ से निकले स्तोत्रों से, घर में समारोहों पर स्वस्त्ययन के मन्त्रों से, चौरठ, पिसे चावल के घोल से बनायी जाती आकृतियों से।

दादा के मधुर कण्ठ से निकले स्तोत्रों से, भागवत कथा से, वेद मन्त्रों के उच्चारण से, बाबा के मुँह से सुनी रामायण-महाभारत की हजार-हजार कहानियों से और घर की दादी बुआ माँ मौसी चाची काकी दीदी और गाँव की अनेक-अनेक दादी बुआ चाची दीदी भाभी समुदाय के अलग प्यार की अभिव्यक्तियों से ही मैंने अपनी संस्कृति पहचानी है। घर की बुहारू से लेकर दादा के पूजा अनुष्ठान तक प्रत्येक कर्म में मुझे एक ही बात दिखी है, हमारी संस्कृति बड़ी एकाग्र सावधानी माँगती है, एक तिनका जमीन पर पड़ा न रह जाय। एक किनका दाल चावल में पड़ा न रह जाए। एक-एक फूल, एक-एक पत्ती छाट-

छांट कर रखें, कहीं अर्पण के अयोग्य तो नहीं है। एक-एक अक्षर ठीक तरह उच्चरित हो, कहीं कोई क्रम न टूटे। कहीं बीच में विच्छिन्नता न हो, अजस्र प्रवाह चलता रहे, यही तो संस्कृति है और यहीं शिवप्राण प्रतिष्ठित है।

बहुत बाद में पूज्य भैया साहब पंडित श्रीनारायण चतुर्वेदी के निकट सम्पर्क में आया, उन्होंने बतलाया—मेरे पूज्य पिताजी ने एक बार मुझे समझाया था, देखो पढ़ने-लिखने की एक ही कसौटी है कि अपनी दरिद्रता पर गर्व कर सको। अपने पास कुछ नहीं है तो अपने को हीन न समझो, तुम्हारे पास संस्कार है, विद्या है, आचार है, इससे अधिक बड़ी चीज सम्पन्नता नहीं होती है। भैया साहब की वह बात शिवत्व की मेरी अवधारणा से जुड़ कर मन को बहुत आपूरित कर देती है, योग-लिप्सा शान्त हो जाती है। वास्तविक भोग तो वह है कि जो दूसरों को भोग कराके प्राप्त होता है, वास्तविक वैभव तो वह है, जो अपने पास मिट्टी के पात्र ही बचाकर रखता है। मेरी सास बतलाती थीं कि वह जिस बखरी में आई, वह फकीरी बखरी थी, बाबा भोजन करने चलते तो जो भी उस समय दरवाजे पर है, उसे न्यौत देते और कभी-कभी स्थिति ऐसी होती अपने हाथ से भात-दाल का कौर बना कर एक-एक कौर सबको दे देते और अपना हाथ चाट कर तृप्त हो जाते। लोटा लेकर चलते, कोई कहता, बाबा मेरे पास लोटा नहीं है और लोटा दे आते, मिट्टी का पात्र मंगा लेते। यह तब जबकि बड़ी जमींदारी थी। सैकड़ों गायें थीं, हजारों बीघे जमीन थी। हमारी संस्कृति ऐसे ही घरबारी और फक्कड़ शिव की आराधना करती है। शिव की आराधना का अर्थ है तप और ध्यान की आराधना। सदैव संचरण-शील भूतभविन की आराधना, मृत्युंजय विषपायी श्मशानवासी योगीश्वर की आराधना, अर्धांगिनी पर सब घर का भार छोड़कर निश्चिन्त घरबारी की आराधना, घर में कलह हो, कुछ हो, चुपचाप विहंसते रहते भोले बाबा की आराधना, प्रत्येक कला की शिक्षा देने वाले परम गुण की आराधना और 'बावरे नाह' बावले मालिक की आराधना, जिसके दरवाजे पर चले जाइए, आपको सब कुछ मिल जायेगा। ऋद्धि सिद्धि सब पा जायेंगे। शिव की आराधना बड़ी सहज है, एक लोटा जल, कुछ बेल की पत्तियों, कुछ मदार के फूल, धतूरे के फल और बम्-बम् की बोल, शिव प्रसन्न। भारतीय संस्कृति के पास पहुँचना बहुत सहज, अपना यह लोटा यह शरीर माँजिए, धोइए, चमकाइए, इसमें शुद्ध जल भरिये, नदी-मझधार का जल भरिए। जीवन के अजस्र प्रवाह का रस भरिए, संसार के निखिल मादन भाव को इस संस्कृति के आनन्द के आगे अर्पित कीजिए। अपनी इच्छा क्रिया ज्ञान शक्तियों के त्रिपत्री संसार को अर्पित कीजिए। अपने समूचे उन्मनभाव को अर्पित कीजिए। संस्कृति की यही आराधना है, निराकार को आकार देना, आकार को प्राणों का स्पर्श देना,

भीतर का उमड़ाव सब बाहर कर देना, बाहर का उमड़ाव भीतर भर लेना, बौराये हुए संसार का बौराया भाव अपने भीतर कर लेना और भीतर के सारे उन्मादों को विराट् उन्माद के काफिले के पीछे लगा देना, यही तो हमारी संस्कृति है। शिव उसके केन्द्र में हैं और शिव उसके अपने विराट् नृत्य के मण्डलों के घेरे में भी सुरक्षित रखे हुए हैं। शिव उसके स्वामी हैं और शिव उसके आगे भिखारी भी हैं। शिव पिता हैं और शिव ही नंगधड़ंग शिशु हैं, बड़े गम्भीर और ध्यानस्थ और एकदम अबोध और चंचल। इतने ज्ञानी और इतने पागल। हमारी संस्कृति इसी से इतनी सहन होते हुए भी इतनी असम्भव दिखती है, शिव की तरह। शायद सहज होना ही असम्भव होना है, शायद ठहरे हुए मन में भिक्षाटक नहीं टिक पाता, शायद छोटे से मिट्टी के पिण्ड में अपने को आधारित होने वाले ईश्वर पर प्रतीति नहीं होती, ऐसे छोटे मन में जहाँ बड़प्पन का एक आतंक छाया रहता है। बड़ा मन तो होता ही बड़ा है, जब किसी को भी छोटा नहीं मानता। शिव की जितनी कहानियाँ हैं, वेदों में पुराणों में, लोकथाओं में, सब एक से एक अद्भुत, एक से एक मोहक। एक-एक का स्मरण करें तो दिमाग चकरा जाता है। उनके अर्थ का अनुधावन करें तो विस्मय होता है अपनी देशी कारयित्री प्रतिभा पर, कैसे-कैसे रचतो है शिव के ये अद्भुत संसार। चाहे ब्रह्मा के पीछे धनुष लेकर चले महा व्याध रूप रुद्र की कथा हो। स्रष्टा को सृष्टि से आसक्ति क्यों हुई, उस स्रष्टा को आविद्ध करो स्रष्टा के रूप में वह नष्ट हो जाय, स्रष्टा भी सृष्टि न रह जाय, तभी शिवत्व है। चाहे सती की कथा हो, सती की लाश लेकर भूमंडल घूमने वाले उन्मत्त शिव की यात्रा का वर्णन हो, जिसमें सती के अर्थात् जो है, उसके आत्म-उत्सर्ग को कि यदि शिव का मूल्य नहीं तो सती का अर्थ नहीं, शिव का भीषण प्रतीकार हो, खण्ड खण्ड में वह सत होने का संकल्प शक्ति का केन्द्र बन जाय, शक्ति-पीठ बन जाय, चाहे गौरी की कथा हो कि रूप से समाधिस्थ को नहीं जीत पाती तो तप से उन्हें खरीद लेती है और उनके साथ जूटकर सौभाग्य की अधिदेवता बन जाती है, गौरी-पूजन के बिना कोई शुभकार्य होता ही नहीं चाहे, गंगा को जटाजूट में बाँध कर रखने वाले शिव के भगीरथ के तप से प्रसन्न होकर गंगा को मुक्त करने की कथा हो, जिसमें ससुराल का सब सुख भूलकर सिर चढ़ी गंगा के पीछे चोरी से काशी तक दौड़ लगाने और विश्वनाथ बन जाने की कथा हो या चाहे उनके वन-वन गाँव-गाँव दीन-दुखिया की दशा देखने वाले घुमक्कड़ रूप से जुड़ी अनन्त कहानियाँ हों, जिनमें पार्वती कहती है—इस दुखिया को सहारा दो, शिव सहारा तो देते हैं, पार्वती का मन रखते हैं, पर सहारा पार्वती के लिए विपत्ति बन जाता है। वे कहती हैं—अब मुझे इस संकट से उबारो, शिव फिर कुछ करते हैं, पार्वती की जान छूटती है, प्रतिज्ञा करती है मैं अब कभी

भी कहीं कुछ ऐसा दुख दरिद्रता जो होगी, बीच में नहीं पड़ेगी। शिव जानते हैं कि वे बराबर बीच में पड़ेगी, बराबर शिव को लाचार करेंगी और बराबर परेशान होती रहेंगी। संसार ऐसे मोह-छोह के आश्वासन में दुःखदायी होता हुआ भी जीने लायक बना रहेगा। प्रत्येक कथा में मोहकता भी है, और सहज विश्वसनीयता भी। कहानी में अपूर्वता है और स्वाभाविकता भी है।

अपने आराध्य तो ऐसे ही होंगे। आसन मार कर बैठेंगे तो ऐसा लगेगा कि घनघोर वर्षा का जल समेटे बादल एकदम एक जगह जुट कर चुप है, वर्षा का पूरा प्रकल्प सोच रहे हैं, या समुद्र यकायक शान्त हो गया है। एक भी तरंग नहीं उठती, या दीया की बाती एक वायु से सुरक्षित स्थान में एकदम अनझिप जल रही हो···

अवृष्टिसंरम्भमिवाम्बुवाहमपामिवाधारमनुत्तरंगम्।
अन्तश्चराणां मरुतां निरोधान्निवातनिष्कम्पमिव प्रदीपम्॥

और नृत्य के लिए प्रवृत्त हो गये हों तो ऐसे कि सारी गतियाँ विपर्यस्त हो जायें, गति के नियन्त्रक नक्षत्र छितर-बितर हो जाये, जीवन-मरण सब एक दूसरे में ओतप्रोत हो जाय, पहचानना कठिन हो जाय, कौन जी रहा है, कौन मर रहा है। उनचासो पवन नागों की तरह फुसकार उठे, कोई कहीं ठहरा न रहने पाये। सब ताल पर नाच पड़े, सब कुछ उन्मूल हो उठे, सब उदग्र हो उठें कुछ नया घटने वाला है। विपर्यास के त्रास में आनन्द उच्छलित हो लगता है जैसे भवभूति ने ताण्डवश्लोक में कहा। प्रमुदितकटपूतनोत्तालवेतालताल स्फुटित-कर्ण-सम्भ्रान्तगौरीघनाश्लेषि वस्ताण्डवं देविभूयादभीष्टचै दृष्ट्यै च नः।

सारी सृष्टि जब खलबला उठती है तो शिव की सेना के वेताल, अतृप्त आकांक्षाएँ अनबुझी प्यासें एकाएक ताली पीटने लगती हैं, कान फटने लगते है, भय छा जाता है, भयवश गौरी एकदम चिपट जाती हैं और शिव को इस औचक सुख से अपने ताण्डव का साकल्य मिल जाता है। शिव को साकल्य देने वाला यह ताण्डव व्यक्ति के भीतर साकल्य भरने वाला हो। यही महाप्रलयकारी और अपार संचारशाली ताण्डव पतंजलि के नटेश्वर-स्तवन में रूपायित और प्रति-ध्वनित होता है जिसमें तरह तरह के रस, तरह-तरह की झंकार, तरह-तरह के दृष्टि-विक्षेप और उनके साथ तीसरी आँख के जलते प्रकाश का घेरा बनता जाना, सारे आवरणों का खिसक जाना, शिव के शरीर का मात्र चैतन्य रह जाना अद्भुत ढंग से चित्रित है—

सदंचितमुदंचित निकुंचितपदं
झलझलच्चलितमंजुकटकं
पतंजलिदृगंजनमनंजनमचंचलपदं
जननभंजनकरम्।

कदम्बरुचिमम्बरवसं परममम्बुदकदम्बक—
विडम्बकगलं
चिदम्बुदमणिं बुधहृदम्बुदरविं
परचिदम्बरनटं हृदि भजे ।

या फिर ऐसे होंगे कि भस्म रमाये अपने रंग में फाग गाते चले जा रहे हैं, हर एक की ठठोली के पात्र बने हुए । और फिर जहाँ से बात शुरू की वैसे माटी के लोंदे को अपना सलोनापन देते हुए, दादा की हथेली पर शिशु की तरह सँवारे जाते हुए, रचने वाले के हाथ में चुपचाप स्थिर, जैसे चाहो मोड़ दो, जो चाहे पहनाओ-उढ़ाओ और जहाँ चाहे सुला दो । शिव का स्वरूप कहीं ढूँढ़ने की ज़रूरत नहीं । अपने सहज पार्थिव जीवन के रस से सामान्य से सामान्य मिट्टी जैसी चीज़ को सींच दीजिए, उसे ऊर्ध्वोन्मुख कर दीजिए, अपनी समस्त सुषुप्त वासनाओं को चन्दन बनाकर घिसिए, उससे उस वस्तु को सुरभित कीजिए, फूल-पत्ती से ढकिए, अपने रचाये प्रकाश से आलोकित कीजिए, वह अब व्यापार हो तो शिव है ।

मन, वचन, कर्म में सामंजस्य लाओ, उनको शिवमय बनाओ, अपने आस-पास को अपनी दृष्टि से शिवमय बनाओ । शिव तुम्हारे ही प्राणों के भूतभावन उच्छ्‌वास हैं । तुम्हारी धरती के ऊर्ध्वंग रूप हैं, तुम्हारी ही वाणी के सहज रूप हैं और तुम्हारे भीतर बसी अनुगूँजों के माधुर्य हैं, तुम्हारे आस-पास के ही दृश्य रूपी सम्भार की विभूति है । भारतीय महाजाति के मन में ये ही शिव अपने ही समग्र अखण्ड रूप बनकर बसे हुए हैं, इन्हें पाना है तो पहले मा की कृपा मा का स्नेह पाना होगा या वह अपनी हो, दूसरों की हो मा होने वाली हो, अपनी जन्मभूमि हो, उन दूसरों की जन्मभूमि हो, जो दूसरे दूसरे लगते नहीं, वह मा जगदम्बा का कोई भी रूप हो, सीता हो, राधा हो, पार्वती हो, दुर्गा हो, सरस्वती हो, अपनी वाक्-परम्परा हो, अपनी कला-परम्परा हो, उसके स्नेह की पात्रता ही शिव का सान्निध्य देती है । शिव एकाएक गली के मोड़ पर मिल् जायेंगे, या अगर लेशमात्र भी कृपा कर दें, हमें अपने साहित्य अपनी कला, अपने जीवन दर्शन में डूबने से कहीं एक क्षण भी लगे कि हम इसके हैं, उसी क्षण शिव बाबा खप्पर लिये खड़े दिख जायेंगे—लाओ दो अपना अहंकार इस खप्पर में और हमारे अहंकार के समेत हमको उस खप्पर में डाल देंगे, सपने जैसा ही सुख सही पर वह सुख समूचे अस्तित्व को झंकृत कर जायेगा, आप्लावित कर जायेगा, आलोकित कर जायेगा ।

10
भारतीय आराध्य शिव के नाम

शिव के नाम गिनाने की बात ही कुछ छोटी है। तन्त्रों में कहा गया है कि जगत् का ज्ञान पाँच प्रक्रियाओं से बना है। अस्ति, भाति, प्रियं, रूपम् और नाम। अस्ति अर्थात् सत्ता का सत्व, भाति अर्थात् सत्ता के साथ सम्बन्ध का ज्ञान, प्रियं, अर्थात् सत्ता के आकर्षण का ज्ञान, रूपम् अर्थात् सत्ता के स्पष्ट आकार का ज्ञान और नाम अर्थात् सत्ता के आकार को अमूर्त नाम देने की प्रक्रिया। पहली तीन प्रक्रियाएँ शक्ति हैं और चौथी-पाँचवीं रूप-नाम शिव हैं। दूसरे शब्दों में नाम-रूप में मात्र शिव है। अब नाम रूप के क्या नाम हैं। तो भी भक्त का तो आधार ही नाम है। ध्यान का आधार ही रूप है, भक्त और ध्यानी नाम रूप देंगे ही। भारतीय साधना के ही भक्ति और ध्यान दो पक्ष हैं, उस साधना ने शिव को अनेक नाम-रूपों में साधा है। उनमें से कुछ की ही चर्चा यहाँ की जायेगी।

उनका बड़ा पुराना नाम रुद्र है। रुद्र का अर्थ है लाल, दूसरा अर्थ है रोने वाला, दोनों की दशा में यह सृष्टि के मनोवेग का ही रूप है। रुद्र ब्रह्माण्ड के अहेरी हैं, उन्होंने मृग के रूप में भयवश दौड़ते ब्रह्मा का आखेट किया और उस मृग का सिर ही कट कर मृगशिरा नक्षत्र बन गया। उन्होंने यह सहन नहीं किया कि रचनेवाला अपनी रचना पर आसक्त हो, इसी से रचने वाले का मस्तक या अहंकार काटकर अलग कर दिया और शरीर को बना दिया सन्ध्या, ध्यान की वेला। जो अहेरी होगा वह जंगल में विचरण करेगा ही और जंगली पशुओं को अपने वश में रखने वाला होगा, वह पशुपति होगा ही। शिव का दूसरा प्रसिद्ध नाम है पशुपति, पशु अर्थात् सहज आवेग, मन की उद्दाम आकांक्षाएँ, पशुपति इनको पाश से बाँधकर रखते हैं। या यों कही आवेगों का बवंडर, आकुल प्राणों का व्यापार पशुपति के डेरे पर आकर शान्त हो जाता है। पशुपति अहेरी के पास धनुष होगा ही होगा, पशुपति के

धनुष का नाम ही अलग है, पिनाक, दूसरा नाम है अजगव। बड़ा पुराना धनुष है। इससे उनका नाम पिनाकी है। अहेरी की वेशभूषा भयंकर होती है, कौड़ियों और कपालों की माला पहनते हैं, वे कपर्दी और कपाली कहे जाते हैं। कपाल का अर्थ खप्पर भी है, हाथ में खप्पर लिये घूमते रहते हैं। जहाँ-जहाँ भय है, वहाँ-वहाँ भय को भगाने वाले भूतनाथ पहुँचे रहते हैं। ऐसे के साथ चलेंगे भी कितने भूत-प्रेत, बेताल, जीवन की अतृप्त आकांक्षाएँ, भरी हुई वासनाएँ और पूरा जुलूस सामने आ जाए तो मूर्छा आ जाए। बिचारी सास के हाथ से परछन की थाली ही गिर पड़ी, हिमालय के यहाँ खलबली मच गई, जाने कैस दूल्हा गौरी को ब्याहने आया है। पर जो जंगली पशुओं को, पाशविक वृत्तियों को, प्रेतों को, जीवन की अतृप्तियों को शरण देता है, वह कृपालु तो हो ही जाएगा, उसके मन में सबका कल्याण सबका हित करने का भाव होगा ही, सबका उद्धार वह करना चाहेगा ही, वह मृड होगा, मृड का अर्थ है कृपा करनेवाला। कुछ अधिक ही कृपा करने वाला, इतनी कि बिचारे विधाता सिर ठोंक लें और उनकी अर्धांगिनी पार्वती से कहें—बावरो, रावरो नाह भवानी, यह अधिकार सौंपिये औरहि भीख भली मैं जानी, यह सृष्टि चलाना मेरे बूते की बात नहीं, इतने बावरे हैं तुम्हारे पति कि इन्हें सम्पत्ति का मूल्य ही नहीं मालूम, किस-किसको सम्पत्ति लुटा देते हैं। ऐसे देवता को अकेले छोड़ना बड़ा खतरनाक है, इसलिए ऋषियों, मुनियों देवताओं ने कुछ ऐसी युक्ति की कि हिमालय की बेटी के मन में संकल्प हो गया कि मैं इस अकेले घूमने वाले को ही वरूँगी। बड़ा तप किया और महान् तपस्वी, महान योगीश्वर, भूतनाथ पार्वती के तप के वशीभूत हो गए। ऐसे कि पार्वती आधा अंग हो गई, वे अर्धनारीश्वर हो गए, 'इ' की मात्रा, शक्ति लग गई तो शव शिव हो गए। पार्वती या शक्ति के साथ सामंजस्य ही शिवरूपता है। जो शिव होता है, वह शंकर होता है, शम् अर्थात् कल्याण करता ही करता है। यहीं नहीं वह शम्भु भी होता है, शम् कल्याण की संभावना और भावना भी होता है, वह कल्याण करने वाला है तो कल्याण होने वाला भी है। लोग शिव शंकर, शिव-शम्भू कहकर उनको दुगना मंगलमय बना देते हैं।

ऐसे शिव में पाँच-पाँच पक्ष सन्निहित हैं, एक पक्ष दाहिनी ओर भयानक, भैरव पर अघोर, दूसरा पक्ष है सुन्दर, वाम और बीच में सहज सद्योजात, पीछे है तटस्थ निर्विकार तत्पुरुष और ऊपर की ओर देखने वाला है, सबका स्वामी ईश या ईशान। इन पाँच पक्षों को पूरा देखें तो पंच परमेश्वर बन जाते हैं। अघोर भैरव, सद्योजात, वामदेव, तत्पुरुष और ईशान रूप, आगे से देखें तो तीन ही दिखते हैं, ईशान रूप तो अव्यक्त रहता है, छिपा रहता है, शिव अपनी प्रभुता छिपाये रखते हैं, तब वे त्रिमूर्ति ही दिखते हैं जैसा कि एलीफंटा की गुफा

में बम्बई के पास शिल्पित है ।

ऐसे साधक शिव में अन्तर्दृष्टि जाग्रत् होती है, वही उनका तीसरा नेत्र बन जाती है, वे त्रिलोचन हो जाते हैं वह तीसरी दृष्टि मुंदी ही रहती है, तभी खुलती है जब सब जीर्णशीर्ण हो जाता है। कुछ नई सृष्टि की भूमिका के लिए सब कुछ जो पुराना है उसे भस्म कर देने वाला क्षण आता है । उस तीसरी आँख के ऊपर है चन्द्र की अमृता कला। शिव ने अपने को शक्ति के हाथों अर्पित करके और विश्व का समूचा जहर पी के अमृता कला पाई है, सोम तत्व का निचोड़ पाया है, इसी से वे चन्द्रमौलि हैं, कलाधर हैं, चन्द्रचूड़ हैं । और इसी से वे रस-प्रवाहिनी गंगा के वाहक हैं । गंगाधर गंगा उनके जटाजूट में छिपी रहती हैं ।

एक ओर वे रावण-वाणासुर जैसे प्रबल राक्षसों के आराध्य हैं, दूसरी ओर देवों के महादेव हैं । एक ओर वे कैलाशनाथ हैं, दूसरी ओर महाश्मशानवासी काशीनाथ हैं । एक ओर नंग-धड़ंग दिगम्बर हैं, भिखमंगों की भंगिमा में रहते हैं दूसरी ओर वे भव-विभव के स्वामी परमेश्वर हैं, भव हैं। पर इन सब नामों से प्यारा नाम है भोलानाथ । भोला-भोलेनाथ, भोलानाथ कहकर जब हम पुकारते हैं तो हमारे मन में बड़ा विश्वास रहता है, वे तुरन्त रीझ जाएँगे, वे आशुतोष जो हैं, अवढरदानी जो हैं। हाँ भोले हैं, इसलिए उन्हें पाने के लिए भोला होना पड़ेगा, बोध का अहंकार काट करके उनके सामने जाना होगा। अपने भीतर विश्व-भर की ममता जगानी होगी, तभी हम भोले बाबा के पास पहुँच सकेंगे ।

यही शिवरात्रि का सन्देश है कि व्यवहार में बनावटीपन छोड़ो, छल-कपट का त्याग करो, सरल-सीधे बनो, करुणामय बनो, अपने शरीर को साधन-धाम बनाओ, अपने को बालक-रूप में प्रस्तुत करो, सहज बनो, विश्वासी बनो, तभी तुम शिव के हो सकोगे, शिवमय हो सकोगे । ओम् नमः शिवाय च मयो-भवाय च नमः शंकराय च मयस्कराय च नमः शिवाय च शिवतराय च ।

11

भारत में मातृदेवी की प्रतिष्ठा

मेरे गाँव के दक्खिन कालीमाई का थान था। नीम की घनी छाँह में मिट्टी की दीवालों से बनी छोटी-सी कोठरी थी, कोठरी के ऊपर खपरैल पड़ी हुई थी और कोठरी में मिट्टी के हाथी-घोड़े विराजमान थे। देवी की कोई मूर्ति नहीं थी। देवी की मूर्ति प्रायः ग्राम-मन्दिरों में नहीं होती, हाँ हाथी-घोड़े जरूर रहते हैं, वे भी अधिकतर मिट्टी के। कहीं-कहीं मूर्ति मिट्टी की मिल जाती है। पुराने खंडहरों में सबसे अधिक मिट्टी की मूर्तियाँ मातृ-देवी की ही मिली हैं। शरद् और वसन्त के नवरात्रों में कालीमाई का थान धूप से गमक उठता था, मालिनें फूलों के छोटे-छोटे रथ बनाकर लातीं, लोग देवी को चढ़ाते, देवी रथ पर घूमने निकलेगी। नई फसल तैयार हुई हैं, देखेंगी कैसी उतरी है। किसी के यहाँ कोई शुभ कार्य होता तो कालीमाई के स्थान पर माथा टेकने जरूर जाता और गाँव में महामारी आती, सूखा पड़ता, कोई भी विपदा पड़ती, माई का स्थान जाग उठता। वैसे थान सूना पड़ा रहता, सेवइत (सेवक) माली पूजा का कुछ उपचार कर देता, पर रोज-रोज उसमें पूजा नहीं होती थी। आजकल शहरों में दुर्गापूजा का बड़ा जोर है, एक-एक मोहल्ले में दो-दो दुर्गापूजा कमेटियाँ बन जाती हैं, चन्दा उगाहा जाता है, मोटर-रिक्शा रोककर उगाहा जाता है और एकाएक ऐसे साधक भक्त पैदा हो जाते हैं, जो एक पखवारा क्या एक महीने तक बस देवी की मूर्ति बनवाने, शामियाना लगवाने, लाउडस्पीकर लगवाने, कीर्तन कराने और भक्तों को आकृष्ट करने के लिए फिल्मी रिकार्ड बजवाने से लेकर देवी की मूर्ति धँसाने तक इतने पागल रहते हैं कि लगता है हमारे धर्मप्राण देश में धर्म का ज्वार आ गया है। पर इसके बाद सब यथावत् हो जाता है, सिर पर से देवी उतर जाती हैं और संसारी काम-धन्धों में साधक लग जाते हैं, उनमें से काफी लोग ऐसे होते हैं, जिन्हें निशापूजा की सिद्धि प्राप्त हुई रहती है और दिन सोने, रात जगने और शक्ति-अर्जन करने में ही

वे बिताते हैं, उनके धन्धे रात के धन्धे होते हैं। यह सब देखकर मुझे कभी-कभी लगता है कि मैं नास्तिक हो गया हूँ या फिर कहीं हमारे देश के धर्माचार में कुछ गड़बड़ी आ गई है—

दुर्गासप्तशती के पाठ में जब-जब यह पढ़ता हूँ :

गर्ज गर्ज क्षणं मूढ़ मधु यावत् पिबाम्यहम् ।
मया त्वयि हतेऽत्रैव गर्जिष्यन्त्याशु देवताः ॥

(मूर्ख क्षणभर गरज ले, जब तक तुम्हारा सारा अहंकार, मद, मोह इस प्याले में भरकर मैं पी रही हूँ। इसके बाद तो मेरे हाथों तुम्हारा बध होते ही, देवता गरजेंगे।)

तब-तब मुझे लगता है कि देवी मुझे सम्बोधित कर रही है, मैं तुम्हारा दम्भ, तुम्हारा ढोंग प्याले में भरकर पी रही हूँ, तब तक तुम अपने को नियामक समझो या विद्वान् समझो, पर ज्यों ही मैं तुम्हारा अहंकार पीकर उठूँगी तुम्हारे भीतर के मतवाले भैंसे को एक वार से काट डालूँगी और तुम्हारे भीतर के डरे हुए, सहमे हुए देवता गरजने लगेंगे। मुझे लगता है कि मैंने अपने देवत्व को कुचल दिया है, मेरा आसुर-भाव प्रबल हो गया है। आसुर-भाव बराबर प्रबल रहता है, पाप हमेशा तेजी से बढ़ता है, अधर्म धर्म के ऊपर पहली मार में भारी पड़ जाता है, क्योंकि यह सब अहंकार की शक्ति का प्रताप है। आदमी का अहंकार बड़ी शक्ति है, पर वह शक्ति मा नहीं है, वह मा का पेय है, वह मा का लक्ष्य है और माँ का खप्पर बराबर खाली होता रहता है, बराबर भरता रहता है। मा अहंकार को स्फीत तो होने देती है, पर उसे नष्ट किए बिना रहती, क्योंकि वह मा है, पुत्र को मोहपाश में बाँधती है, घेरती है कि पाश का दुःख जान जाए और तब उस पाश को काटती है।

मुझे याद है, पंडित कमलापति जी त्रिपाठी से 1977 के सत्ता के हस्तांतरण के तीसरे दिन दिल्ली से एक विमान-यात्रा करते हुए मैंने प्रश्न पूछा—पण्डित जी, आपको इस हार से कैसा लगा? पंडितजी गम्भीर हुए, फिर थोड़ा मुस्कराए, बोले—"देखो, मैं तो मा का उपासक हूँ, यह देखता हूँ कि मा सारे पाप क्षमा कर देती है, सारी त्रुटियाँ सुधार देती है, पर पुत्र का अहंकार, मद बर्दाश्त नहीं करती, इसका नाश अवश्य करती है। हम लोगों को सत्ता का मद हो गया था, उसका नाश अवश्यम्भावी था, हुआ और अब हमें विवेक से काम लेना चाहिए, पर देखता हूँ कि अब बहुत-से साथी एक-दूसरे को दोष देने में ही लगे हुए हैं, यह नहीं समझने की कोशिश करते कि विनम्र भाव से राजनीति में फिर एकजुट होकर लगना चाहिए, हम तभी शक्ति संचित कर सकेंगे।" पंडित जी की उस बात ने मुझे बहुत छुआ कि पराजय को इस सहज

ढंग से लेना बिना मा की कृपा के सम्भव नहीं है और मैं उनसे शायद साल में तीन-चार बार ही एकाध मिनट के लिए मिल पाऊँ, पर उनसे मिलना प्रीतिकर और स्फूर्तिकर लगता है। उनसे मिलकर लगता है कि मा का होने का अर्थ होता है, सहज क्षमाशील होना, स्निग्ध होना और शुभ होना। मा के रूप की कई तहें हैं—सबसे ऊपर वाली तह काली है, महा डरावनी, शवासना, रक्तपायिनी, खड्गधारिणी, व्योमकेशिनी। फिर बीच वाली लाल है, जपा के पुष्प की तरह, कमलासना, एक हाथ में मन का इक्षुकोदंड धारण करनेवाली, दूसरे के सहारे पाँच तन्मात्राओं (रूप, रस, गन्ध, स्पर्श, शब्द) के वाण उस धनुष से निरन्तर छोड़ती रहनेवाली, तीसरे हाथ मे राग और आसक्ति के पाश लिये और चौथे में क्रोध का अंकुश लिये चैतन्य के दीपित अग्निकुण्ड के बीच स्थित महालक्ष्मी का रूप है। सबसे भीतरी तह श्वेत है, श्वेत पद्मासना, अक्षमालाधारिणी, वीणावादिनी सरस्वती का रूप है। पर तीनों असुरनाशिनी हैं। महाकाली अपनी ओर से नहीं मारती, जिसे मारती है, उसी से कहला देती हैं, मुझे मारो, महालक्ष्मी स्वयं वध करती है, महासरस्वती अनेक रूपों में विभक्त होकर फिर सबको समेटकर नाश करती हैं, पर साथ ही उन असुरों को जो भागने लगते हैं, पाताल में रहने का अभयदान देती हैं। एक बात में महाकाली और महासरस्वती समान हैं, महाकाली और महासरस्वती दोनों महान असुरों का नाश करती हैं। वे दोनों संशय के द्वैत का नाश करती हैं, महालक्ष्मी शुद्ध अहंकार का। सशय का पहला द्वैत विष्णु के कान के मल से उद्भूत होता है। दूसरे शब्दों में, असद् वाणी के निनाद से उद्भूत होता है। एक का नाम मधु है, मिठास, छल की मिठास। दूसरे का नाम कैटभ है, उसमें कीड़े की तीखी चुभन है, पर दोनों ही असाधु असत् वाणी के रूपान्तर हैं। आदमी झूठी, पर मीठी-मीठी बात करता है, वह अच्छी या कड़वी, पर सच्ची बात करता है, वह अच्छी या दोनों ही असत् है, दोनों में ही कुछ खोट है। दोनों ही सृष्टि के धर्म के अवरोधक हैं। महासरस्वती शुम्भ और निशुम्भ का वध करती है। दोनों ही ज्ञान के आवरण हैं। दोनों सोचते हैं कि हमीं को यज्ञभाग मिलता है क्योंकि देवताओं को हमने परास्त कर दिया है, दोनों समझते हैं कि संसार-भर के सुंदर रत्न हमारे उपभोग्य हैं।

एक मन में उपभोक्ता भाव रखता है, एक नियन्ता भाव रखता है। शुम्भ नियन्ता है, निशुम्भ उपभोक्ता है। देवी दोनों भावों को नष्ट करती हैं, वह उस रक्तबीज का भी नाश करती हैं, जो इन आवरण शक्तियों का सहायक है, जिसे आज आटोमेशन कहा जाता है, बिना मनुष्य की सहायता से कार्य-सम्पन्न करने की क्षमता कहा जाता है, वह विशाल यन्त्रजाल है, उसे तोड़ने पर दूसरा यन्त्रजाल खड़ा हो जाता है, इस यन्त्रजाल की शक्ति तब टूटती

है, जब महाकाली इसके रक्त को पीती रहती है, खण्डित काल में यह टूटता है, बढ़ता जाता है, पर अखण्ड काल के ग्रास में यह प्राणहीन हो जाता है।

रूपक की भाषा में मैं बह गया, पर मैं बात अभी भी अपने गाँव के काली थान की करना चाहता हूँ, जिसके लिए चन्दा भी नहीं उगाहा जाता, जिसके पाइक (अर्चक) प्राय: निचली जातियों के लोग हैं, जो हिन्दुस्तान की ही नहीं पूरी धरती की आदि-शक्ति हैं, जो इन्द्रियों की अधिष्ठात्री हैं, जो इन्द्रियगोचर जगत् में अभिव्याप्त हैं, फूलों के रथ पर जिसकी सवारी निकलती है, जो मनुष्य की अपने परिवेश से जुड़ने की आदिम आकांक्षा है, उसमें प्यार है, भय है, आशा है और पूर्ण समर्पण है। काली का काम काटना है, तोड़ना है, अच्छी तरह पैरों से रौंदना है, ठीक उसी तरह जैसे कुम्हार का काम मिट्टी को काटकर निकालना, तोड़ना, महीन चूर्ण बनाना फिर पानी में सानता और रौंदता है। इसके बाद वह मिट्टी जी उठती है, हाथ लगाते ही आकार ग्रहण करने लगती है और ताप में सिकते ही महकने लगती है, फिर काली उसे रंग देती है, चमक देती है। वह मनुष्य को रूप, रस, गन्ध, स्पर्श के सम्भार से अलग करती है और उसके भीतर से एक ऐसे मनुष्य को गढ़कर निकालेती है, जो रूप, रस, गन्ध, स्पर्श को छोटी आसक्ति रूप में नहीं, महाआसक्ति के रूप में ग्रहण करता है और ग्रहण करते ही वह मिट्टी की छोटी-छोटी दीवाली की घण्टी की तरह टुनटुना उठता है। हमारे गाँव का संस्कार जीवन के स्वीकार का संस्कार है, वह मृत्यु को भी जीतने की ही एक कसौटी मानने वाला संस्कार है। आदमी की मृत्यु कैसी थी, इसी से लोग पूरा जीवन आँक लेते हैं, क्योंकि मृत्यु के द्वार पर आदमी जीवन का साक्षात्कार पूरी वास्तविकता के साथ करता है, पूरी निस्संगता के साथ करता है। और, मृत्यु जीवन का सायंकाल नहीं, प्रभात है। सूर, तुलसी सभी सबेरे द्वार पर पहुँचते हैं। निराला भी नैश अन्धकार पथ पारकर प्रात: जननी के द्वार पर पहुँचते हैं। यही नहीं, वे मृत्यु के आमने-सामने लीला के संवरण का पूरा साक्षात्कार करते हुए बात यही करते हैं—पुन: सबेरा एक बार फेरा है जी का। काली या दक्षिण की मारियम्मा की संकल्पना जीवन के इसी रूप की कल्पना है, क्षण-क्षण पूरा विनष्ट करने वाला, क्षण-क्षण नया सर्जन करनेवाला। हमारी भाषा में काल और कला एक ही धातु के बने हैं। न कला जीवन के परे है, न काल, दोनों जीवन में समाहित भी हैं, जीवन को आलोकित भी किए हुए हैं।

अब यहीं रोकने वाले हाथ थाम लेंगे। शास्त्री जी, गाँव का आदमी आप की यह तत्त्वज्ञान बूझनेवाली भाषा बोलता-समझता भी है ? और समझता है तो इतने अन्धविश्वासों में, इतने घोर अकर्मण्य नियतिवाद में इतना लिपटा हुआ क्यों है ? क्या काली-पूजा भूत-प्रेत पूजा के स्तर की ही निकृष्ट मान-

सिकता नहीं है ? इसका उत्तर आपके पास है ?

इस प्रश्न के उत्तर में प्रतिप्रश्न भी कर सकता हूँ कि प्रगतिशील समाज के धरोहरी तन्त्र-मन्त्र में क्यों पड़े हैं, कुर्सी की रक्षा के लिए, चुनाव में जीतने के लिए हल्दी की माला से बगलामुखी के जाप के अनुष्ठान क्यों हो रहे हैं ? पर मैं इन प्रतिप्रश्नों की ओट नहीं लूँगा। मैं जानता हूँ कि महामाया ज्ञानियों के चित्त को भी ममता के आवर्त्त में झोंकती रहती है, तरह-तरह की आकाँक्षाएँ ममताएँ उठती हैं, भ्रान्तियाँ होती हैं, मोह होता है। यह सब महामाया की ही शक्ति का प्रस्फुरण है। अधर्म का मोहावेश हर एक संस्कृति की प्रकृति में निहित है, या और स्पष्ट कहें इस मोहावेश के ऊपर, इस जड़ता के ऊपर, इस शव के ऊपर ही देवी समासीन हैं। पर जड़ता तक ही जिसकी दृष्टि जाती है, उसे मैं देवी की उपासक नहीं मानता। मैं उसे देवी का उपासक मानता हूँ जो जड़ता का तिरस्कार नहीं करता, उपेक्षा नहीं करता, जड़ता को तोड़ना चाहता है, पर जड़ता की वास्तविकता में ही चैतन्य की सम्भावना निहित देखता है। और बिना पक्षपात के कह सकता हूँ कि गाँव का आदमी जिस भाव से देवी के गीत गाता है वह अधिक सच्चा है। वह गीत गाते समय अनुभव करना चाहता है कि वह गाँव की भाषा जिसमें गीत गाया जा रहा है, अपने आपमें साक्षात् देवी है, चैत में नये फूले नीम की टहनी की गन्ध देवी है, अगरुधूप देवी है, दीप का आलोक देवी है और हुड़के और नगाड़े का आरोही स्वर देवी है। इस देवी के आगे छोटा-बड़ा हरेक वर की आकांक्षा रखता है, पर आकांक्षा जिस व्यक्तित्व में उठती है, वह व्यक्तित्व छोटा नहीं होता। वह व्यक्तित्व न ब्राह्मण होता है, न शूद्र, न हरिजन, वह न हिन्दू होता है न मुसलमान, वह निरा बालक होताहै, लाड़-प्यार का आकांक्षी। उसे गुड़ की डली मिलती है या लालीपाप, महत्त्व इसका नहीं, महत्त्व इसका है कि माँगनेवाला किस अधिकार से माँग रहा है। बच्चे के अधिकार से माँगने की क्षमता किसमें अधिक है, यह कभी तुलना करने बैठें तो पता चलेगा, मेरे अर्थात समूचे भारत के गाँव की तथा-कथित अबोध अन्धविश्वासी जड़ जनता में कहीं अधिक है। वह कोई वादी होकर देवी के थान के पास नहीं जाता, न जड़ होकर जाता है, ठीक उलटे इस भाव से जाता है कि मैं जैसा हूँ, तुम्हारा बालक हूँ तुम्हारी बालिका हूँ; और मैं तुम्हें माँ जानकर तुमसे लड़ने आया हूँ, तुमने मेरी उपेक्षा क्यों कर रखी है। अद्वैतवाद के प्रवर्त्तक आद्यशंकराचार्य ने भी अनुभाव किया, "सोहं" के अनुभव के परे एक अनुभाव है, मा की गोद में शिशु, सचेत शिशु होने का, ऐसा शिशु होने का जो पूछे—

मायाहस्तेर्पयित्वा भरणकृतिकृतेमोहमूलोद्भवं मां
मातः कृष्णाभिधाने चिरसमययुदासीनभावं गतासि।

कारुर्ण्यकाधिवासे सकृदपि वदनं नेक्षसे त्वं मदीयं
तत्सर्वज्ञे न कर्त्तुं प्रभवति भवती किं नु मूलस्य शान्तिम् ।।

(मा कृष्णे, मैं मोह के मूल में पैदा हुआ और तुमने लालन-पालन के लिए माया नामक धाय के हाथ सौंप दिया, सोचा भी नहीं कि दूध के नाम पर यह मीठा जहर पिलाएगी और तुम मेरी ओर से उदासीन हो गयीं। लोग कहते हैं, तुम करुणा की खान हो और अपने बच्चों का एक बार मुँह तक नहीं देखना चाहती? छोड़ो, करुणा की बात झूठ है, पर तुम सर्वज्ञ तो बनती हो न, तो अपने बच्चों की मूल-शान्ति का उपाय भी तुम्हें नहीं मालूम है?)

शंकराचार्य का यह उपालम्भ कितना सचेत और कितना अबोध है। इससे शंकराचार्य का ज्ञान भी दीपित होता है, और एक महाभाव भी। गाँव के देवी गीत में कैसी सचेतता है, यह इस छोटे-सेगीत में प्रतिध्वनित है—

महिमा अमित तुम्हारी भवानी मैया
बेला की कलियाँ कइसे चढ़ाई
भवरन ने डारी है जुठारी।
दूध-बतासा कइसे चढ़ाई
बछरन ने डारी है जुठारी।
मेवा मिठाई कइसे चढ़ाई
बलकन ते डारी है जुठारी।
चुनरी पियरी कइसे चढ़ाई
पनिया ने डारी है जुठारी।
अपने के मैया कइसे चढ़ाई
अगिया ने डारी है जुठारी।

(भवानी मैया, तुम्हारी महिमा अमित है, तुम्हें चढ़ाना चाहती हूँ, अनछुई टटकी बेला की कलियाँ। पर उन्हें भौंरों ने जूठा कर दिया है। तुम्हें चढ़ाना चाहती हूँ दूध-बतासा, दूध बछड़े नें जूठा कर दिया है। मेवा-मिठाई चढ़ाऊँ तो कैसे चढ़ाऊँ उसे बच्चे ने जूठा कर दिया है? चोली-चुनरी कैसे चढ़ाऊँ, उसे भिगोने वाले पानी ने जूठा कर दिया है? अपने को चढ़ाना चाहती हूँ, पर मुझे विवाह की आग ने, जीवन की आग ने, लालसाओं की आग ने जूठा कर दिया है। प्रत्यग्र कुसुम, प्रत्यग्र गन्ध, प्रत्यग्र नैवेद्य कहाँ पाऊँ?)

मा प्रत्यग्रता माँगती है, नित्य नूतनता माँगती है, अनाघ्रातता माँगती है, निश्शेष आत्मीयता माँगती है। कहाँ मिले, हाँ मा, यह सब हो जाए, बेला की कली हो जाए, भौंरा हो जाए, दूध हो जाए, बछड़ा हो जाए, मेवा हो जाए, मेवा जुठानेवाला बालक हो जाए, रंगीन चुनरी हो जाए, पानी हो जाए, रंग हो

जाए, मेरा शरीर हो जाए, मेरे शरीर की आग हो जाए, तब मैं चढ़ूँगी, मैं चढ़ाऊँगी।

यह सम्भव तभी होगा जब एक लम्बी रात की राह पर चले, उपलों में कमल का स्पर्श पाए, एक के बाद एक दूसरा उच्चतर कमल होता जाए, कंटकों में मनोदृष्टि से प्रभात की अदृश्य दिशा की ओर देखता रहे, चलता रहे, निश्शब्द, निस्तन्द्र, हाथ में अपने अहंकार के दशशीश लिये, कंठ में कण्ठभेदी नाम लिए—दुर्गे, दुर्गे। और इसके लिए होना चाहिए जीवन में रस, सम्पूर्ण जीवन में अविच्छिन्न विश्वास। उस सम्पूर्ण जीवन में ऐन्द्रिय जगत् भी है, मन भी है, बुद्धि भी है, अहंकार भी है, आत्मा भी है, विश्व भी है, विश्वात्मा भी है। मा अपने बच्चों को एकदम भाव-शून्य नहीं देखना चाहती है, बच्चा चिड़िया से चुहल करे, चाँद से बतियाए, साँप से खेले, बाघ के दाँतों में अँगुली डाले, धूलि में लोटे, पूरे संसार को तटस्थ दर्शक के रूप में नहीं, अपने घर के रूप में देखे, अपने विश्वगृह के रूप में देखे।

क्या यह अन्धविश्वास है ? क्या यह भावोन्माद है ? क्या यह जड़ता है ? कैसे कहूँ कि गाँव की काली की सवारी गाँव के छोटे से मनोरथ के रथ पर नहीं निकलती और सुबह की रोशनी उस रथ का पथ प्रशस्त नहीं बनती ?

12
भारतीय पर्व : रामनवमी

राम के नाम के बारे में तुलसीदास जी ने कहा कि "राम कौ नाम सु आपनौ सु घरु है," राम का नाम अपने घर-जैसा है। आदमी कहीं बाहर चला जाता है, जिन्दगी की भाग-दौड़ में थककर चूर होने लगता है तो उसे घर की तलब होती है, घर चलें, घर सब थकान हर लेगा। सारी चोटों पर मरहम लगा देगा। घर में कोई भय नहीं होगा कि कोई छल करेगा। घर में कोई पराया नहीं होगा। राम का नाम भी घर का ही प्रकार है। राम का नाम लेते ही बड़ा भरोसा हो जाता है कि कलि-से छल-से दुराव-से त्रास नहीं भोगना पड़ेगा, कोई भय नहीं होगा। संशय के घिराव नहीं होंगे। एक खुला द्वार होगा। आओ, यहाँ सब अपने हैं। यहाँ कोई बनावटीपन नहीं है। बस, अपने से कहो कि सहज अनुभव करे, सब सीधे लगेंगे। यहाँ नेह-छोह, क्रोध-मान, राग-द्वेष जैसा भी सामने है, ओट में कुछ नहीं है। इसलिए कोई घबराहट नहीं है, कोई हड़बड़ी नहीं है। विश्राम है, सकल श्रम की सार्थकता है। जो पाया, जो खोया, सब राम को दिया। तो सुख मिला कि घर को अपनी कमाई सौंप दी। राम का नाम लेते ही आदमी बाहरी नहीं रहता, घर का न हो तो भी।

राम का एक अर्थ है, जिसमें मन रमे। दूसरा है मन रमानेवाला। मन न रमता हो तो भी उसे रमानेवाला। तीसरा अर्थ है, मन का ऐसा रमना—ऐसा रमना कि मन का मन न रहना, रमना हो जाना। पानी में नमक की तरह घुल जाना। पानी का आवाँ से उतारे नये घड़े में जज़्ब होना। वर्षा की तपती हुई धरती में समाकर उसकी सोंधी गन्ध बन जाना। इसलिए राम के पास पहुँचते हैं या न भी पहुँचते हों, राम के पास पहुँचने की सोचते हों तो भी हम राम के होने की सिहरन अनुभव करने लगते हैं और तब हम सबके होने लगते हैं। तब अब तक जो पराए थे उनके भी होने लगते हैं। राम का आविर्भाव चैत की उजली दुपहरी में होता है। इसलिए राम के होने का आविर्भाव होता है तो मन में खुलापन

होता है। राम का होकर बन्द कैसे रहा जा सकता है, खुलना ही पड़ेगा। राम में पंडित लोग कहते हैं कि 'र' अग्निबीज है। इसका यह अर्थ नहीं कि राम जलाते हैं, इसका अर्थ है राम एक ऊष्मा पैदा करते हैं, रिश्तों में गर्मी का एहसास कराते हैं। आग के आस-पास सर्दी में लोग बैठते हैं तो एक-दूसरे को अपने सान्निध्य से गर्मी देने लगते हैं। आग बड़ी संक्रामक होती है, वह नीम को भी चन्दन बनाती चली जाती है। राम के होंगे तो भाई के होंगे, मा के होंगे, बाप के होंगे, इष्ट-मित्र के होंगे, यही नहीं शत्रु के भी होंगे। राम से बैर पालना भी राम को हो जाना होता है। राम को आदमी मानो, देवता मानो, ईश्वर मानो, राम को ईश्वर न मानो, आदमी न मानों, देवता न मानो कोई फर्क नहीं पड़ता। सिर्फ तुम राम के बारे में सोचो, बराबर सोचते रहो, खीझकर सोचते रहो कि इतने ऐशो-आराम में हैं, घर की याद आ ही जाती है, कैसी लाचारी है, तड़पते हुए सोचते रहो, हाय आज घर होते, यह ऋतु का नया मोड़ कितना सुहावना लगता। जैसे भी सोचते रहो, राम को सोचना एक जादू है। यह जादू हिन्दू पर ही चलता हो, ऐसी भी बात नहीं। पक्के कैथोलिक कामिल बुल्के और पक्के ईसाई जार्ज ग्रियर्सन पर चलता है, मलेशिया, हिन्देशिया के मुसलमान पर चलता है। थाई लाओस के बौद्ध पर चलता है। सबको लगता है राम तो बस मेरे हैं। सबको घर चाहिए और राम जैसा घर कोई नहीं है।

यह घर क्या है, द्वार ही द्वार है। द्वार पर द्वार खुलते जाते हैं। निजता के पटल पर पटल खुलते जाते हैं। एकदम उस जगह आदमी पहुँचता है जहाँ बस पराग पराग है, सौरभ सौरभ है, जहाँ रिश्ता नहीं है, एक महक है। जहाँ आदमी अपने सौंपे हुए मन की वेदी पाता है। यहीं मन चढ़ाया था, वहीं अब फूल बनकर महक रहा है। राम को मन देने का अर्थ है राम के साथ घर की सच्चाई के लिए घर से निकलना, फिर घर वापस आना। घर से निकलना तो जिस राह पर निकलना, उसे घर बनाते जाना, जिनसे मिलना उन्हें अपना बनाते जाना, उनका सुख-दुःख बाँटते जाना, राम के साथ काँटो-कुशों में छिदना और हँसते रहना। और राम के साथ-साथ चलनेवाली सीता की थकान देख-भर आना छोह से, राम के साथ वनवासी लोगों के साथ रहना, राम के साथ आसुरी शक्तियों के साथ जूझना पर जूझते हुए भी मधुर बने रहना, राम के साथ जीतना और जीत का सेहरा अपने साथियों के सिर पर चढ़ा देना।

इसलिए राम को मन तभी कोई देता है जब भीतर की सचाई उसे कचोटती है कि राम को मन दिए बिना काम नहीं चलेगा। गाँधी जी भी सचाई के लिए चले तो उन्हें राम का अवलम्बन ही सबसे भरोसे का अवलम्बन लगा। और यह अवलम्बन उनको तो बड़ा बना ही गया, उनका अवलम्बन हुआ इसलिए हम लोगों के लिए और बड़ा अवलम्बन हो गया। राम के आगे दीन बनने में

बड़ा गर्व होता है। हम तो जाचक राम दुलार के, अब क्या किसी के आगे जाँचना।

> जग जाँचिए कोउ न जाँचिअ जो,
> जिय जाँचिय जानकिजानहि रे।
> जेहि जाँचत जाँचकता जारि जात,
> जेहि जारत जोर जहानहि रे।।

उनसे जाचते ही जाचकता जल जाती है। सारे संसार का ताप जल जाता है। राम के आगे दीप बनने में सुख ही है। राम-जनकी इतनी दीनता झेल नहीं पाते। वे स्वयं दीन बन जाते हैं। तुम पहले मेरे पास क्यों नहीं आए, मैं तो तुम्हारी बाट जोह रहा था, इतने दिनों से।

पर राम के सामने जाने का साहस नहीं होता। जैसे अपराधी पुत्र पिता के सामने जाने से डरता है, जैसे विरहिणी कुलवधू विदेश से पति के लौटने पर मिलने चलती है और फिर विजड़ित हो जाती है, कैसे मिलें ? मन का सारा भाव मन में धरा रह जाता है। जैसे चोर साह के सामने जाने से लज्जा का अनुभव करता है, वैसा ही कुछ अपने घर के सामने आते हुए लगता है जब आदमी बहुत कुछ गँवाकर लौटता है। राम तो क्षमा करेंगे, राम सब बात समझते हैं, समझेंगे, पर भीतर कैसी कसमसाहट है कि हम राम के योग्य नहीं। वे सबके अपने हैं, जन-जन के अपने हैं, मेरे भी अपने हैं, पर मैं उनका हो कैसे सकता हूँ। मैं जो इतना राम के स्वभाव के विपरीत हूँ। मेरी आँख नहीं उठती और राम की आँखें भर आती हैं। ऐसे राम के देश और प्रदेश का रहने वाला राम को पाना तो चाहता है पर अपने भाजन की क्षुद्रता देखता हूँ तो हताश हो जाता हूँ। यह विशाल मेरे बस का नहीं है। और अपनी क्षुद्रता की यह चुभन ही मुझे घर के सामने भी बाहरी बना देनी है। राम के बारे में इतना कुछ सोचता हूँ, कहता हूँ और लगता है भीतर राम के लिए आसन रखने की जगह नहीं है, वहाँ तो 'अभिमान मोहमद की खलमंडली' डेरा जमाये हुए है। राम का जन्म हो रहा है और मैं उस उत्सव में प्रवेश नहीं पा रहा हूँ। कैसी विडम्बना है कि विशालता का ज्वार उमड़ा चला आ रहा है और मैं सिकुड़ा, सिमटा, सहमा-सा पीछे हटता जा रहा हूँ। जन-जन के राम मेरे नहीं हो रहे हैं। ऐसा अकेलापन अकेले अपने झूठे होने का ऐसा अहसास और ज्वार से वंचित होने का ऐसा दुरंत अभिशाप क्या राम की कृपा से ही तो नहीं हो रहा है, क्योंकि कठोर होकर भी वे कृपालु रहते हैं।

13

भारतीय पर्व : श्रीकृष्ण-जन्म

हम श्रीकृष्ण जन्मोत्सव मनाते हैं, जन्मदिन नहीं, क्योंकि श्रीकृष्ण के प्रादुर्भाव का अनुभव करना चाहते हैं, श्रीकृष्ण के जीवन चरित का स्मरण नहीं करते। जो हमारे जीवन में स्पन्दायमान हो, उन्हें स्मरण करने की क्या आवश्यकता है। हमारे कवि भी श्रीकृष्ण-लीला का गान साक्षी के रूप में करते हैं। लीला उनके सामने घटित होती रहती है। हमारी निरक्षर या अर्द्ध-निरक्षर ग्रामीण जनता श्रीकृष्ण का ध्यान कजली या होली के उत्सवों में प्रत्यक्ष उपस्थिति के रूप में करती है, किसी पूर्वपुरुष या किसी जातीय अतीत इतिहास-नायक के रूप में नहीं। श्रीकृष्ण से हमारा सीधा सम्बन्ध है, उन्हें उलाहना देने का, उनसे नाराज होने का, उन्हें दुलारने का, उन्हें प्यार से बुलाने का हमें अधिकार है और इस अधिकार पर हम गर्व करते हैं। श्रीकृष्ण हमारे भाव-पुरुष हैं, उनकी लीला हमारे भाव जगत् में घटती ही रहती है, कभी उसका विराम नहीं होता। यही नहीं, जीवन का कोई ऊर्जात्मक पक्ष नहीं है जो श्रीकृष्ण में पूर्ण रूप से अभिव्यक्त न हुआ हो। बाल-सुलभ चापल और स्फूर्ति से लेकर प्रौढ़ पुरुष की परिणत स्थितप्रज्ञता और निस्संग करुणा तक जितने भी गुण हो सकते हैं, वे सभी श्रीकृष्ण में मूर्तिमान हैं। श्रीकृष्ण भारत-भूमि की जीवन साधना के प्रतिमान के रूप में हमारे सामने रहते हैं। हम कैसे हर्ष-विषाद दोनों को एक तरह ग्रहण कर सकें, हम कैसे प्यार और निर्ममता दोनों का निर्वाह कर सकें, हम कैसे वीरता और धीरता दोनों को साधे रह सकें, हम कैसे छोटे से छोटे काम में दक्षता प्राप्त करके वह काम करने में गौरव का अनुभव करें, यह सब हम श्रीकृष्ण को सामने देखते हैं तो आसान लगता है, श्रीकृष्ण को नहीं देखते, असम्भव लगता है।

लोग कहते हैं श्रीकृष्ण अलौकिक हैं, हमारी दृष्टि में वे इतने लौकिक हैं जितना लौकिक कोई हो नहीं सकता, हर लौकिक सम्बन्ध निभाना भी जानते

है और निजी से निजी सम्बन्ध से असम्पृक्त रहना भी जानते हैं। लोक की दृष्टि से जो बड़ा नैतिक साहस हो सकता है, सोलह हजार अपहृत नारियों को स्वीकार करने का साहस अलौकिक शक्ति से नहीं आता, लोकसंग्रही शक्ति से आता है। श्रीकृष्ण महाभारत युद्ध में इतना बड़ा दाँव रखते हैं, दुर्योधन के सामने, मुझे निशशस्त्र को लो या मेरी शस्त्र सन्नद्ध नारायणी सेना लो, पहले चयन का अधिकार तुम्हें है और दुर्योधन आसुरी सम्पत्ति के मद में उन्मत्त सेना चुनता है, श्रीकृष्ण को नहीं चुन पाता। वह सर्वात्मा वासुदेव को नहीं चुनता, उनका परिग्रह चुनता है। आज भी यह चयन की छूट हममें में प्रत्येक के सामने है, हम श्रीकृष्ण को ग्रहण करें या श्रीकृष्ण के बाहरी स्वरूप को, हम भी अधिकतर श्रीकृष्ण को नहीं ग्रहण करते, हमें लगता है उसमें बड़ा जोखिम है, श्रीकृष्ण अकेले निशशस्त्र साथ रहे, हमारी सुरक्षा नहीं है, क्योंकि हम श्रीकृष्ण के अकेलेपन में सब प्राणियों के अकेलेपन को पुंजित नहीं देख पाते। हम नहीं देख पाते कि वह अकेलापन बड़ा विराट् है। उस विराट् अकेलेपन के साथ रहने पर कहीं कुछ खालीपन नहीं रहता, वह न रहे तभी सब भरा-भरा हो पर खाली लगता है। घड़ा थोड़े ही रस होता है, घड़े को जो भरता है, वहीं रस होता है, श्रीकृष्ण ही सबसे अधिक भरने वाले रस हैं।

हाँ, रस को भरने के पहले घड़ा छोटा हो, बड़ा हो, इससे कुछ नहीं होता, बस कच्चा न हो, बड़ी आँच में पका हो, और निरा घड़ा हो, उसमें कोई रंगा-मेजी न हो, उस पर कोई लेबुल न लगा हो, निपट साधारण हो, उसमें कुछ रस पहले से रखा न हो, घड़ा बार-बार धोकर भीतर साफ किया गया हो, औंधा दिया गया हो, एक बूंद उसमें न रह गई हो, उसे फिर तुम्हें सीधा करके धूप में तपा दिया गया हो, तब श्रीकृष्ण रस भरता है। श्रीकृष्ण चाहते हैं, तुम जो हों, वह हो जाओ, तुम अपने सहज धर्म में अधिष्ठित हो जाओ और अपने को निचोड़कर अर्पित कर दो, मेरा जो भी रस था, यह अर्पित है, तुम अपने आपमें विरेचित हो जाओ, निष्किंचन हो जाओ, और पुकारो, श्रीकृष्ण आओ तुम यहाँ प्रकट हो। यह अज्ञान की अन्धी कारा, यह भय की डरावनी रात, यह भयंकर वर्षा, यह शून्य का निरन्तर शराघात, ये जकड़ने वाले बन्धन, यह घहराता भादों, यह दुर्भेद्य दम्भ का प्राचीर, यह अनाचार और अनीति की परिखा, यही तो तुम्हारी प्रादुर्भाव भूमि है, श्रीकृष्ण आज और अभी जन्म लो, और सब अन्धकार तिरोहित हो जायें, डर चला जाय, शृंखलाएँ टूट जाएँ, प्राचीर ढह जाएँ, शरवर्षा अमृत वर्षा हो जाय।

श्रीकृष्ण के लिए यह पुकार केवल एक चित्त में नहीं, समष्टि चित्त में उठेगी क्योंकि विश्व केवल भारत नहीं अपना खोखलापन पहचान चुका है, बहुत आजमा चुका है भरने के उपाय, पर कोई तो नहीं भरता, सब और खाली

करते हैं। श्रीकृष्ण का भरना ही भरना होता है क्योंकि श्रीकृष्ण स्वयं को निश्शेष करके स्वयंभर हुए, भरने वाले हुए। उन्होंने जीवनमात्र को आहुति के रूप में देखा, जन-जन की भूख-प्यास-चाह में ही अनुभव किया कि जीवन-यज्ञ की दीक्षा होती है, उन्होंने मृत्यु की प्रतीक्षा की जैसे यज्ञान्त अवमृथ-स्नान की प्रतीक्षा कर रहे हैं, उन्होंने अपने को निरन्तर दो भागों में चीरा, कितने तुम अपने हो, कितने सबके हो, उन्होंने निरन्तर अपने को तिल-तिल काटा और परखा क्या है वह जो कटता नहीं, जो चुकता नहीं। उस श्रीकृष्ण के जन्म की तैयारी करनी है तो श्रीकृष्ण बने न बने, बन सकने का संकल्प लें, न लें, श्रीकृष्ण प्रकट होने वाले हैं, इसके लिए अपने शरीर-इन्द्रिय-मन सबके भाजन माँजकर तो रखने होंगे, वह माँजने की तैयारी कहाँ हो रही हे ? नाटक हो रहा है, फूल-पत्तियों की, बिजली की सजावट हो रही है, है उसका भी मज़ा है, पर जो मजा अपने को माँजकर खाली कर देने में है, अपने को कोरा तदीय बना देने में है; वह और कहाँ।

श्रीकृष्ण जन्म एक उत्सव है, रस का उफान है, उसका उपहाव है, रस का उच्छलन है, उसमें पर के लिए गुंजाइश नहीं है। श्रीकृष्ण बड़े ही ईर्ष्यालु हैं, किसी दूसरे की गुंजाइश नहीं रहने देते, और जब तक आदमी अपने लिए पराया न हो जाय, तब तक वे अपने नहीं होते। यह उत्सव अपनापन खोकर नहीं मनाया जा सकता, विद्यापति के 'ओ निज भाव सुभाव बिसारल' वाले निजता का विस्मरण माधव के बसने की पहली शर्त है। श्रीकृष्ण जन्म होकर भी जब तक पूरी तरह प्रतीत नहीं होगा, अंग-प्रत्यंग में, भाव-अनुभाव में और कण-तरंग में तब तक जन्मोत्सव कैसा ? इस जन्मोत्सव के लिए कोई न मुनादी होती है, न कोई पर्चा बँटता है, इसके लिए भीतर से शिराओं में उबाल आता है, नस-नस उत्तप्त हो जाती है, मन उत्तरवाहिनी गंगा बन जाता है, सृष्टि सावधान होकर पर्युत्सुक हो जाती है—श्रीकृष्ण का आविर्भाव होने जा रहा है। वह तैयारी हो रही है या नहीं, यही जाँचने-पड़तालने की जरूरत है, क्योंकि श्रीकृष्ण जन्माष्टमी साधारण अनुष्ठान नहीं है, एक विश्वभावनशील महाजाति के दुर्जर तप की परिणति है, कोटि-कोटि उपवासों का पारण है, असंख्य नक्षत्रों की चन्द्रोदय-प्रतीक्षा की परिसमाप्ति है, निरन्तर धारासारवृष्टि की झनकार है। वही श्रीकृष्ण जन्माष्टमी आ रही हैं।

14

भारतीय पर्व : होली

वसन्त के बीच से हमारा नया वर्ष प्रारम्भ होता है, आधा वसन्त पिछले वर्ष के अन्त में रहता है। आधा नये वर्ष के आरम्भ में, ऐसा लगता है वसन्त नयी सृष्टि के लिए अपने को दो भागों में चीर देता है। प्रत्येक बीज के दो दल होते हैं, तभी अंकुरण होता है। यह अपने को चीरना और अपने को चीरकर पूर्णतया सृष्टि का उपादान बनाना वसन्त का स्वभाव है—या दूसरे शब्दों में अपने को पिघलाकर पहली आहुति बनना इसका स्वभाव है। वैदिक पुरुष सूक्त में विराट् द्वारा विराट् के लिए जब यज्ञ संकल्पित होता है, उसमें वसन्त आज्य या घी के रूप में पहली आहुति देता है। ग्रीष्म इंधन होता है और शरद् अन्तिम हवि रूप में आहुति। इसे यों भी कह सकते हैं कि वसन्त का आधा भाग तपन है और आधा द्रवण है। पहले घी तपाया जाता है, तब पिघलता है, पिघलने पर ही आहुति बनकर आग धधकाता है।

वसन्त ऋतु का आधा भाग पतझर है और आधा कुसुमन और पल्लवन है। नयी सृष्टि के ठूँठ-सा मूल अस्तित्व रह जाता है। उसकी गाँठ-गाँठ में नयी कलियाँ नये किसलय फूटते हैं। वसन्त सन्धि भी है, सेतु भी है। सन्धि है एक और बहु के बीच और सेतु है पुराने और नये के बीच। वसन्त का आधा ज्वार है, आधा भाटा। इसी से फाग और चैता के गीतों की लय में अद्भुत चढ़ाव और उतार मिलते हैं। फाग या होली या रसिया के गीत तीव्रतर हो जाते हैं और चैता खिंचता लरजता चला जाता है।

फागुन-चैत दोनों उत्पाती महीने हैं, दो प्रकार से—एक में सब कुछ जो अत्यन्त निजी है, वह झरने लगता है, पत्ते भी वृक्ष को छोड़ देते हैं, अद्भुत उत्कंठा जागती है सृष्टि में। जो है, उससे असन्तुष्ट होकर कुछ और होने की। उस समय आकांक्षा उमड़ती है, पता नहीं चलता किसलिए उमड़ती है। प्राकृत गाथा कहती है—सखि, वसन्त आ गया (चाहे कोयल बोली हो, न बोली

हो, आम में बौर आए हों, न आए हों, वसन्त आ गया), क्योंकि चित्त उत्कंठित हो गया। उत्कंठा इतना विराट् आकार धारण करती है कि विराट् होकर अकेली पड़ जाती है जैसे ज्वार में समग्र समुद्र की लहरें एक हो जाती हैं, पर पछाड़ खाते समय हर लहर अकेली हो जाती है। चैता विशालता का अकेलापन होता है। फागुन के गीतों में शिव पार्वती को लिये फाग खेलते हैं। विरागियों के विरागी राग की तपस्या के साथ पूरी सृष्टि को एकरस होने का सन्देश देते हैं, अंगी काम को अनंग करके उसे विश्वजयी बना देते हैं। इसी फागुन के गीतों में विश्वमोहन की भाँति-भाँति की दुर्दशा होती है। गोपियाँ उन्हें आराध्य से आराधिका बनाकर कहती हैं—लला फिर आइयो खेलन होरी। पुंस्तत्व बनकर बड़े उत्साह से आए थे, अब तुम नारी तत्व में रूपांतरित होकर जा रहे हो, पुरुषत्व का अभिमान लेकर अब न आना। इसके विपरीत चैता के गीतों में प्राय: इतने बड़े उमहाव में जाने क्या मिला था, उसके खोने का अजीब अवसाद मिलता है। यही नहीं, कुँवारेपन की झुलनी खो गई, किससे पूछूँ, कहा है—

एहि ठइयाँ झुलनी हेरानी हो रामा,
कासौं मैं पूछूँ,

यही अबोधता एक ज्वार में किसी रेती में धँस गई। कौन बताएगा, मनमानिक काले अंबर जल के किस तल में चला गया—

मानिक मोर हेरइलें हो रामा
एहि जमुना के मटिया।

बड़ी खीज होती है, इतनी अपने में समा सकने वाली उत्कंठा भौंचक क्यों हुई, हम कहीं के न रहे, न घर के, न घाट के। आज आधी रात में यह कलूटी कोयल क्यों बोली, और दिन तो दिन-दोपहर बोलती है, कुछ मनोरंजन हो जाता है, सपाट जिन्दगी में यकायक कोई मधुर मोड़ आ जाता है, पर इस वसन्त में आधी रात में क्यों बोली ? यकायक इसने प्रसुप्त उत्कंठा को ऐसे क्यों जगाया, जिसके कारण संयोग में भी वियोग हो गया—

सेजिया से सइयाँ उठि गइलें हो रामा
कोइलरि तोरी बोलियाँ।

सेज से सइयाँ, कोयल, तुम्हारी बोली सुनकर उठ गए, यह तुमने क्या किया, सुखी-प्रमोदी जीवन में कैसा विष घोला !

और दिना बोलेलू कोइलरि दिन-दुपहरिया हो
आजु बोलै अधिरतिया हो रामा।

आज की रात ही तुम्हें चुननी थी चीरकर रख देने के लिए। ज्यों ही सुबह हो, मैं तुम्हारा घोंसला उजाड़ दूँगी, यही नहीं, आम के बाग में आग लगा दूँगी—

होत बिहान पौ फाटत खोतवा उजरबें
बगिया में अगिया लगइबे हो रामा।

चैता में सब कुछ छिनने का पछतावा, विराट सौन्दर्य के आकर्षण के प्रति आक्रोश, इतना भरकर खाली होने का दुख, सब ऐसे व्यक्त होते हैं, जैसे लगता है एक स्वप्न में क्या-क्या मिला, अब हाथ में कुछ नहीं है।

यही तो सृष्टि का चक्र है, अपने स्थान से विस्थापित होना, 'स्व' से 'पर' होना, पराए के लिए अपना और अपने के लिए पराया होना। इतना पाना कि स्वयं पाना ही बन जाता, पाने वाला न रह जाना और तब अनुभव करना कि वैसी प्राप्ति थी कि मेरी नहीं हो सकी, मैं न रह सका। हर रचना का यही वरदान है कि व्यक्ति विश्वात्मा हो जाए और यही अभिशाप है, विश्वात्मा होकर फिर अकेला हो जाए।

किसी समय वर्ष शरद् में अन्त होता था। अग्रहायण अर्थात् मार्गशीर्ष से शुरू होता था। वर्ष का दूसरा नाम ही शरद् था। तब शान्ति ही परम लक्ष्य रही होगी। फिर जाने कब से वर्ष वसन्त के बीच से शुरू होने लगा, क्योंकि निराकुल शान्ति का वितान झेला नहीं जा सका। अपने मोक्ष या अपने सुख से सन्तोष नहीं हो सका। चिन्ता हुई दूसरे की। अपने भोग भी फीके लगे। अपने को भोग्य बनाने की इच्छा हुई। प्रत्येक संस्कृति में ऐसे चरण आते होंगे। भारतीय संस्कृति में विशेष रूप से यह परिवर्तन हुआ और शिशिर जैसी जड़ता को ऊष्मा की आवश्यकता पड़ी। जैमिनि के मीमांसा सूत्र में एक 'होलाकाधिकरण' है, जिसमें 'होलाका' का उल्लेख है उस प्रसंग में यह बात आई है कि इसका प्रचार समस्त आर्यों में होना चाहिए। होलाका एक अनुष्ठान है जिसकी देवी राका, पूर्णिमा है। यह पूर्णिमा बाल-विकासिनी है। इसमें बालसुलभ भाव जाग्रत् होता है। यह पटवास विलासिनी है। इसमें पटवास अर्थात् पिसे हुए रंग सुवासित जल में घोलकर एक-दूसरे के ऊपर फेंके जाते हैं। इसका नाम फाल्गुनिका भी है। फाल्गुन में बालभाव का आमोद प्रबल होता है। इसका उल्लेख यों भी आता है—

कलौ वेदान्तिनो भांति फाल्गुने बालका इव।

(कलियुग में गली-गली वेदान्ती ऐसे घूमते हैं जैसे फागुन में बालक पिचकारी लिये घूमते हैं।)

इस प्रसंग में हेमाद्रि ने एक पुरानी कहानी का सन्दर्भ दिया है कि युधिष्ठिर के पूछने पर श्रीकृष्ण ने होलाका उत्सव का आरम्भ कैसे हुआ, यह बतलाया। वह कहानी यह है कि ढोढा नामक राक्षसी रघु के राज्य में ऐसी दरन्त हुई कि वह किसी चीज से मरती नहीं थी। शिव से उसे वरदान प्राप्त था। केवल क्रीडा करने वाले बच्चों से भय खाती थी। इसलिए गुरु वशिष्ठ ने विधान बतलाया कि बच्चे लकड़ी के छोटे-छोटे टुकड़े लेकर बाहर निकलें और सूखी घास के ढेर में आग लगाएँ, तालियाँ बजाएँ, अग्नि की परिक्रमा करें। लोक-भाषा में गालियाँ गायें, हँसे-ठठायें—यह राक्षसी मर जाएगी। तब से होलाका या होली शुरू हुई।

इस कथा का अभिप्राय यही लगता है कि जड़ता का त्रास ही होलाका राक्षसी है और इस त्रास को बालसुलभ मुक्त उल्लास, समवेत क्रीड़ा और निर्बन्ध भाषा से ही दूर किया जा सकता है। आज भी गाँवों में लोग कहते हैं—पुराना वर्ष भूत की तरह सिर पर चढ़ा हुआ था। उसे फूंक दें, उसकी भभूत रमाकर नये वर्ष में प्रवेश करें।

वस्तुतः यह उत्सव संकीर्णता और असुरक्षा के भय से मुक्त होने का उत्सव है, इसमें कोई अपनी खोली या अपने कोटर में रहने नहीं पाता।

आज होली उपचार होकर रह गई है, लोग होली-मिलन समारोह करते हैं, बड़े योजनाबद्ध रूप में, पर कहीं ज्वार तो दिखता नहीं, शालीनता की नकाब चढ़ी रहती है। उल्लास दुबका रहता है। लोग समझते हैं कि नशा करने से उल्लास आ जाएगा, नशा करते हैं, पर होली का नशा बाहर के किसी मादक द्रव्य से नहीं होता। वह होता है भीतर के मादन भाव से।

यह मादन भाव तभी समझ में आएगा, जब आपको अपनी किशोरावस्था याद आएगी, वह वयःसन्धि याद आएगी, जब आप अबोध थे, जब बातों-बातों में रातें छोटी रहती थीं, जब सपनों-सपनों में दिन सुनहले होते थे, जब जो सुहाता था, वह जीवन पर छा जाता था, वही नशा बन जाता था, जब वस्तुएँ निरी वस्तुएँ नहीं थीं, जब कोई ठाँव-ठाँव नहीं था, हर ठाँव एक चौराहा था—साथी रुकना नहीं, सही राह पकड़ो, आगे बढ़ना है, भूलें भूलें नहीं होती थीं, वे क्षण भर में दुरन्त परिताप बन जाती थीं। सब कुछ बहुत अनहोनी होता था। पता नहीं चलता था, हम कहाँ बहे जा रहे हैं। यही भाव मदन का, काम का अवतरण है, यही भाव सिसृक्षा का उदय है, यही भाव एक भीतर की पुकार है :

> कहा जो न कहो,
> नित्य नूतन प्राण अपने गान रच-रच दो
> कुछ अनकहा कहो, जो कहा उसे न कहो।

अपने नये-नये श्वास को गान के रूप में रचो। वसन्त काम का सहचर है। वसन्त ऋतु में इसीलिए कामदेव के विशेष पूजन का विधान है। कहीं-कहीं फाल्गुन शुक्ल 12 से पूर्णिमा तक, कहीं-कहीं चैत्र शुक्ल 12 से पूर्णिमा तक मदनोत्सव का विधान है। इसमें पुष्पवाटिका में कामदेव की प्राणप्रतिष्ठा होती है। वसन्त की समृद्धि के बीच कामदेव प्रतिष्ठित होते हैं वाटिका में फिर काम की मूर्ति या उसके चित्र को झूले पर झुलाया जाता है और उसके बाद उसी झूले में किशोरियाँ और प्रमदाएँ झूलती हैं। दमनक और दौने से—फूलों और उसकी पत्तियों से ही विशेष पूजा होती है। अब यह मदनोत्सव कालिदास, श्रीहर्ष और बाणभट्ट की पोथियों की वस्तु रह गया है। अब बस मादन रह गया है, न मदन है, न उत्सव है।

मदन या कामदेव की ही समझ नहीं रह गई। फ्रायड महर्षि की कृपा से एक दूसरे प्रकार का महत्त्व तो इन्हें प्राप्त हुआ पर जय हो संचार-साधनों का। ये अब बाजारू हो गए हैं। काम को सेक्स का पर्याय बनाकर इतना बड़ा अवमूल्यन सृष्टि तत्त्व का हुआ है कि काम के देवत्व की बात करते डर लगता है। काम इस समय राक्षस हो गया है। तो भी, काम की बात होली में ठीक ढंग से करनी ही चाहिए, काम सृष्टि का प्रथम अंकुर है, काम ने ही अनस्तित्व को अस्तित्व से जोड़ा। काम ही यह उत्कंठा है कि जो नहीं है, जो होने वाला है, जो दिख नहीं रहा है, जो मिल नहीं रहा है, वह भी तुम ही हो, तुम्हारा ही एक और अस्तित्व है जो तुमसे ओझल है। उसे तुम नास्ति न समझो। बहुत गहराई में डूबे तो कवियों ने यह सत्य पाया कि सब कुछ साकांक्ष है। निराकांक्ष कुछ भी नहीं। विराट् भी साकांक्ष है। अकेले उनसे भी रहा नहीं जाता। भले ही अपने को अंग-अंग कटाना पड़े। अंग-अंग से नानाविध सृष्टि उत्पन्न हो, पर हो नानाविध, हो अनेक, तभी एकता सधेगी, तभी पूर्णता होगी। अपने को खण्ड-खण्ड करके अखण्डता पाई जा सकेगी। समूचा यज्ञ-विधान इसीलिए है, समूची उपासना इसीलिए है, अपने को चन्द्र की तरह टूक-टूक तोड़ो और टूक-टूक जोड़ो, अपनी समस्त कलाओं को एक-एक करके घटाओ और फिर एकदम निष्कल हो जाओ, वही पूर्णता है, वही अमरत्व है। अपने को सोम की तरह पिसाओ, पेराओ, बूँद-बूँद निःसृत हो और फिर रस के उफान बन जाओ। काम, सोम, वसन्त सब एक ही तत्त्व है। ऋग्वेद के नासदीय या सृष्टि सूक्त में अधिष्ठित काम यही है—

कामस्तदग्रे समवर्त्तताधि
मनसो रेतः प्रथमं यदासीत्।
सतो बंधुमसति निरविंदन्
हृदि प्रतीष्या कवयो मनीषा॥

अथर्ववेद के कामसूक्त में काम के सख्यभाव को रेखांकित किया गया है। ये काम सहसा ही प्रतिष्ठित होते हैं और छा जाते हैं। विशेष प्रकार के भावन के द्वारा, विभावन के द्वारा, जो सखा नहीं रहता है, उसे भी सखा बना देते हैं, व्यापक साहचर्य का भाव सुलगा देते हैं। ये काम व्यापनशील विष्णु के और शोभा सौन्दर्य की अधिष्ठात्री लक्ष्मी के पुत्र हैं। इसका भी तात्पर्य यही है कि प्रत्येक व्यक्ति के भीतर दो चेतनाएँ होती हैं, एक आत्मविस्तार की और एक अपनी ओर खींचने की। दोनों का जब सामंजस्य होता है तो काम जन्म लेता है। एक निराकार उत्सुकता जन्म लेती है। वह उत्सुकता यदि बिना किसी तप के आकार लेती है तो अभिशप्त होती है और अपने को छार करके आकार ग्रहण करे तो शिव होती है।

वसन्त में इसी से कामदहन भी होता है और काम-प्रतिष्ठा भी। दमनक से पूजा का तात्पर्य भी यही है। दमनक या दौना तुलसी जैसा छोटा झाड़ है। इसकी पत्तियाँ, इसके फूल सब सुरक्षित होते हैं और इसकी पत्तियों को मसलें तो और अधिक सुगन्ध निकलती है। तब इसकी सुगन्ध दूसरी सुगन्ध को दबा देती है। काम की पूजा ऐसी ही सुवासित उत्कंठा से की जा सकती है, जिसमें अपने को मिटाकर, खुदी को मिटाकर कुछ पैदा हो जो मैं न हो, वसन्त और वसन्त के मित्र की पूजा मरुआ-दौना से ही शोभा पाती है। होली के साथ जलना, पतझर के साथ पतझरना और प्रत्येक नये किसलय के साथ अभिन्न होना और प्रत्येक राग के साथ अनुरंजित होना, यही वास्तविक कामदेव-महोत्सव है।

बचपन में मुझे याद है कि होली जलने के पहले मा उबटन लगाती थी। बाद में भी उनका आग्रह बना रहा, तब केवल एक अंगूठे में ही उबटन लगाकर अनुष्ठान पूरा हो जाता था, और कहती थीं, इसके साथ शरीर की मैल छूटेगी, वह बटोर ली जाएगी और होली में डाल दी जाएगी, कितना बचकाना लगता है अनुष्ठान। पर कितनी सहजता है इस बोध में कि समूचे वर्ष की मैल बाहर निकाल दो, उसे गाँव भर से एकत्र कूड़े-कचरे की आग में झोंक दो, तभी कुछ नया शुरू होगा। आज मा नहीं है, वह गाँव भी वह गाँव नहीं है, अपने घर पर गांव का फगुआ पूरा होता था। तो भी होली आ गई है, होली के गीतों की आकाशवाणी नियन्त्रित धुनें आ गई हैं, न छूटने वाले रंगों और रोगनों का आतंक आ गया है और धर्मयुग की पाती आ गई है कि होली के सांस्कृतिक महत्त्व पर लिखें। शिवशम्भु शर्मा भी बनकर क्या लिखें। अब हँसी-ठिठोली की जगह ले ली है कुत्सित, विरूप और जुगुप्सित आक्षेप ने। प्रत्येक पर्व पर पाठक को ध्यान में रखकर कथा बाँचने वाले पण्डित हैं नहीं कि होली को अब सेक्युलर पर्व और राष्ट्रीय एकता का पर्व घोषित करें और कृतकृत्य हो जाएँ

वे भी, जजमान भी। वसन्त का विक्रेता गीतकार भी नहीं हूँ कि वसन्त के गीत गाकर बेचूँ।

मेरे लिए वसन्त प्रतिवर्ष एक दारुण यातना है। दो पाटों के बीच फँसे हुए विद्यापति आकुल कीट परान की यातना है और होली एक महादारुदहन है, हमारी संस्कृति इतनी काठ क्यों हो गई हैं? इतनी उच्छ्वासहीन क्यों हो गई है? हमें आक्सीजन लेने की जरूरत क्यों हो गई है। बाहर का विचारक हमें प्रमाणित करे, तभी हम प्रमाणित होंगे, या अपने को अपनी ही आग से हम प्रमाणित नहीं कर सकते? अपनी संस्कृति में इतने तरंगायित ओत-प्रोत भाव के होते हुए भी हम मरे जाते हैं समता, बन्धुता, और स्वतन्त्रता के नारे पर। पलाश बनकर दहकना चाहता हूँ और पलाश का रंग बनकर लहकना चाहता हूँ। पर फँसा हुआ हूँ दो पाटों के बीच। दोनों धधक रहे हैं। एक पाट कहता है, प्रगति करनी है तो परम्परा का मोह छोड़ो। दूसरा कहता है परम्परा के होते हो तो नयेपन का अधिकार छोड़ो और प्राण कहते हैं—दोनों भाव जड़ हैं, जलने दो, कितनी भी पीड़ा होती है सहो, कुछ न कहो, सहते रहो।

होली पूरी संसृति में अभिव्याप्त परकीया भाव की चेतना है, इसी से इस युग को प्यार का दुर्निवार, सहज अकृत्रिम प्यार का सन्देश देने वाले चैतन्य महाप्रभु इस दिन अवतीर्ण हुए, उन्होंने यह भाव भरा : अपने को पर से भी पराये के अधीन बनाओ, अपने को राधामय बनाओ। तभी तुम माधवमय हो सकते हो। अपनी देह में रहते हुए, इसके राग-विरागों में भीगते-सुलगते हुए, अपना रूपान्तर कर सकते हों, एक सराबोर करने वाले निर्मोही पर मोहन भाव में और तब तुम्हें खरिक सुहावने लगेंगे, छाछ अमृत लगेगी, गाँव की धूलि चन्दन लगेगी।

होली इसी भाव के लिए आमन्त्रण है। शोर में कोई सुने न सुने, वसन्त ही माधव है। यह वसन्त कोई अपने भीतर पाये न पाये। यह विहरेगा और पुकारेगा। आओ, वसन्तरास में सम्मिलित हो, भूल जाओ, तुम कहाँ, कब किस कुल में जनमे, कहाँ पले। बस इस वृत्त में आ जाओ, जहाँ न कोई आदि है न अन्त है, कोई प्रथम है, न चरम। सब अपने-अपने ढंग से चरम हैं। चरम और प्रथम को एक देह में अधिष्ठित करने का भाव लेकर आओ तो होली खेलो। नहीं तो मुँह ढक लो और सो जाओ, दमित वासनाओं की सुरक्षा की ढुलाई के भीतर इस देश में होली की बात न करो। और होली की बात करनी है तो पहले सहज बनो। होली की राजनीति न करो, क्योंकि होली राजनीति, राजसत्ता का अतिक्रमण है।

15

भारतीय पर्व : वासन्ती नवरात्र

जाने कब से सृष्टि वसन्त में नई होती है, शरद् में पुरानी होती है, वसन्त में भी तपती है शरद् में भी वसन्त का ताप बढ़ता जाता है शरद् का ताप उतरता जाता है और शरद् का ताप बड़ा तीखा। वसन्त उत्कण्ठा है, उद्दीपन के शरत् तृप्ति है उपशम है। पुरुषमेध में जिसमें सब कुछ सब कुछ के लिए आहुत होता है, वसन्त आज्य है, अग्नि को दीपित करता है, शरद् हवि है अग्नि को परितृप्त करता है, सबकी सबके लिए उत्कण्ठा ही सर्वेश्वरी का प्रत्यग्र जागरण है, सबकी सबसे परितृप्ति ही सर्वेश्वरी का सुनहरा स्वप्न है। चैत सुदी के नौ दिन और कुवार के नौ दिन तो व्याज हैं सृष्टि के उद्वेलन में अपने को उद्वेलित और सृष्टि के सम्पूरण में अपने को भी परिपूर्ण अनुभव करने के लिए। समग्र सृष्टि के आरम्भ के क्षण से अपने को जोड़ना ही मातृभाव है, उस मातृ-भाव की व्यंजना ऐसे सहज उल्लास से होती है जिसमें दीये की लौ, घण्टे का निनाद, फूलों की सुन्दरता धूप और अगरु की गन्ध, सब नृत्य-संगीत के साथ ऐसे घुल-मिल जाते हैं कि यह पता चलाना कठिन हो जाता है कि मा फूलों की डलिया में है या अगरु की धूम रेखा में है, आरती के समय बनते हुए प्रकाश के वलयों में है, मानव कण्ठ की पुकार में है, बेजान शंखों में पड़ती हुई प्राणों की फूँक में है, मन्दिर में है, आगन में है, पूजा में है, पुजारी में है, सब जगह है और कहीं एक जगह नहीं, किसी एक की नहीं है। भावोदय का एक समष्टिगत रूप होता है, कोटि-कोटि बिन्दुओं के आफाल का एक तालबद्ध स्वर होता है या वात्सल्य की निर्विशेष धारा होता है। ऐसा मा का अभियान तो सुबह-शाम हमेशा होना चाहिए फिर वसन्त और शरद् में ही क्या विशेष बात है, यह प्रश्न सहज उठेगा। पर जैसे प्रत्येक राग कभी भी गाया जा सकता है, पर उसका एक समय होता है जब गाए जाने पर वह उत्कर्ष पर पहुँच जाता है, वैसे ही मा का स्मरण ऋतुओं के मोड़ के अवसर पर जब किया जाता है, प्रकृति के करवट

लेने के अवसर पर किया जाता है तो उस समय मा की आवश्यकता कुछ विशेष होती है, अतिशम भीजी हुई धरती को कुछ कड़े होने की जरूरत पड़ती है ठिठुरी हुई धरती को कुछ फैलने की ज़रूरत पड़ती है, उस समय धरती की सन्तान को भी उस आत्म-संकुचन और उस आत्म-विस्तार के साथ जुड़कर अपने अस्तित्व की व्यापकता को परखने का अवसर मिलता है, इस अवसर को क्यों गंवाएँ।

मनुष्य की जय-यात्रा का यह अवसर है। यह कोई आकस्मिक संयोग नहीं है कि शरद् की नवरात्रि लोकनायक राम की जय-यात्रा की परिगति है और विजया-दशमी शारदीय नवरात्रि की अनुवर्तिनी है, साथ ही चैत के नवरात्रि का अंतिम दिन लोकनायक राम पुरुषोत्तम राम का जन्म-दिन है। राम का उदय और राम का उत्कर्ष दिव्य मानवता का उदय और उत्कर्ष है। उदय और उत्कर्ष की बिन्दुओं के पाने की तैयारी ही तो है दोनों नवरात्र। वासन्ती नवरात्र का एक अतिरिक्त महत्त्व है, यह मधुमास का नवरात्र है, इसमें कसैली आम्रमंजरी में कोयल मिठास पाती है, तभी तो इतना मधुर कूकती है, इसमें रूखी बयार में भी पतझरते वृक्ष ऐसे मधुर और स्निग्ध स्पर्श पाते हैं कि एक एक गाँठ खुलती चली जाती हैं, मधु के स्रोत उसमें से फूट पड़ते हैं, नये पल्लव नये बन कर मधु का रस-रंग फूलों किसलयों में भर जाता है।

इस नवरात्र के पहले ही मादनभाव अपने चरम सोपान पर पहुँच जाता है, कोई भी जो है वह रह नहीं जाता सब पराए हो जाते हैं। स्व नाम की वस्तु ही जाने बिलातिला जाती है। बस एक दुर्निवार आकर्षण में खिचे हुए चर-अचर कुछ अन्य हो जाते हैं। मन भी अन्य हो जाता है। एक तरह से मन रह ही नहीं जाता वह तो एक बिना किसी आत्मभाव के आकुलता बन जाता है, कोई कह नहीं पाता कि क्यों और किसके लिए आकुलता है।

मन अकुलाने लगा है। अब कोई सन्देह करने की जरूरत नहीं है, वसन्त आ गया है, आम में बौर आए, न आए कोयल कूके न कूके, यह भीतर जो बेचैनी उठी और रोके नहीं रुकी, अगर वसन्त आ गया है। वसन्त आता है झार कर रख देता है, वैभव का मद, स्थान का मद, पद का मद, कुछ नहीं रहने पाता, एक छोटे भी कोने का दुराव नहीं रह पाता। आदमी बेनकाब हो जाता है। पेड़ बेनकाब हो जाते हैं। ऐसे शुद्ध निर्दय निर्भीक मन में ऐसे वसन्त की प्रक्रिया लम्बी होती है। धीरे-धीरे हवा साँसों में रोम में रिसती है धीरे-धीरे मधुमास का मधु पत्तियों फूलों में घुलता है, कषाय आम्रमंजरी में ऐसी मिठास धीरे-धीरे भरती है कि उसे चखते ही कोयल की कूक मीठी हो जाती है। मतवाला फागुन धीरे-धीरे चैता के विषाद् में उतरता है, मोर मानिक हेरइले हो रामा एही जमुनवा के मटिया, इसी काली भँवर जमुना की काली मिट्टी में मेरा मन

मानिक खो गया है धँस गया है, चले थे जीवन का रस अवगाहने, मन खो गया ।मानिक हिरा गया । कौन उसे बाहर निकालेगा, सम्पूर्ण जीवन की ऐसी श्यामल उत्कण्ठा में नीचे धरे मन को कोई नहीं उबारता । मन गँवाकर ही आत्मा पहचानी जाती है और आत्मा की पहचान के बाद ही सर्वात्मा की पहचान होती है । शुक्ल अष्टमी की रात्रि तक की यात्रा आत्म प्रत्यभिज्ञा की सीढ़ी दर सीढ़ी एक चढ़ान है । चन्द्रकला जैसे अष्टमी के दिन रेखा से हँसिया, हँसिया से अर्धवृत्त बन जाती है वैसे ही मनुष्य की अपनी पहचान भी क्रमशः अधूरी होती है, उसे अपने दूसरे पूरक अर्धवृत्त का भी आभास हो जाता है । एक तरह से उसके बाद पाने को कुछ शेष रहता नहीं । बस होने की प्रतीक्षा रहती है और वह तो मा सम्पन्न करेगी ही । मा भी तो अधूरी है, उसके भाल में भी अष्टमी का चन्द्रमा है मा को भी तो व्यष्टि चित्त का प्यार चाहिए । सर्वेश्वरी को भी तो एक-एक का प्यार चाहिए । अष्टमी की अर्धरात्रि का एक विशेष महत्त्व शायद इसी कारण है कि अधूरापन जब पूरेपन का आकांक्षी आ जाए जब पूरापन हाथ में आया लगे, जब एक दूसरे को भरने का भाव एकदम बराबर हो जाय, तभी तो सामंजस्य स्थापित होता है, तभी शक्ति का विलास पूर्ण होता है, चैतन्य का विकास सम्पूर्ण होता है और अमृतत्व की प्यास चरम आवेग का रूप ग्रहण करती है । शक्ति की आराधना, अपनी स्वरूप प्रत्यभिज्ञा-मा के आगे सहज भाव से हाथ पसारना, शिशु की तरह अरना, ये सब व्यापार अलग नहीं है, एक ही हैं । इनकी प्रतीति चाहे अलग-अलग रूपों में दिख रही हो पर सबका भाव एक ही है । जो लोग मन्त्रानुष्ठान, होमविधि, पूजा पाठ, गीत-नृत्य, उपवास-क्रम, ध्यान-धारणा इन सबको अलग-अलग करके देखते हैं या इनमें तारत्मय बड़ा छोटा-सा भाव देखते हैं, वे देवी-तत्त्व को ठीक नहीं एक पहचानते । उनकी पूजा में कमी है, उनकी श्रद्धा में खोट है । सबको एक साथ दूसरे में पिरोया देख तो बच्चों की माँग मा के गले का हार बन जाती है । उस हार से मा भी सजती है हम भी अपना अर्थ पाते हैं ।

आज शोर की विकृति ने और पाखण्ड ने कुछ ऐसी स्थिति पैदा कर दी है कि भीतर का संगीत सुनाई नहीं पड़ता और तब बाह्य सौन्दर्य और भीतरी आवश्यकता के बीच तालमेल नहीं बन पाता और तब मा रूठ जाती है । मा को अपने माली, डफाली कोल, भील उतने ही प्यारे हैं, जितने पंडित-पुजारी और योगी । माँ को फूल-पत्तियाँ उतनी ही प्रिय हैं जितनी चण्डीपाठ की मधुर स्वरलहरी ।

यह याद रखते हुए ही अष्टमी की महानिशा में सर्वेश्वरी की पूजा सार्थक है मा के सौभाग्यमण्डित रूप का ध्यान ही है वह सिन्दूर, घनश्यामल चिकने चिकुर-पाश की उपमा तिमिर की दमक से दी गई है । सचमुच अन्धकार में भी

एक दमक ही चमकती है, वह शुक्ल अष्टमी की आधी रात में ही देखा जा सकता है। उस दमक ने नये सूरज की किरणों को क़ैद में बन्द कर रखा है, मा के सिर पर सोहाग की सिन्दूर रेखा इसी प्रकार की नये सूर्य की लाली है। अष्टमी के प्रकाश में यह लालिमा एक झलक मात्र दिखाई देती है पर यह सूर्योदय की स्मृति उद्बोधित करनेवाली छवि है। मा की इस छवि के विशाल अन्धकार के बीच रहता हुआ प्रकाश हमें पुकारता है कि अन्धकार को नकारो कितना भी बड़ा और भयावह क्यों न हो, हमारे ऊपर विश्वास करो। नये सूरज की अध-उभरी लाली के ऊपर विश्वास करो। राम जन्म लेने वाले हैं प्रकाश के पुंज, मानवीय दिव्यता के प्रतिमान मा, की स्मृति में राजीव नयन की सत्ता के अभिज्ञाता, महानिशा-पूजा सार्थक होकर रहेगी!

16
भारतीय एकता के सूत्रधार

आज सहस्राब्दी से अधिक जो भी भारत दिखाई पड़ता है, वह आचार्य शंकर का पुनर्निर्माण है । भारत की जो भी पहचान थी, नदियों, पर्वतों के द्वारा या परंपराओं ऋषियों के द्वारा, यह पहचान आचार्य शंकर के द्वारा और गहरी बनी। हम आचार्य शंकर द्वारा स्थापित उत्तर-दक्खिन पूर्व-पश्चिम की पीठों की बात अलग कर दें, उनके द्वारा पुनर्जीवित चारों धामों की बात अलग कर दें, उनके द्वारा प्रतिपादित अद्वैत वेदान्त सिद्धान्त को अलग कर दें और उनके द्वारा पुनर्व्याख्यात उपनिषदों, ब्रह्मसूत्र और श्रीमद्‌भगवद्‌गीता को अलग कर दें तो भारत की कल्पना कैसी होगी ?

सुदूर दक्षिण केरल के एक गाँव कालडि में जन्म, पाँच वर्ष की अवस्था से वेदों शास्त्रों का अध्ययन, बचपन में ही अपने को पहचानने के लिए देश की यात्रा के लिए प्रव्रजन, सोलह वर्ष की अवस्था में देश की मध्यबिन्दु ओंकारेश्वर में संन्यास की दीक्षा, अनेक विद्यातीर्थों और देवतीर्थों और ऋषितीर्थों की यात्रा, सुदूर उत्तर बदरिकाश्रम व्यास-गुफा में बैठकर भाष्य की रचना, नर-नारायण की सोई हुई मूर्ति की पुनःप्रतिष्ठा, और सुदूर उत्तर श्रीनगर के पास तक, सुदूर पूर्व कामाख्या और पुरी तक, सुदूर पश्चिम द्वारका तक और सुदूर दक्षिण रामेश्वरम् तक यात्रा, शृंगेरी, पुरी, द्वारका और बदरिकाश्रम में चार पीठों की स्थापना, पुनः विचित्र परिस्थिति में संन्यासी होते हुए मा की मृत्यु-वेला में माँ की सान्निध्य और माँ की मृत्यु के बाद उसकी अन्त्येष्टि और पुन: देश का परिभ्रमण और बत्तीस वर्ष में लीला पूर्ण, यह सब आज तक स्वप्न लगता है । जो व्यक्ति श्री शंकर के जीवन यात्रा के पड़ावों का स्मरण तक करता है, वह विचित्र भाव से भर जाता है और जो उन स्थलों की यात्रा करता है तो वह अभिभूत हो जाता है, श्रीराम, श्रीकृष्ण के बाद श्री शंकराचार्य के ही स्पर्श से इतने सारे स्थल बहुत बड़ी जातीय ऊर्जा के मार्मिक केन्द्र बने हैं ।

मैंने कालडि, ओंकारेश्वर, बदरिकाश्रम, केदार, श्रीनगर में शंकराचार्य पर्वत, पुरी, द्वारका जैसे तीर्थों की यात्रा की, चारों धामों की यात्रा की, शृंगेरी को छोड़कर शेष सभी पीठों में गया, और अधिक तो नहीं कुछ उनकी रचनाओं का मैंने पारायण किया। मुझे बराबर लगा कि श्री शंकराचार्य भारत के प्राण-पुरुष हैं और उनके बिना भारतीयता अपरिभाषित रह जाती है, अस्पष्ट रह जाती है। नानात्व में एकता का दर्शन ही तो भारतीयता है, व्यवहार और परमार्थ की अलग-अलग पहचान ही तो भारतीयता है, भाव और ज्ञान का ऐक्य ही तो भारतीयता है, सुचारु सामाजिक व्यवस्था को सुनिश्चित करते हुए उस व्यवस्था के अतिक्रमण में ही भारतीय जीवन की सोद्देश्यकता हेतु आचार्य शंकर ने कोई राजनीतिक दिग्विजय नहीं की, कोई दल नहीं बनाया, अकेले चलते रहे, अकेले हर प्रकार के मोहजालों को काटते रहे, अकेले अनेकों के साथ एक होते रहे और अनेकों में उस एक परम सत्ता का चैतन्य प्रवाह संचरित करते रहे, उन्होंने न कोई अखबार निकाला, न पर्चे छपवाए, न भाषण दिए, न कोई रोना रोया कि हाय कितनी दुर्दशा है, देश में कितना बिखराव है, बस केवल चिन्तन और बौद्धिक सम्वाद द्वारा, देश की सुषुप्त कुण्डलिनी के उत्थापन द्वारा भारतीय महाजाति की एकता की अनुभूति करायी। वही अनुभूति सबसे स्थायी और व्यापक राष्ट्रीयता की अनुभूति है।

एकता एकरूपता नहीं है, इसलिए आचार्य शंकर ने एक केन्द्र नहीं बनाया, उन्होंने अनेक केन्द्र बनाए, मुख्य रूप से देश की चार दिशाओं में चार केन्द्र बनाए, बीच-बीच में अनेक उपकेन्द्र भी बनाए, उन्होंने साधना के स्तर पर प्रत्येक केन्द्र में भिन्न-भिन्न उपासना क्रमों का प्रवर्तन किया, चारों धामों में धाम के क्षेत्र से बाहर के पुजारियों की व्यवस्था की और अधिकाधिक भेद से अनेक प्रकार के ग्रन्थ लिखे, भाष्य लिखे बहुत ऊँचे स्तर के अधिकारियों के लिए प्रकरण ग्रन्थ लिखे कुछ तो यतियों के लिए, कुछ सामान्य पढ़े-लिखे लोगों के लिए स्तोत्र लिखे, भावुक भक्तों के लिए और लिखना और चलना जैसे उनकी यात्रा का बायाँ-दायाँ पग हो, इस तरह दोनों सतत चलते रहे। उन्होंने पूरे देश में एक-सी व्यवस्था हो, इस पर भी बल नहीं दिया, केवल समस्त व्यवस्थाओं को एक सुदृढ़ आधार-भूमि देकर और एक चिदाकाश देकर पराचर साकांक्ष बनाया। उनकी ही यह देन है कि गंगोत्री का जल रामेश्वर में चढ़ता है और उत्तर से दक्षिण को जोड़े बिना भारतीय को लगता ही नहीं जीवन सार्थक हुआ।

इतने शास्त्रों का मन्थन और स्वयं इतने शास्त्रों का प्रणयन करने वाला व्यक्ति इतना सहज हो सकता है कि कहें—

दिनमपि रजनी सायं प्रातः
शिशिरवसंतौ पुनरायातः

काल: क्रीडति गच्छत्यायु:
तदपि न मुंचत्याशावायु:
प्राप्ते सन्निहिते मरणे नहि नहि रक्षतिडुक्रञ् करणे
भज गोविन्दं भज गोविन्दं भज गोविन्दं मूढ़ मते रे।
अंग गलितं पलितं मुंडे
दशन विहीनं जातं तुण्डं
वृद्धो याति गृहीत्वा दंडं
तदपि न मुंचत्याशापिण्डं
प्राप्ते सन्निहिते मरणे नहि नहि रक्षतिडुक्रञ् करणे
भगवद्गीता किंचिदधीता
गंगाजललवकणिका पीता
सकृदपि यस्य मुरारिसमर्चा
तस्य यमः किं कुरुते चर्चाम्

जैसी चर्पट पंजरिका लिखे, विश्वास नहीं होता। संस्कृत भाषा को इतना तरल, इतना प्रसन्न और इतना पारदर्शी अकेले किस एक व्यक्ति ने बनाया तो आचार्य शंकर ने। एक प्रकार से उन्होंने ही संस्कृत भाषा को देशमात्र की विचार-भाषा बनाया, किसी भी मत के हों, किसी भी क्षेत्र के हों, सबने भारत में विचारों के आदान-प्रदान के लिए संस्कृत को इतने गहरे और व्यापक रूप में स्वीकार किया, इसके पीछे आचार्यश्री की बड़ी महत्त्वपूर्ण भूमिका है। उनके स्तोत्रों का पाठ देश के कोने-कोने में गुंजरित होता है, उनके नाम का ऐसा जादू है कि अनेक स्तोत्र दूसरों ने भी लिखे पर छाप उन्हीं की दी। ऐसे स्तोत्रों में देव्यपराध क्षमायन स्तोत्र भी है जिसमें बार-बार दोहराया जाता है:

कुपुत्रो जायेत क्वचिदपि कुमाता न भवति।

आचार्य शंकर के पिता की मृत्यु बचपन में हुई, मा की स्नेहच्छाया में वे बड़े हुए, मा का वात्सल्य इतना प्रबल था कि वैराग्य भी उसको दबा न सका और वह वात्सल्य उन्हें मा के अन्तिम क्षण में उन्हें पास खींच लाया, जो संन्यासी आग नहीं छूता, उसी ने माँ की चिता पर मुखाग्नि दी। जिस कुल में पैदा हुए, जिस ब्राह्मण वर्ग में पैदा हुए, उसके किसी व्यक्ति ने उनकी मा की महायात्रा में साथ नहीं दिया, पर उन्होंने कन्धे पर मा का शव रखा और पेरियार नदी के किनारे उनका दाहसंस्कार किया और संकुचित मनोवृत्ति वाले पूर्व आश्रम के सजातीयों की अमानवीय दयावृत्ति की भर्त्सना की। मातृशक्ति के इस लगाव ने ही उन्हें कभी भी रूखा न होने दिया, वे प्रखर मेधावी और प्रचण्ड तपस्वी होते हुए भी सौम्य और मधुर ही बने रहे। उनकी अधिकतर

स्तुतियाँ जगदम्बा को ही सम्बोधित हैं और उनके द्वारा स्थापित प्रत्येक पीठ में कोई न कोई शक्ति अधिष्ठित है। इन स्तुतियों में आनन्द लहरी, सौन्दर्य लहरी और श्यामला दण्डव अधिक प्रसिद्ध है। श्यामला दण्डक की वर्णच्छटा बड़ी चित्ताकर्षक है, ऐसा लगता है, देवी ही इन वर्णों में उतर रही है। इस स्तोत्र के अन्तिम छन्द को लें—

श्रवणहरणदक्षिणक्वाणया वीणया किन्नरैर्गीयसे।
यक्षगन्धर्वसिद्धांगनामण्डलैरर्च्यसे। सर्वसौभाग्यवांछावती—
भिर्वधूमिः सुराणां समाराध्यसे।
सर्वविद्याविशेषात्मकं चाटुगाथासमुच्चारणं कण्ठमूलोल्लसद्वर्ण-
राजित्रयं कोमलश्यामलोदारपक्षद्वयं तुण्डशोभातिदूरीभवत्-
किंशुकं तं शुकं लालयन्ती परिक्रीडसे।
पाणिपद्मद्वयेनाक्षमालामपि स्फाटिकीं ज्ञानसारात्मकं पुस्तकं
चापरेणांकुशं पाशमाबिभ्रती येन संचित्यसे चेतसा तस्य
वक्त्रान्तराद्गद्यपद्यात्मिका भारती निःसरेत्।
येन वा यावकाभाकृतिर्भव्यसे तस्य वश्या भवन्ति स्त्रियः पूरुषाः
येन वा शातकुम्भद्युतिर्भाव्यसे सोऽपि लक्ष्मीसहस्रैः परिक्रीडते। किं न
सिध्येद्वपुः श्यामलं कोमलं चन्द्रचूडान्वितं तावकं ध्यायतः ? तस्य
लीलासरो वारिधिः, तस्य केलीवनं नन्दनम् तस्य भद्रासनं भूतलं, तस्य
गीदेवता किंकरी, तस्य चाज्ञाकरी श्रीः स्वयम्। सर्वतीर्थात्मिके !
सवमंत्रात्मिके ! सर्व तन्त्रात्मिके ! सर्वयन्त्रात्मिके ! सर्वपीठात्मिके !
सर्वतत्त्वात्मिके ! सर्वशक्त्यात्मिके ! सर्वविद्यात्मिके ! सर्वयोगात्मिके !
सर्वनादात्मिके ! सर्वशब्दात्मिके ! सर्ववर्णात्मिके ! सर्वविश्वात्मिके !
सर्वगे ! हे जगन्मातृके ! पाहि मां पाहि मां पाहि माम् देवि ! तुभ्यं नमो
देवि तुभ्यं नमो देवि तुभ्यं नमः।

यह श्यामला ही शस्यश्यामला भारत की जननी है, इसका लीलासरोवर समुद्र है, इनका केलिवन हिमालय में स्थित नन्दन वन हैं, संस्कृत भाषा इसकी सेविका है, श्रीदेवी इसकी आज्ञाकारी है, सभी तीर्थ, सभी यन्त्र-तन्त्र-मन्त्र सभी पीठ, सभी तत्व, सभी शब्द सभी भाषाएँ, सभी योग-तप, सभी नाद, सभी वर्ण इसमें समाए हुए हैं, यक्ष-गन्धर्व किन्नर इसी की गरिमा गाते हैं, देवियाँ इसके आगे हाथ पसारती हैं। इस जगज्जननी रूप से अभिभूत श्री शंकराचार्य ने भारतीय चिन्तन की ऐसी पीठिका तैयार की है जो समस्त विश्व की हो सके। जिन लोगों ने श्रुतियों का प्रामाण्य नहीं भी स्वीकार किया, उन्होंने भी श्री शंकराचार्य द्वारा प्रतिपादित अद्वैत सिद्धान्त को स्वीकारा। आचार्य शंकर

के बाद जितने आचार्य हुए उन्होंने आचार्य शंकर द्वारा निर्मित पीठिका पर ही अपने विचारों के भवन बनाए, आचार्य शंकर का प्रतिपक्ष ही उनके खण्डन-मण्डन का आधार बना। आचार्य शंकर ही वह उपमान हैं जिनसे दूसरे विशिष्ट या अलग होते हुए भी उसी में तुलनीय होते हैं।

उन्होंने सर्वसामान्य की क्षमता की पहचान कराई और पूरी जाति में आत्म-विश्वास जगाया कि उठो, अपना उद्धार स्वयं करो। हमारे जैसे असंख्य लोग उनके चिर ऋणी रहेंगे और उनके माध्यम से भारत की अखण्ड ज्योति का दर्शन करके अन्धकार को नगण्य करते रहेंगे।

वस्तुतः भारतीय एकता का आधार एक ओर ऐसी मातृदेवी की अवधारणा है, जो सबकी है और सबमें है, अपनी समस्त सन्तानों को स्नेहपाश से बाँधे रहती है और साथ ही अंकुश लगाए रहती है कि पारिवारिक एकता के भाव से कोई विच्छिन्न न हो, दूसरी ओर शांकर अद्वैत है जो व्यक्ति के अति-क्रमण की सम्भावना उत्पन्न करता है, जिससे व्यक्ति सर्वात्मा में विलीन हो जाता है, प्रकाश की खोज करते-करते प्रकाश बन जाता है। भारत अग्नितत्व और सोमतत्व की समरसता है और इसे मूर्त्त आकार आद्य शंकराचार्य ने दिया, उन्हें प्रणाम अर्पित करता हूँ।

17

हिन्दू होने का मतलब

राष्ट्रीय चिन्तन का दुर्भाग्य है कि हमने हिन्दू को एक राजनीतिक इकाई मान लिया है, इकाइयों का प्रतियोगी हो गया है, जबकि हिन्दू मजहब नहीं धर्म है, इसके भीतर कई मजहब हैं, इसीसे हिन्दू होने का मतलब मेरे लिए एक गहरी पीड़ा है कि क्यों ऐसा हुआ है ? महात्मा गाँधी को अपने को हिन्दू कहने में कोई संकोच नहीं था, उलटे गर्व था, आज हिन्दू नाम से जुड़ने में क्यों संकोच एक विचित्र प्रकार का संकोच होता है ? क्या कोई खोट हमारे मन में तो नहीं है, विशेषकर अपने को बुद्धिजीवी मानने वाले लोगों में, "हिन्दू कहलाए जाने से कुछ छिन जाता है क्या ? हिन्दू कहलाए जाने से कुछ सुविधाओं में कमी आ जाती है क्या ? हिन्दू कहलाया जाना क्या छोटा होता है ? जब मैं अपने समाज के भीतर इन शंकाओं की बेल पसरते देखता हूँ, तो पीड़ा और दोगुनी हो जाती है।

दूसरी ओर हिन्दू नाम से जुड़कर जो गलत ढंग का जोश दिखाई पड़ता है, उससे दूसरे प्रकार की पीड़ा होती है, जो लोग किसी कमान पर कब्जा करने के लिए एक छोटी-सी मढ़िया बनाकर एक बेढंगी-सी मूर्ति स्थापित कर देते हैं, कोई विधि-विधानपूर्वक प्राण-प्रतिष्ठा भी नहीं करते और एक निष्प्राण मूर्ति के बल पर मकान के मालिक बन जाते हैं या जो लोग चौराहों पर कहीं खाली जगह देखकर एक हनुमान की मूर्ति को सिन्दूर स्नान कराके टिका देते हैं, धीरे-धीरे घड़ी-घण्टा के बल पर एक ग्रिल के भीतर एक चौकोर मन्दिर बन जाता है, मंगलवार और शनिवार को वहाँ तरह-तरह के लोग जुटने लगते हैं, औरतों के गले से जंजीर छिनने लगती है, लाउडस्पीकर पर फिलमी तर्जों में हरि कीर्तन या सही कहें, हरि कीर्तन का शोर आसपास के आकाश को विदीर्ण करने लगता है, यातायात की समस्या उत्पन्न हो जाती है और कल्पनाशील मूर्ति स्थापक का एक आयकर मुक्त व्यवसाय खड़ा हो जाता है, जो लोग

स्वयं किसी पूजा-पाठ में विश्वास नहीं करते, जो शास्त्र नहीं जानते, जो लोक के आस्थावान हृदय का मर्म नहीं जानते, जो अपने आचरण में हिन्दू धर्म का लेशमात्र भी नहीं पालन करते, वे हिन्दुओं के हितों के रक्षक हो जाते हैं, वे सब जब कुछ ज्यादा ही हिन्दू हो जाते हैं, तो मन में भय होता है, क्या मैं वैसा हिन्दू हूँ।

हिन्दू धर्म उपासना को व्यक्ति का निजी क्षेत्र मानता है। वहाँ मन्दिर है, पीठ है, आश्रम है, इसका अर्थ यह नहीं कि वहाँ समूह द्वारा उपासना है, प्रणति है या समर्पण है, मन्दिर विश्वात्मा के विग्रह हैं, सबके लिए हैं, पर व्यक्ति जब वहाँ जाता है, तो एक विशिष्ट समुदाय का सदस्य होकर नहीं, बल्कि एक परिशोधित व्यक्ति के रूप में जाता है, जिस रूप में वह व्यक्ति के अहंकार से कुछ ही क्षणों के लिए सही मुक्त होकर जाता है, वहाँ आती होती है, शंख-घण्टा-नगाड़ा सब बजते हैं, आरती की लौ नाचती है, पर चारो ओर जुड़ी हुई भीड़ अकेली होती है, पूरे समवाय को, नाद के और प्रकाश के द्वारा बन रहे एक नये प्राचीर के भीतर अपने को सुरक्षित अनुभव करती हुई, अपनी गहराइयों में डूबने की कोशिश करती हुई अकेली होती है, पीठ में प्रणति व्यक्ति निवेदित करता है, गिरोह नहीं, आश्रम का जहाँ तक प्रश्न है, वहाँ राव-रंक सब निरे निरावरण व्यक्ति बनकर प्रवेश करते हैं, सामान्य बनकर प्रवेश करते हैं। यही स्थिति तीर्थ की होती है, गाँवों में आज भी सम्पन्न लोग अपना ठाट-बाट त्यागकर साधारण वेश में, कभी-कभी नंगे पाँव तीर्थ के लिए चल पड़ते हैं। व्यक्ति की सहजता और उन्मुक्तता को जगाने के लिए ही ये सारे केन्द्र हैं, परन्तु हिन्दू धर्म का कोई एक केन्द्र नहीं, वह एक बहु केन्द्रित विश्व है, वह कोई एक केन्द्र द्वारा संचालित संस्थान नहीं है। इसमें पुरोहित-पंडित, साधु-संन्यासी की बड़ी सीमित भूमिका है, वे पथ नहीं, पथ के एकमात्र निर्देशक नहीं, सह पाथ हैं, कुछ अधिक अनुभवी सह पांथ हैं। असली भूमिका है पथ की ओर पथ पर चलने के सामान्य नियमों की, जिनमें सत्य, अहिंसा, अस्तेय, अपरिग्रह, शुचिता (भीतरी और बाहरी) धैर्य और क्षमा का प्रमुख स्थान है, तब कैसे इस भूमिका को हथिया लेता है पाखण्ड और झूठ ? सोचता हूँ, और बहुत ही कष्ट होता है, कोई उपाय नहीं दिखता कि हिन्दूधर्म के स्वरूप को ऐसे सामने रखा जाए कि सामान्य हिन्दू जनता का भ्रम दूर हो जाने को विशिष्ट मानने वाले स्टैच्यूटरी हिन्दू समुदाय का भ्रम दूर हो, स्टैच्यूटरी हिन्दू वे हैं, जो कुछ गैर नहीं हो सकते, इसलिए हिन्दू हैं, पोथियों से यह काम नहीं हो सकता, पोथियाँ तो हैं, उनके तरह-तरह के निर्वचन भी हैं आधुनिक युग में ही अनेक व्याख्याता हो गए हैं, स्वामी विवेकानन्द, आनन्दकुमार स्वामी, क्षितिमोहन सेन और स्वामी करपात्री जी के नाम विशेष रूप से लिए जा सकते हैं। हिन्दू

धर्म का स्वरूप अपने आचरण से प्रतिबिम्बित करनेवाले लोकमान्य तिलक, महात्मा गाँधी और महामना मदनमोहन मालवीय अभी हमारी स्मृति की परिधि से दूर नहीं हुए हैं, तो भी हिन्दूधर्म की समझ विकसित नहीं हो रही है। इतना कुछ गर्द-गुवार आसमान में भर गया है कि इस धर्म की जमीन नहीं दिखती। या शायद आँखें इस गर्द-गुब्बार को ही परब्रह्म का घनश्याम रूप मानने की अभ्यस्त हो गई हैं। वे जमीन को देखना ही नहीं चाहते, जमीन देखने का मतलब होता है, कई प्रकार की वंचना-भरी सम्पत्तियों से हाथ धोना। जमीन जब दिखेगी, तो उस जमीन पर राम के नंगे पैरों की छाप दिखेगी, जो वहीं पैर रखते हैं, जहाँ—

काम कोह मद मान न मोहा
लोभ न छोभ न राग न द्रोहा
जिन्हके कपट दम्भ नहिं माया
कहहिं सत्य प्रिय वचन विचारी
जाति पाँति धन धरम बड़ाई
प्रिय परिवार सदनु सुखदाई
सब तजि तुम्हहिं रहइ लौ लाई।

की स्थिति होती है, कौन तैयार होगा जाति-पाँति को, धन को छोटे पर आकर्षक धर्म के बाने को, बड़प्पन को, प्रिय परिवार को और घर को छोड़कर राम में विशाल अस्तित्व में लौ लगाए, सचाई के लिए स्वेच्छा के निर्यातन स्वीकार करनेवाले राम के चरण चिह्नों में मन लगाए, वह जमीन दिखेगी तो उसकी रसहीन बालू के पैरों में से वंशी के स्वर से विद्ध होने पर उमड़ता हुआ एक रस-प्रवाह दिखेगा, जिसमें सब डूब जाने का जोखिम रहेगा, कुल, गेह, नाता-रिश्ता, राग-द्वेष, मोह-छाँह। आदमी अपने तो डूब जाये, डूब जाये, पर अपनी गठरी कैसे डूबने दे। वह जमीन दिखेगी तो उसमें शिव का आकार बनता दिखेगा, भीषण भीषणानाम् इच्छाओं की चिता के भस्म से सुशोभित, अहंकारों के मुण्डों की माला से सुशोभित अव्यक्त अनन्त संकल्पों के महानागों से आलिंगित।

हिन्दूधर्म की जमीन ऐसी ही है। हिन्दू होने का अर्थ तभी खुलता है, जब यह जमीन दिखती है। हिन्दू धर्म उदार है, सर्वग्राही है, यह सब सुनते-सुनते लोग मानने लगे हैं कि हिन्दू धर्म खुली छूट देता है, पर यह भूल जाते हैं कि उदारता और सर्वग्राहिता हिन्दू धर्मसाधना का परिणाम है, वह साध्य है, साधन नहीं। साधन एक कठिन अनुशासन है, जीवन को स्वीकार करते हुए एक सतत् संतुलन का प्रयत्न है कि प्रत्यक्ष और परोक्ष अंतर्जगत और बाह्य जगत्,

लोकाचार और शास्त्र अधिभूत और अध्यात्म बराबर सधे रहे। इस धर्म में गृहस्थाश्रम ही मुख्य आश्रम है, वही सभी आश्रमों का आश्रय है, इस धर्म में घर, आग, गृहिणी तीन का बहुत बड़ा महत्व है, यज्ञ-उपासना इसके बिना नहीं और गृहहीन होना, प्रवज्या लेना और अग्नि त्याग करना यह सब भी विशालतर बेघरपन के घर की, बेआग की आग की और बिना रिश्ते के रिश्ते की तलाश है, हिन्दूधर्म में अतिक्रमण का भाव कई सोपानों के आरोहण के बाद आता है, उसमें छलाँग नहीं मारी जा सकती, न निषेध किया जा सकता है जीवन का, उपनिषदों में कहा गया है एति जीवन्त मानंदः जीने वाले के पास ही आनन्द आता है और आनन्द सुख नहीं है, आनन्द सुख-दुख से अप्रभावित मनुष्य का अपना सहज भाव है। महाभारत में और भी प्रखरता से कहा गया है—

> येन-येन विशेणेन कर्मणा येन-केन चित्
> अभ्युज्जीवेत्सीद्यमानः समर्थो धर्म मा चरेत्।
> यथा यथैव जीवद्धि तत्कर्तव्यमहेलया
> जीवितं मरणाच्छ्रेयो जीवन धर्ममवाप्नुयात्॥

जिस किसी विशेष कर्म से समर्थ व्यक्ति मरते-मरते जी उठे, वह कर्म करते हुए का आचरण करे, क्योंकि जीवन मरण से श्रेयष्कर है, जीवन जीते हुए ही धर्म धर्म सधता है, जैसा करने से जीवन निबहे उसे कभी अवज्ञा की दृष्टि से न देखे। हिन्दूधर्म में पिंड और ब्रह्माण्ड में अद्वैत की भावना भी व्यावहारिक और प्रतिमासिक द्वैत से गुजरकर ही प्राप्त होती है। मेरे हिन्दू होने का अर्थ जीवन की जिम्मेदारियों से छूट नहीं लेना है, हिन्दू होने का अर्थ अपने को स्वाधीन रखना है, अपने विशाल स्व के (छोटे स्व के नहीं) एक बड़े अपनाव के अधीन रखना है, यह तभी सधता है कि कोई सिर पर कर्ज न हो।

हिन्दूधर्म में चार ऋणों से मुक्त होना आवश्यक है। ऋषि ऋण, पितृ ऋण, देव ऋण और भूत ऋण या मनुष्य ऋण। ऋषियों का विचारकों का ऋण पहले उतारना है, वह अपनी पूरी चिन्तन परम्परा को आत्मसात् करने से उतरता है, सत्य के शोध से उतरता है, यह शोध कराने के लिए आचार्य उँगली पकड़ता है, साथ चलता है, फिर शिष्य को अपने गर्भ में जैसे ले लेता है, अपने समूचे ज्ञान के एक नये बौद्धिक शरीर का निर्माण करता है और तब उसे असहाय छोड़ देता है, अपना रास्ता स्वयं बनाओ, गलती करो, फिर सुधारो, गिरो, उठो, पर सच्चा गुरु अलग खड़ा देखता रहता है, क्योंकि वह बौद्धिक परम्परा, सौंपता है, एक पाथेय के रूप में नहीं, एक पूर्व निश्चित पथ के रूप में भी नहीं, एक उपायों की सम्भावना के रूप में सौंपता है, कौन उपाय हो, इसका चुनाव

इसका साधन जिसे सौंपता है उसे करना है । इस ऋण की अदायगी पूरी हो न हो, अगर इसके लिए संकल्प और प्रयत्न बराबर होता रहे, तो आदमी दूसरे की खोज को, दूसरे के उपाय को छोटा नहीं समझेगा, वह "एक सद् विप्रा बहुधा वदन्ति, एक ही सच्चाई को अनेकरूपों में रचनाकर रचते हैं, यह समझेगा और तब ज्ञान के दंभ से मुक्त होगा, रूढ़ियों से मुक्त होगा ।

दूसरा ऋण है पितरों का ऋण । ऊपरी तौर पर तो कह दिया जाता है विवाह करो, सन्तान उत्पन्न करो, पितरों का ऋण उतर जाएगा, पर इतने सतही अर्थ में पितृ ऋण को नहीं लेना चाहिए और पितरों में, पुरुष पितर ही नहीं, स्त्री पितर भी सम्मिलित मानना चाहिए, वस्तुतः मां, पिता से बड़ी होती है, पितृ का ऋण का अर्थ है पीढ़ी दर पीढ़ी सौंपे गए दायित्व की पूर्ति, यह दायित्व एक पारिवारिक दायित्व है । परिवार के रूप में सबको देखना, अपने मा-बाप, भाई-बहन, पुत्र-स्त्री आदि रिश्तों में गाँव को, जनपद को, पृथ्वी को, उसके समस्त प्राणियों को, उसके समस्त स्थावर परिवेश को (नदी, पहाड़, खेत, जंगल) आबद्ध देखना यही पारिवारिक दायित्व की चरितार्थता है ! इस दायित्व की पूर्ति तभी सम्भव होती है, जब आदमी अपने आगे की पीढ़ी में अभिवृद्धि की संभावना देखता है, भविष्यत् और आगे जाए, इसी में अब तक की यात्रा को सार्थक मानता है । सन्तान शब्द का अर्थ है ठीक तरह विस्तार, फैलाव । गृहस्थाश्रम में यह विस्तार ही साधा जाता है, इसीलिए हिन्दू घर के पशु-पक्षी, आँगन में तुलसी का पौधा, दरवाजे पर नीम का पेड़, पिछ-वाड़े नीबू का झाड़, घर की चौखट ये सब जड़ पदार्थ नहीं हैं, ये शोभा मात्र नहीं ये अपने ही विस्तार हैं । जीवन के व्यापक विस्तार को अपना मान पाना आसान नहीं है, पर पितृभाव और मातृभाव के प्रति, सृष्टि के प्रति, दायित्व की पूर्ति आसान कैसे होगी ।

तीसरा ऋण है देव ऋण । जिसके लिए कहा जाता है, घर-काज से छुट्टी लो, वन में चलो, जो कमाया, जो जोड़ा वह सब उनको सौंप दो, जिनके लिए कमाया या जोड़ा अब अपने देवता से जुड़ो, अपनी आभ्यंतर ज्योति से जुड़ो, उस ज्योति के आवाहन के लिए अपने को, अपने व्यवहार को योग्य बनाओ, आधुनिक युग में हिन्दू-धर्म के एक अच्छे प्रवक्ता हैं, वृन्दावन में स्वामी अखंडा नन्द जी । एक दिन उनसे इसी विषय में चर्चा हुई । उन्होंने कहा देवता और कुछ नहीं, भौतिक और आध्यात्मिक को जोड़नेवाला एक तत्त्व है, भौतिकता और आध्यात्मिकता दो सत्ताएँ नहीं हैं, यह तभी दिखेगा जब देव दृष्टि हो, जब भीतर का प्रकाश बाहर आलोकित करने लगे, देवता कैसे सधता है, उपासना करो, उसके पास बैठो, आसन जमाओ, ध्यान लगाओ, मन, शरीर और वाणी तीनों को एक धारा में बहाओ, बहाते रहो, तीनों धारा बन गए कि नहीं और

प्रकाश उतर आयेगा। आज सीधे लोग अध्यात्म की बात करते हैं और बात खोखली हो जाती है, अध्यात्म बिना अधिदेव के, बिना एक भीतरी पुकार और उस पुकार पर सब कुछ तजकर बिना अपने को तल्लीन किए नहीं सधता; देवता तो प्राणों की पुकार हैं, जीवन की एक भीतरी आवश्यकता है, हम क्यों जी रहे हैं, हम किसके लिए जी रहे हैं, हम क्या जी रहे हैं, इन प्रश्नों का उत्तर पाने की उत्कण्ठा है, तरह-तरह के अन्धकार, तरह-तरह के मोह को पार पाने का संकल्प है। आदमी के व्यक्तित्व की सम्पूर्णता है। संपूर्ण व्यक्ति होकर ही आदमी अपने व्यक्तित्व को भी पार कर सही रूप में संन्यासी हो जाता है, अपने लिए आलोक पाकर ही दूसरे को आलोक देने के लिए तैयार हो सकता है। इसलिए संन्यास को वानप्रस्थ के द्वार से गुजरना है, संन्यास चौथे ऋण की अदायगी है, वह ऋण है मनुष्य मात्र के प्रति बल्कि और आगे जाएँ भूत मात्र के प्रति, प्राणि-मात्र के प्रति जो कुछ दिखता है, इन्द्रिय और गोचर है, उन सबके प्रति, यह ऋण सबकी सेवा में उतरता है और सबके ऊपर अपने को छोड़ देने से उतरता है। आज यह बात सही है कि जन्म से मृत्युपर्यन्त एक ही आश्रम है गृहस्था-श्रम, बाबा भी कम गृहस्थ नहीं हैं, कुछ ज्यादा ही हैं और वन में अब आश्रम नहीं होते, आरामगाह होते हैं या फिर अड्डे। स्कूल अब पूरा गृहस्थाश्रम है, कम से कम संयुक्त परिवार के जितने निषेधात्मक पक्ष हैं, कलह, अशान्ति वे सब यहाँ मौजूद हैं। ऐसे में इतने ऊँचे आदर्शों की बात करना पागलपन ही समझा जाएगा। यह जानते हुए मैं इसकी बात करना चाहता हूँ। इसलिए कि हिन्दू होने का अर्थ तो यही है, हर काम मनमाने ढंग से करने की छूट नहीं है, छूट मिलती है जरूर पर विधिपूर्वक पूरा दायित्व निभा लेने के बाद। छूट मिलती है कठिन अनुशासन में रहने और संपूर्ण व्यक्ति बनने के बाद और जिसे छूट मिलती है, उसके पास कुछ नहीं रह जाता, जो उसका निजी, निजता से मुक्त व्यक्ति को छूट मिलती है।

हिन्दूधर्म की इस वास्तविकता को समझ लें, तो इसमें अन्तर्विरोध नहीं दिखेगा, इतना स्तर भेद वाला समाज कैसे—

शुनि चैव श्वपाके च पण्डिताः समदर्शिनः।

की बात करता है? खजुराहो, कोणार्क के मन्दिरों में इतनी यौन अभिव्यक्तियाँ क्यों हैं? इतनी उदार परम्परा में इतनी रूढ़िगस्तता क्यों है? इतने मुक्त चिंतन वाले समुदाय में इतनी हताशा क्यों है? आहुति को महत्व देनेवाले समाज में इतना लोभ क्यों है? समस्त सृष्टि को एक परिवार माननेवाले लोगों में इतनी क्रूरता क्यों है? कि सुन्दर से सुन्दर शिक्षित से शिक्षित बहू जला दी जाती है? ये सारे सवाल बड़े तीखे सवाल हैं हमारे सामने और हम नहीं

जबाव दे पा रहे हैं। उसका एक ही कारण है कि हिन्दू-धर्म ने तो नहीं, पर हिन्दूधर्म जीने का दम्भ भरनेवालों ने अपनी मूल शक्ति खो दी है, अपने को पहचानने की और अपने को पहचानकर अपने के पार जाने की। बिना अपने को पहचाने हम अपने से बहुत अलग तो जा पड़े हैं और जब-जब अपना अस्तित्व कहीं परेशान करता है और हम पहचान के उल्टे-सीधे आईनों के सामने खड़े हो जाते हैं, कभी तान्त्रिक के पास जाते हैं कभी 'योगा' सीखते हैं, कभी ध्यान शिविरों में जाते हैं और कभी अपनी छवि विकृत देखकर अपने से ही घृणा करने लगते हैं।

हम यह भूल जाते हैं कि हिन्दूधर्म की गतिशीलता दो तत्त्वों से बनी है, इसकी शास्त्रीय परम्परा से यह स्मरण रखने योग्य है कि यहाँ शास्त्र का अर्थ बड़ा व्यापक है, उसमें वैदिक से लेकर पुराण, रामचरितमानस, सूरसागर, केलिमाल, बीजक, साखी, संस्कार सम्बन्धी लोकगीत सब आते हैं, शास्त्र का अर्थ है तपःपूत वाणी का अविच्छिन्न प्रवाह। शास्त्र का अर्थ है शास्त्र की निरन्तर निर्वैयक्तिक व्याख्या से उद्भूत ज्ञान राशि। शास्त्र नियमन करते हैं, पथ का जिससे शाश्वतता बनी रही है, पर एक पूरक भूमिका है उसकी जो शास्त्र के नियमों से यात्रा पूरी करके उसके बाहर चला जाता है और शास्त्र की प्रामाणिकता की जाँच करता रहता है, वह ज्ञानचक्षु से शास्त्र को देखता है और नये प्राण डालता है शास्त्रीय परम्परा में, नया शास्त्र बन जाता है। यह निरन्तर बौद्धिक परम्परा को जाँचते रहने की बात शास्त्रीय पथ पर चलने और चलकर असंतुष्ट होने से जाती है भागवत् की रचना व्यास ने पुराण-इतिहास की रचना से अतृप्त होकर की, हिन्दूधर्म अपर्याप्तता के अनुभव से ही आगे बढ़ता रहा है पर जब तक पूरी यात्रा को समझे नहीं, यह काफी नहीं है यह समझ आएगी कैसे ?

आलस्य, कामचोरी, लिप्सा में जो मनमानापन पनपता है वह स्वतन्त्रता नहीं है, वह तो परतन्त्रता है। इसी प्रकार अज्ञान, संकल्पहीनता और दायित्व हीनता से जो अपर्याप्तता का असन्तोष जन्म लेता है, वह अपर्याप्तता नहीं है, वह तो एक पाखंड है।

आज पाखंड प्रबल है, आज हिन्दूधर्म माननेवाले में निषेध करने का साहस नहीं है यह जानते हुए भी मैं हिन्दू होने में अर्थ देखता हूँ, तो इसलिए कि यह मेरी आवश्यकता है, मेरी साँस है यह मेरे जीने का पर्याय है।

18

भारतीय वाचिक परम्परा

वाचिक परम्परा के बारे में इधर कुछ अधिक ही चर्चा होने लगी है, इसके दो स्थूल कारण हैं । एक तो तकनीकी के विकास ने देश और काल की दूरी को श्रव्य के प्रेषण में नगण्य बना दिया है, आदमी दस वर्ष पहले कही हुई बात, सुनाई हुई, कविता सुना सकता है, अमरीका क्यों, दूर स्थिति पृथ्वी की आकर्षण शक्ति से परे यान से सन्देश सुने जा सकते हैं। दूसरा कारण है कि दृश्य शब्द की इतनी बाढ़ आ गई है कि असह्य हो उठी है, इतना छप रहा है, कितना कुछ पढ़ें । लोग उपन्यास तक किश्तों में सुनना चाहते हैं । पर एक सूक्ष्म कारण भी हैं, 'बुतों ने बताया खुदा याद आया'' बुत बनी माननीय संवेदना की जड़ता से पीड़ित व्यक्ति आज आत्मीयता का भूखा है, वह आत्मीयता सीधे आमने-सामने संवाद से ही संभव है । मनुष्य भाषा के बिना जी नहीं सकता है, जिए भी तो रस नहीं पा सकता । भाषा जितना भी बेधती हो, काटती हो, छीलती हो, कचोटती हो, पर भाषा है तो आशा रहती है इन सब पर मलहम लगाने का काम भी आखिर भाषा ही करेगी । वह भाषा किस कोने से यकायक फूट पड़ेगी, पता नहीं, पर उसके लिए उदग्र उत्सुकता रहती है । विशेष रूप से ऐसे समाजों में जहाँ वाचिक परम्परा को अरसे से अपने जीवन में शामिल किए हो । भारतीय समाज ऐसा ही समाज है। यह नहीं कि यहाँ भाषा के लिखित रूप का इतिहास जन-जातियों के समाज की तरह रहा ही न हो, लिखित भाषा के साक्ष्य भी यहाँ कम से कम पाँच-छः हज़ार वर्ष पुराने हैं और पोथी लिखने, लिखवाने, बाँटने सहेजने और उनके निरन्तर अध्ययन की अनवच्छिन्न परम्परा बहुत पुरानी है। परन्तु जो लिखा गया उसके पीछे भी वाचिक है, सभी पुराण, सभी कथाएँ समस्त आगम-शास्त्र समस्त शिल्पशास्त्र, कलाशास्त्र, समस्त स्मृतियाँ, समस्त धार्मिक वाङ्मय (ब्राह्मण, बौद्ध या जैन जो भी हों) संवाद के रूप में यदि बोले गए हैं तो निश्चय ही संवादों की एक श्रृंखला ने इनकी रचना को प्रेरित किया

होगा। साथ ही जो लिखा गया, वह सम्प्रेषित वाचिक के द्वारा ही अधिक होता रहा। अनौपचारिक शिक्षा तो वाचिक रही ही, चाहे वह कला कौशल की हो लौकिक अनुष्ठान की हो, चाहे नीति की हो, चाहे केवल सूचनात्मक हो, पिता या माता या बड़े भाई या गुरू से पुत्र छोटे भाई या शिष्य को संक्रमित होती रही। इससे यह क्षति तो हुई कि इतिहास-बोध की प्रखरता हमारे समाज में नहीं रही, पर क्षति से अधिक लाभ ही हुआ। वह लाभ यह था कि संक्रमित अनुभव या ज्ञान अधिक जीवन्त और अधिक खुला रहा, जब तक कि वाचिक उपाय के द्वारा अनौपचारिक शिक्षा दी जाती रही, वह अनुभव जीवन का व्यवसाय कम आस्वाद अधिक रहा। औपचारिक पाठशाला की शिक्षा में भी वाचिक उपाय का योगदान लिखित की अपेक्षा कहीं अधिक था। सूत्र प्रणाली का उद्देश्य ही यही थी कि बात करने के लिए कुछ मूल आधार रहें और उनकी व्याख्या और पुनर्व्याख्या के द्वारा सनातन सत्यों की प्रमाणिकता जाँची जाती रहे। पारस्परिक भारतीय शिक्षा में इसीलिए यह माना जाता था कि बिना गुरुमुख के शास्त्र का ज्ञान एक तो होता नहीं, यदि होता भी है तो बहुत अधूरा और बहुत इकहरा और यदि गुरू से विद्या प्राप्त न की गई हो तो वह सम्प्रेषित नहीं हो सकेगी।

जब तक सम्प्रेषित ज्ञान समझा जाकर फिर दूसरे को समझाया न जाय, तब तक वह नया नहीं होता, न वह स्वानुभूत स्वाधिगत अपना कहा जा सकने वाला ज्ञान होता है। अब लिखने की तो एक सीमा है, कल्पना करे आदमी लिख लिखकर जिन्दगी बिताए, कितनी दूभर होगी यह जिन्दगी। लिखने में कहाँ आएगी वह परिस्थिति जिसमें कोई बात कही गई, वह मनोवृत्ति जिसमें बात कही गई, वह वक्ता जिसने बात कही, वह श्रोता जिसने बात सुनी, बात कहने का लहज़ा जिसमें गुस्सा, प्यार, ग़म या खुशी, दुराव-अनदुराव प्रकट हुए बिना नहीं रहते। औपचारिक शिक्षा कितनी भी वस्तुनिष्ठ क्यों न हो, यदि पढ़ाने वाले का मनोयोग न हो, शिष्य के साथ सामीप्य न हो, तो ग्राह्य नहीं होगी।

अच्छा शिक्षक शिक्षार्थी की योग्यता देखकर ही उदाहरण-प्रत्युदाहरण देकर उस शिक्षार्थी विशेष के जाने-पहचाने परिवेश से या सूचना-जगत से तुलनीय सन्दर्भ देकर अमूर्त्त चिन्तन को मूर्त्त आकार देता था।

ऐसे समाज की वाचिक परम्परा पर यकायक तो छापेखाने ने और पश्चिमी समाज की शिक्षा प्रणाली ने दुहरा आक्रमण किया, उसमें कितनी क्षति हुई, इसका एक उदाहरण आनन्द कुमार स्वामी ने अपनी पुस्तक 'आर यू योर ब्रदर्स कीपर' (क्या तुम अपने भाई पर चौकसी रखने वाले चौकीदार हो?) में दिया है—"कश्मीर की बर्फीली पहाड़ियों में घूमते समय मुझे एक बूढ़ा

गड़ेरिया मिला, वह हाफ़िज़ का दीवान गाता जा रहा था, मैं उसके पास गया, पूछा क्या गा रहे हो, उसने कहा हाफिज़ का दीवान, मैंने पूछा तुम्हें सब याद है, उसने कहा हाँ, जहाँ से कहें सुना दूँ, मैंने पूछा कहाँ पढ़ा, किससे पढ़ा, यहाँ तो फ़ारसी बोली नहीं जाती, उसने कहा, मेरे लिए काला अक्षर भैंस बराबर, मैंने पीरों से सुना, मुझे अच्छा लगा, बार-बार दुहराया याद हो गया और अब इन बर्फीली पहाड़ियों में भेड़-बकरियो के ढोर लिए घूमता हूँ तो मुझे सब पहाड़ियाँ, ढोर हवा सब हाफिज़ ही को गुनगुनाते हुए सुनाई पड़ते हैं। फिर उससे अर्थ पूछा और उसने अर्थ की पर्त-दर-पर्त उतारनी शुरू की और मैं चकित रह गया। मैं पूछता हूँ एक निरक्षक इतना शिक्षित जिस परम्परा के कारण है और ऐसी कठिन ज़िन्दगी इतनी रसमय हो सकती है, वह अच्छी या वह साक्षरता जो मनुष्य को वंचित कर देती है हजार-हजार गूँजों से जो ऐसी वीरान पहाड़ियों में बसी हुई हैं।" यह सही है कि इतिहास लौटाया नहीं जा सकता, मनुष्य पीछे देख सकता है, जा नहीं सकता पर वह अपनी यात्रा को अधिक सार्थक बनाने के लिए अपनी आन्तरिक शक्ति से अपने स्रोत से नया सम्बल तो ले सकता है। अंधी गली के अन्त तक पहुँचकर सिर टकराकर मरना तो उसकी नियति है नहीं, दीवाल को तोड़कर राह खोलना ही उसका धर्म है। ऐसा ही विकट समय उपस्थित है और इसी कारण शिक्षा नीति में आमूल सुधार करने की बात इतना जोर पकड़ रही है, और इसीलिए इस समय वाचिक परम्परा के बारे में बात की जा सकती है, क्योंकि इस समय वह बात ध्यान से सुनी जाएगी।

वाचिक परम्परा का पहले हम अर्थ समझें। केवल यही अर्थ नहीं कि बोलकर बात कही जाए, वही बात दूसरे को, दूसरे से तीसरे को, और निरन्तर कड़ी के रूप में पहुँचाई जाती रहे तो वाचिक परम्परा बन जाती है। यह अर्थ है, पर यही सतही अर्थ है वाचिक परम्परा के मुख्य अभिलक्षण तीन हैं। पहला है 'वाक्' की अमोघ शक्ति में अटूट विश्वास, अर्थात् आदमी जब कुछ सचमुच कहता है, अर्थात् मुख या कण्ठ से नहीं, हृदय से नहीं, नाभि से भी नहीं और गहन गह्वर से मूलाधार चक्र में प्रसुप्त कुण्डलिनी को जगा करके कुछ कहता है तो वह रचना बन जाता है, वह रचना सृष्टि का पुनरावर्तन हो जाती है। दूसरा अभिलक्षण है वाक् की परिशुद्धता की चिन्ता। यह परिशुद्धता निरी अध्यापकी परिशुद्धता नहीं है, यहाँ वर्त्तनी ठीक नहीं, यहाँ व्याकरण ठीक नहीं, यहाँ वाक्यविन्यास गठा नहीं, यह परिशुद्धता सही या सच्चे मन से सम्बोध्य इसे सुनकर भी सुन नहीं पाता। यही समझ पाता है, की परिशुद्धता है। ऋग्वेद का एक मंत्र है—

सक्तुमिव तितउना पुनन्तो
यत्र धीरा मनसा वाचमक्रत ।
अत्रा सखायः सख्यानि जानते
भद्रैषां लक्ष्मीर्निहिताधिवाचि

जैसे भूसी समेत सत्तू को चलनी से छानकर भूसी अलग करके अनाज का हीर-हीर शुद्ध सत्त्व अलग किया जाता है वैसे ही धीर ऋषियों ने ध्यान परायण सत्यदृष्टाओं ने मनःपूत वाणी रची इसी वाणी के द्वारा मित्र मैत्री की पहचान पाते हैं, इसी वाणी में परस्पर मित्र हुए मानवों की शोभा बसती है। मनःपूत वाणी का अर्थ है ऐसी वाणी, जो यह मन में सोचकर उच्चरित हो कि यह बात मुझे सुनाई जाती तो कैसी लगती, मेरे मन में कैसा कुछ होता। इसलिए इस वाणी में शिव संकल्प होना आवश्यक है ताकि यह कल्याणी वाणी हो, मानव संस्कृति की शोभा हो। वाचिक परम्परा का तीसरा अभिलक्षण है, परस्पर हृदय-संवाद। ऐसी ही वाणी के बारे में ऋग्वेद के एक दूसरे मन्त्र में कहा गया कि—

उतत्वः पश्यन्न ददर्श वाच—
मुतत्वः श्रृण्वन् न श्रृणोत्येनाम् ।
उतो त्वस्मै तन्वं विसस्त्रे
जायेव पत्य उशती सुवासाः ।।

अर्थात् इस वाणी का सौन्दर्य हृदय ग्राह्य है इसे देखकर भी कोई देख नहीं पाता, इसे सुनकर भी सुन नहीं पाता। वही समझ पाता है, उसी को वाणी अपना रूप पहचनवाती है, जिसका वह वरण करती है, अर्थात् जिसमें ग्रहण-शीलता होती है, पहले से उत्सुकता रहती है, उसी को अर्थ का मर्म खुलता है जैसे सुवासिनी पत्नी का रूप केवल पति के आगे उघरता है वस्त्रों के भीतर से उघरता है।

यह हृदय-संवादिता एक दिन में नहीं बनती, साथ-साथ रहते, साथ-साथ चलते, साथ-साथ खेलते, लड़ते-झगड़ते-रोते-गाते-हँसते बरसों पर बरस बीतते हैं, एक-एक चेष्टा, एक-एक गन्ध, एक-एक भंगिमा एक-एक स्वर का उतार-चढ़ाव परिचित हो जाता है और शब्दों की बाढ़ सिमट जाती है निर्मल और सिमटी हुई पर प्रखर सी धार में, जहाँ सब कुछ दिखाई पड़ता है, पर डुबकी लगाए बिना कुछ भी मिलता नहीं।

वाचिक परम्परा की हृदय-संवादिता का सूत्र था, अपने वत्सल दादा-नाना से अपनी दादी-नानियों से कहानी सुनना रामायण की महाभारत की, पशुओं के माध्यम से व्यावहारिक समझदारी की, माताओं-बहनों-भाभियों के मुख से

गीत सुनना और घर के आसपास के परिजनों से पुरवे-टोल की पुरानी घटनाओं के विवरण सुनना, पंडित जी से कथा सुनना, गुरु से कठिन कौमुदी का पाठ लगाना और इससे भी बड़ा सूत्र था वचन के मोल का गहरा संस्कार। आज हालत यह है कि आप किसी भी आत्मीय के घर जाएँ और रविवार का दिन हो तो सारी आत्मीयता टी० वी० यन्त्र को समर्पित मानवीय संवेदना के पास गहन रख दी गई होगी, आप भी उस संवेदना से भीगना चाहें, और इसी के द्वारा आत्मीयता निभाना चाहें तो आपका स्वागत है, अन्यथा आपको लगेगा, क्यों ? जिसके कण्ठ से गीत सुनते तो मन विह्वल हो उठता, आँखें सावन हो जातीं, अब उसके पास रोज़मर्रा की विरस ज़िन्दगी के लिए एक ही सहारा बचा है, रविवार की फिल्म। दादी-नानी अब सपने में आती हैं, वह भी अनचाहा मेहमान बनकर। दूसरे रिश्ते तो और चुक गए हैं। गुरु-शिष्य में सम्बन्ध अब केवल भय और त्रास का रह गया है। लोगों की संवादिता रामचरित मानस से नहीं, रामायण सीरियल से हो गई है। और यह संवादिता नशा बन गई है।

अब किसी को गूँजें परेशान नहीं करतीं, चाहे वह भोर में बोलने वाली कोयल की हो, घनी वर्षा में पुकारने वाले पपीहे की हो, चक्की के चलने के साथ घूमती करुण रागिनी की हो, विवाह के पहले माँ के द्वारा दूध का मोल माँगने वाले गीत की हो—

चल ह पुता गौरी बियाहन गौरी बियाहन
दुधवा के मोल कइ लेउ
सरग तरइया मइया भले बिसनि जइहें
दुधवा के मोल नाहीं होइ
गइया त दुधवा हटिया बिकाला, बटिया बिकाला
मइया के दूध अनमोल

"माँ कहती है गौरी ब्याहने जा रहे हो, पूत, दूध का मोल किए जाओ। पूत कहता है, स्वर्ग के तारे भले ही गिने जा सकें पर माँ के दूध का मोल नहीं होगा। गाय का दूध हाट में बिकता है, बाट में बिकता है, माँ के दूध का कोई मोल नहीं।" चाहे विवाह के बाद विदाई के अवसर पर नई ससुराल के नये रिश्ते के नये बन्धनों की ललक भी हो—

चलन चहत रघुरैया
चल न सखि

(अपने राम अब चलना चाहते हैं, चलो सखी एक बार और देख लो, यह शोभा आँखों में भर लो) चाहे आल्हा गाते समय ढोलक पर पड़ती हुई द्रुत लय वाली थाप की हो चाहे बजरे पर से आती हुई चैती की पंक्ति की हो—

और दिना बोले कोइली दिन दुपहरिया हो
आजु बोलै अधिरतिया हो रामा।

और दिन तो कोयल दिन दुपहर में बोलती है, काम धाम के शोर में वह बोली अनसुनी रह जाती है, आज इसे क्या हो गया, आधी रात की नीरवता को बेधती हुई क्यों परेशान कर रही है चाहे हर अनुष्ठान के पूर्व वैदिक स्वस्त्यन की हो, सब शान्तिमय हों, आकाश पृथ्वी अन्तरिक्ष सब जीवजगत सब शांतिमय हो, वह शांति मुझ में भर जाय।

कौन अब चर्चा करता है पण्डितों के शास्त्रीय विनोद की। गुरूजी ने पूछा 'तिष्ठति' में कौन लकार है, लड़के ने सीखा था ति जुड़े तो जानना चाहिए लट् लकार है, पर उसे लगा कि दोनों ओर ति है, यह नहीं समझ पाया कि पूरा तिष्ठ धातु का रूप है उसने तपाक् से उत्तर दिया, गुरूजी उभयलटी छे' (गुरू जी उभयलटी है, इसमें दो-दो लट् लकार हैं)। अब हर मूर्खतापूर्ण उत्तर के लिए पण्डित विनोद में कहेंगे, क्यों उभयलटी है? कौन चर्चा करता है साहित्य में शब्द प्रयोग की बारीकी की। किसे सुधि है अपने दादा-परदादा के नाम याद रखने की, गाँव के लोगों के दादा-परदादा की तो बात दरकिनार। अब उत्सुकता अगर रह गई है तो इसके लिए अखबार में आज कितने लोगों के भूने जाने की खबर छपेगी, कितनी बहुओं के जलाए जाने की खबर छपेगी, किस मन्त्रिमण्डल के बरखास्त होने की खबर छपेगी या फिर आज सीरियल में क्या आएगा ?

वाचिक परम्परा की बात मोहासक्ति है नास्टेल्जिया है। जो राहें पीछे छूट गई हैं, उनके लिए अनावश्यक बिसूरना है। पर ये सारी गूँजें क्या पीछे छूटी हुई चारों ओर से बन्द घाटियों की गूँजें हैं या अपने को चीरकर आगे चली जाने वाली खुले आकाश की, जातीय चैतन्य के आकाश के विहारियों की, ऊर्ध्वंग पुकारों की गूँजें हैं। क्या इन गूँज़ों की लकीरों के बिना कोई अपना चित्र पूरा हो सकता है। वाचिक परम्परा का संस्कार आज प्रगति के पथ का अभिशाप माना जाता है, इससे नजात पाने की सताने लगी है।

इस विषम परिस्थिति का ही एक-दूसरा पहलू है तकनीकी प्रगति जो भयंकर एकरसता ला रही है, जो सब कुछ समतल करती जा रही है, जो सब चौरस करती जा रही है, वह भयंकर ऊब का कारण बन रहा है। इस ऊब से उबरने के लिए चटखारे के रूप में लोग वाचिक परम्परा की बात करने लगे हैं। और इस चटखारे शैली की वाचिक परम्परा की तलब और चिन्तित करती है। बिना कुछ भी समझे बूझे लोकगीत की धुन का उपयोग होगा, लोककथाओं के ढाँचे का उपयोग होगा, लोककला से ड्राइंग रूम सजाया जाएगा, शहरी अन्दाज में फिल्म की नायिका गाँव की गोरी बनेगी और काव्य वाचन के टेप

सम्पत्ति के रूप में आलमारी में सजाकर रखे जाएँगे। गरजे कि उपभोक्ता संस्कृति में एक और उपभोग्य सामग्री जुटेगी। चिन्ता इस बात की होती है कि जो परम्परा उपभोक्ता भाव को नकारने के कारण ही इतनी ही जीवन्त, इतनी भविष्णु और इतनी अपनी है, वह उपभोग्य बनकर रहेगी कैसे? कहीं मा का दूध भी उपभोग्य होता है? क्या अपने को परसने वाला, आस्वाद पाने वाले का आस्वाद नहीं पाता? पर आज यह समझना कि कलासृष्टि, काव्यसृष्टि, कोई भी सृष्टि जीवन की सृष्टि से अलग नहीं है, जीवन की प्रक्रिया से बाहर नहीं है और भोगे हुए यथार्थ की बात इस जीवन दर्शन में बहुत खोखली बात है। कला कला के लिए और कला जीवन के लिए यह विवाद ही बेमानी है, क्योंकि कला जीवन है, जीवन कला है, न कला के लिए जीवन है, न जीवन के लिए कला है।

असमंजस की बात यह है कि ऐसी वाचिक परम्परा से भय लगता है, अपना व्यक्तित्व कहीं लुटने का भय लगता है, सिहरन होती है, जाने क्या कुछ अनहोनी घट जाय और एक चलाए हुए ढर्रे पर चलती हुई जिन्दगी यकायक पथ से विचलित हो जाय और अपनी राह खुद बनाने का अभ्यास छूट जाने पर राह बनाए न बने। राह बनाने की तकलीफ जो गवारा नहीं कर सकते, वे वाचिक परम्परा की बात न सोचें, क्योंकि परम्परा में राहें दी हुई नहीं होती हैं, राह पर चलने का संकल्प या राह बनाने का एक विकल्प दिया होता है, पर कोई निश्चित राह नहीं दी होती।

वाचिक परम्परा की बात इसलिए नहीं की जा रही है कि उसे वापिस बुलाया जाय, वह अभी गई ही कहाँ है, वह तो अदृश्य रूप से अभी भी गतिशील है, पर वह मज्जागत संस्कार है, सब कुछ चुक जाएगा तो उसी मज्जा से ऊर्जा मिलेगी। वाचिक परम्परा की रक्षा की बात भी इसलिए उतना मतलब नहीं रखती न उसके पुनरुज्जीवन की, यह सब आधुनिकता के दम्भ वाले मन की उपज है। बात इसलिए की जा रही है कि छापेखाने की नियामत को बिना छोड़े उसकी कमियों की पूर्ति के लिए वाचिक परम्परा की नयी अपेक्षा है और उसी दृष्टि से उपयोग उसका सार्थक है। जीवन में आस्वाद की कमी आई है, सब स्वीकार करते हैं, यह भी स्वीकार करते हैं कि लिखित भाषा बोली जाने वाली भाषा से दूर चली गई है, इससे सम्प्रेषण की कठिनाई उपस्थित हो गई है, उस भाषा की जड़ता को तोड़ने के लिए भी वाचिक परम्परा से प्राप्त भाषा का सहज संस्कार जरूरी है। इसके अलावा यह भी हम देखते हैं कि उत्पादन के साथ जो रिश्ता हमारा बन रहा है, वह मानवीय नहीं है। मानवीय रिश्ते के लिए ही हम हाथकला हस्तशिल्प आदि में इसी से रुचि लेने लगे हैं। ये हाथकलाएँ वाचिक परम्परा से ही सीखी जाती हैं, धर्मयुग में छपी विधि से नहीं,

यहाँ हाथ-हाथ को सिखलाता है और बहुत कम शब्दों से सिखलाता है। शिक्षा विधि को उस प्रयत्नलाघव की, उस अनायास प्रबोधन की आवश्यकता है, इस लिए वाचिक परम्परा कोई मोहासक्ति नहीं है, एक सोयी हुई आग है, जिसे धधकाये रखना जीने के लिए और आत्मीय होकर जीने के लिए जरूरी है।

यह भी है कि वाचिक परम्परा निरन्तर छानने की प्रक्रिया है, अतः जो भी वाचिक परम्परा से प्राप्त है, उसका ग्रहण मात्र अपेक्षित नहीं है उसका ग्रहण बिना परीक्षण के सक्रियता पैदा ही नहीं कर सकता। उसका सतत परीक्षण होते रहना चाहिए, क्योंकि वह अनाम है, वह आता रहता है, केवल बोलने वाले से ही नहीं, सुनने वाले से भी, प्रश्नकर्ता के बिना आगम एक पग नहीं चल सकता। उस सोये हुए प्रश्नकर्ता को अपने भीतर से जगाना है। अपनी परम्परा को जानो, परखो और उसे अपने सोचने के ढंग से संस्कार दो, उतनी ही परंपरा तुम्हारी है।

हम जो लोकगीतों पर क्षण भर के लिए रीझ जाते हैं उससे सीझते नहीं, उसका कारण अधूरा ग्रहण है। हम वाचिक परम्परा प्रवर्तन नहीं अधिग्रहण चाहते हैं, यहीं खोट है। हमारा बल इस पर होना चाहिए कि अपने देश-काल में समग्र परम्परा की जाँच हो, परम्परा वही समग्र है जो अविच्छिन्न है, व्यापक है, जो संग्रहालयी वस्तु नहीं है। संग्रहालयी वस्तु तो समाप्त हो चुकी है, उसका प्रदर्शन ऐतिहासिक ज्ञान के लिए सार्थक है, वह जीवन से विच्छिन्न है। पर पहले यह जाँचें कि जिसे वाचिक परम्परा हम कहते हैं उसकी निरन्तरता कितनी दूर तक जाती है, लोकगीतों से क्लासिक काव्यों; पुराणों; आगमों तक एक ओर विलोम रूप से तमाम पुरातात्त्विक कड़ियों से, नृतत्त्व के अवशेषों से आज के जीवन के अनुष्ठान तक दूसरी ओर बीच में विच्छिन्न है या ठीक तरह से जुड़ नहीं पाई है, उसे वाचिक परम्परा का हेय अंश मानना चाहिए। दूसरी जाँच व्यापकता की दृष्टि से की जानी चाहिए। आज क्षेत्रीय विखण्डन पर बड़ा जोर है, पर आवश्यक है यह पहचान जो क्षेत्रीय विविधताओं में एकसूत्रता देखती है और इसलिए उसे बार-बार टूटने पर बार-बार जोड़ती रहती है। इसी से जनजातीय देवता आदिशक्ति से जुड़ते हैं, जनजातीय सरहुल के खेल शालभंजिका की रचना से जुड़ते हैं। इन दोनों स्तरों पर जाँचते हुए हम वाचिक परम्परा को अपनी और आज की वाचिक परम्परा बनाएँ तभी वह परम्परा अर्थ रखेगी नहीं तो कोरा वाग्विलास होकर रह जाएगी। कुछ लोगों को वाग्विलास से सन्तोष हो, मुझे नहीं है क्योंकि मैं जो हूँ वाचिक परम्परा की उपज हूँ, मैं उसे भीतर सुनना चाहता हूँ।

●●